上海财经大学中央高校双一流引导专项资金、
中央高校基本科研业务费资助

企业家情绪资本

影响效应与战略价值研究

张祥建 涂永前 邱远志 著

上海社会科学院出版社
SHANGHAI ACADEMY OF SOCIAL SCIENCES PRESS

前　言

现代经济的核心要素是企业家资源，企业家是企业的灵魂，是经济体系的微观支撑力量和经济活动的重要主体，在社会财富创造过程中发挥着不可替代的作用。在全球竞争时代，企业家是一种稀缺资源，优秀企业家更是极品资源。在中华民族伟大复兴的进程中，企业家是财富积累和价值创造过程中最具生产力、最为积极的因素，是支撑中国经济腾飞的微观主体。企业家是当今社会中关注度最高的群体，因为这个群体所创造的价值与影响力、所承受的荣耀与困境，都是这个大变革时代最浓墨重彩的投射。

在企业家成长过程中，除了经验、财富和智力之外，性格和情绪资本也发挥着越来越重要的作用，是促进企业家成长、企业发展、经济繁荣和社会进步的重要驱动力。性格和情绪资本反映了企业家的做事风格、心胸和格局，是企业家综合素养的体现，决定了企业家的人格魅力。性格和情绪资本在企业家成长过程中发挥着基础性作用，是企业家综合素质的基因，是决定企业成败的核心因素。因此，在企业家成长过程中，尤其需要重视性格资本和情绪资本。

当今时代，中国企业家群体的生存状态堪忧。总体呈金字塔分布，处于顶层的优秀企业家极少,大多数是处于中低层的企业家。因常年高负荷工作,企业家身体和心理疾病发病率急剧上升,"烦躁易怒"和"疲惫不堪"成为普遍现象。当前企业家面临的身心问题,很大程度上来自社会转型所带来的激烈竞争和生存焦虑。

成功与失败,鲜花与泪水,兴奋与悲伤,荣耀与耻辱这些意义相对的词汇总能同时应用在企业家身上。成功与失败有时只有一线之差,其结果却天壤之别。在全球化、信息化、竞争白热化的背景下,回顾和总结中国企业家的成长历程,可以发现成功企业家(如柳传志、张瑞敏、任正非等)之所以成功,其身上必定具有卓越的情绪、性格和精神等素质。

英国作家查·艾霍尔曾说过:"有什么样的思想,就有什么样的行为;有什么样的行为,就有什么样的习惯;有什么样的习惯,就有什么样的性格;有什么样的性格,就有什么样的命运。"性格,是人类最固有的属性之一,集中体现了主观个体对客观事件的反应方式。性格不同,对客观事件的回应方式也不同。企业家的性格影响着他们领导企业的高度和广度。凡是成功的企业家,必然具有成功的"性格特点",或者说,企业家的"性格特点"决定了其管理的企业能否创造价值、能否发展壮大。

根据掌控力和综合素养的差异,可以将中国企业家分为三个层次:"救火队"、决策者和商界领袖。

第一个层次的企业家:"救火队"。在企业运营过程中亲力亲为,深度陷入日常管理事务中,类似于"救火队",哪里出现问题就扑向哪里。他们工作十分努力,为了企业的生存打拼,因为自身、团队格局和能力有限,进而可掌控与支配的资源受限,往往心有余而力不足,终日疲于扑火。人前注重外表,展示个人魅力,人后心存抱怨、焦虑,力不从心又无暇休息。加之有一部分企业家心中存有傲气,存在贵我贱彼的心态,尤为注重外在表象和物质财富的积累。他们往往通过购买豪华轿车、豪宅和顶级奢侈品来展示实力,炫耀自己的身价,以吸引外界关注。他们主要重视企业生存,以打败对手为最高境界。

第二个层次的企业家:决策者。他们已经基本脱离了经营事务的束缚,更多地考虑业务体系和产业布局。这些企业家开始强调自身修养和企业战略布局的有序性和完整性,他们设立目标,勇敢拼搏,促进企业不断发展。以制度和系统来激励和规范团队,懂得心胸和格局决定企业命运。在过去几年间,这类企业家多聚集在顶尖学府商学院的EMBA项目,对国学之类的课程表现出浓厚兴趣。在大众眼中,他们已经成为中国的商界精英。

第三个层次的企业家:商界领袖。他们具有极高的综合素质,拥有全球视野,精准地把握时代脉搏,明确前行方向,合理布局,胸怀天下。这类企业家的首要目标并不是赚钱,而是实现"天下企业"和"企业天下"的境界,并通过商业活动体悟人生的真谛。他们非常自信,面对瞬息万变的商业环境,能够以大无畏的精神自如应对,做事如行云流水,进退攻守自如,张弛有度。这类企业家具有"内圣外王"的风范,心中无敌。达到这个层次的企业家如朗日之星,数量极少,他们是真正的商界领袖。

在激烈的市场竞争中,企业家们作为企业的掌舵人,承受着极大的精神压力,支撑着企业前行,这种高强度的压力,让企业家身处情绪负重的时代。

在中国大转型中,企业家已成为一个格外引人关注的新阶层。他们总是被精明强悍、风风火火、果敢刚毅、干练有力、骄傲洒脱、春风得意、创富名家等众多极富"欢颜"与"悦心"的词藻包围着。在很多人眼中,他们是众人敬仰的成功人士。

但是他们真的"欢颜"与"悦心"吗?他们的身体是否扛得住如此众多的溢美之词?通过对中国企业家创业奋进、聚集财富、风光生活、牵引传媒等显形物象的冷峻审视,我们发现:企业家群体带给社会与自我的并不尽是成功的笑颜,也包括精神困惑和精神贫乏。

在当今时代,企业家面临着巨大的情绪压力和危机。企业家外表很坚强,但内心很孤单,容易患上"心理疲乏综合征",存在着不容忽视的焦虑情绪、抑郁状态、外松内紧的恐惧感。企业家的情绪危机通常有以下几个典型特点:自卑,有不如人的感觉;自我责备,全盘否定自己;心情恶劣、压抑、痛苦、失望;对任何事都不感兴趣、懒动、懒言;孤独、冷漠,无知心朋友;有激愤现象;失眠、多梦、疲乏无力、神情阴郁。中国企业家群体的情绪状态令人担忧,那些打拼在中底层的企业家是中国最累的群体之一。

企业家的情绪危机制约着企业家的境界和格局,严重影响企业战略方向,成为阻碍企业发展壮大的隐性因素。当企业发展到一定阶段,企业家境界和格局的不足将会成为阻碍企业进一步发展的重大障碍,在这种情况下无论如何改进管理方法和手段,也不能改变企业平庸的状态。

充满活力的经济是孕育商界领袖的沃土。在一个国家经济崛起的过程中,商界领袖起到了巨大的推动作用,他们会改变一代人的生活方式,甚至影响历史的进程。中国整体经济实力在全球的地位日益提升,已经成为世界第二大经济体,是亚洲发展方向的引领者和产业整合者,

前　言

正处于低端制造业向中高端制造业和服务业转型的关键阶段,极容易催生国际性的顶尖大企业和商业领袖。

在新时代,中国需要大批顶尖企业家。纵观全球经济发展历程,每一个阶段的全球经济快速增长期都孕育了一批具有代表性的优秀企业和企业家,譬如第二次工业革命后崛起的工业企业,抑或是自信息产业革命以来引领时代发展的高科技企业。这些企业作为产业经济领导者带动技术进步,对于全球范围内经济发展和个体生活水平的提高做出了十分重要的贡献。当前,中国正处在产业转型升级和发展模式大变革的关键阶段,重振企业家创新能力就显得格外重要,这将会催生一大批优秀的企业和企业家。

企业家成为中国经济腾飞的稀缺资源,是重要的生产要素之一,直接影响着经济乃至整个社会发展的活力。改革开放以来,中国企业和企业家通过不断创新突破自我,跨越艰难险阻,走出了一条有中国特色的发展之路。然而,对于中国企业家特别是民营企业家而言,大部分人处于"救火队"和"决策者"层次,在经营地域上限定在地方性和区域性范围内,真正具有全球视野的企业家只是少数。

为了应对市场、技术、产品和竞争对手的瞬息万变,中国企业家充分运用了西方管理思想,制定出详尽的竞争战略、营销战略、品牌战略和融资战略等。然而,中国企业在引进西方管理工具和手段过程中,存在盲目崇拜现象,缺乏与本土文化的充分融合,因此鲜有国际性的顶尖企业崛起。相当多的民营企业绩效不良,寿命周期短暂,难以持续发展,民营企业存续时间平均只有 2.7 年,存在年销售额徘徊在 5 000 万元左右的现象。

在中华民族伟大复兴的大背景下,中国比以往任何一个时代都需要顶级企业家和企业家精神。在对内方面，改革的平稳深化，社会矛盾的平衡与解决，在对外方面，在国际社会的发言权以及经济与行业标准的话语权，所有这些都需要由企业家来具体落实。作为资源整合者的企业家，经营的已不仅仅是一个企业，而是一个"亚社会系统"，企业家的价值取向早已超脱追求利益的浅显动机，他们成就的不再是一人之业。企业家在经营过程中表现出来的开放、包容、协作、济世等精神，将成为影响一个民族前进的重要动力。今天的中国需要越来越多优秀的企业家积极投入中华民族伟大复兴的洪流中。

在全球经济一体化趋势下，企业家需要具备大格局、大视野，不断提高战略性思维能力，将身心健康和综合能力作为企业发展的动力源。充分发挥情绪资本的底层支撑作用，积极培养洞察力、协调力、掌控力等综合能力，使企业家向真正的商界领导者转型，建立具有高度凝聚力的团队，以促进企业健康发展。

在新时代，企业家精神需要注入新内涵，使高端情绪资本成为企业家精神的内核基因。企业家群体应该将个人理想融入中华民族伟大复兴的实践中，肩负责任、勇于担当、立足国内、走向世界，为高质量发展提供强大的经济支撑、技术支撑和人才支撑，他们应该以创新精神和家国情怀为经济社会持续健康发展做出更大的贡献。愿更多企业家把握商业机遇，不负时代所望，成为具有国际视野的顶级商界领袖。

张祥建

2025 年 4 月 18 日

目 录

第一章 绪论 …………………………………… 1
  一、研究背景 …………………………………… 3
  二、企业家情绪资本危机 …………………………………… 6
  三、以情绪资本为核心的综合素养体系 …………………………………… 10
  四、企业家的未来出路：提升高端情绪资本 …………………………………… 13

第二章 情绪资本的内在本质及其演化规律 …………………………………… 19
  一、情绪资本及其价值 …………………………………… 21
  二、情绪资本的底层基因：性格与情绪 …………………………………… 33
  三、情绪资本的演化规律 …………………………………… 58

第三章 情绪资本对企业家领导力的影响效应 …………………………………… 65
  一、企业家领导力的特征、要素和功能 …………………………………… 67
  二、情绪资本对企业家领导力的影响 …………………………………… 86
  三、情绪资本有助于提升企业家的领导力 …………………………………… 101
  四、基于情绪资本的企业家领导力培养 …………………………………… 111

第四章 情绪资本对企业家管理模式的影响效应 …………………………………… 115
  一、思想层面：情绪资本重塑企业家精神 …………………………………… 117

  二、能力层面：情绪资本增强企业家核心能力 …………… 145
  三、行为层面：情绪资本提升企业家管理效率 …………… 154

第五章　情绪资本对企业战略价值的影响效应 …………… 163
  一、情绪资本对企业战略格局的影响 …………………… 165
  二、情绪资本对企业战略要素的影响 …………………… 173
  三、情绪资本对企业战略价值的影响 …………………… 182

第六章　情绪资本、战略危机与企业价值提升 …………… 199
  一、情绪资本缺失与企业战略危机 ……………………… 201
  二、企业战略危机与行为异化 …………………………… 205
  三、企业战略危机的根源：情绪资本视角 ……………… 212
  四、企业战略危机的本质及其影响效应 ………………… 218
  五、基于情绪资本的企业战略价值提升策略 …………… 227

第七章　案例分析：企业家情绪资本与企业战略价值 …… 235
  一、任正非与华为的发展战略 …………………………… 237
  二、曹德旺与福耀的发展战略 …………………………… 247
  三、董明珠与格力的发展战略 …………………………… 257
  四、张瑞敏与海尔的发展战略 …………………………… 267

主要参考文献 ………………………………………………… 277

后记 …………………………………………………………… 292

第一章 | 绪 论

- 研究背景
- 企业家情绪资本危机
- 以情绪资本为核心的综合素养体系
- 企业家的未来出路：提升高端情绪资本

一、研究背景

在改革开放的历程中,企业界的创新激流暗涌,在创造奇迹的艰险路途中披荆斩棘是每一位历史参与者心中的烈焰。时代之浩荡,必然伴随着精神之洗礼,在其中最让人感怀与敬佩的,就是非凡的企业家精神。千载难逢的机遇与伟大的企业家精神,都是这曲浩瀚深远改革乐章中的最强音。14亿国人的改革助力、五千年传统文明的厚积薄发、不断破旧立新的坦荡胸襟,这一切都赋予中国企业家独有的时代气质。

当今是一个激荡磅礴的大时代,中国企业家正面临深刻的转型,不管在其走向未来的途中充满了多大的曲折与坎坷,这同样是个充满了变革和机遇的大时代。不可否认,中国企业家群体正在快速成长和崛起,成为支撑中华民族伟大复兴的重要力量。

改革开放后的一段时间,以低成本和环境污染为代价,中国经济获得快速发展,取得了举世瞩目的成就,已经成为世界第二大经济体。在企业领域,大量引进和借鉴西方管理思想、模式和工具,催生了大批规模不等的企业,这些企业成为中国经济快速发展的微观支撑。然而,在中国却没有产生一大批国际顶尖的全球性企业,也没有培养出一大批具有全球视野的企业家,企业和企业家的发展与中国在全球经济中的地位严重不相称。因此,我们自然会追问:为什么中国经济的快速发展没有催生出大批全球顶尖的大企业?为什么中国企业界没有产生大批具有国际视野的商业领袖?如何在未来培养出中国本土的国际性企业家?

随着经济全球化的加速,中国进入全面竞争的市场经济时代,企业面临越来越多的成长挑战和发展瓶颈。如何使企业在激烈的市场竞争中立于不败之地,除了不断提高产品质量、服务质量,以及管理水平以外,一些企业领导人已经将视线投向传统文化领域,借助中国传统文化来提升企业家综合素养,增强战略掌控力、团队竞争力和业务整合力。

在企业家综合素质中,企业家的情绪资本在很大程度上影响着企业的管理风格、运营模式和发展方向。在情绪资本的各种元素中,企业家的信念、格局、眼光、品行、喜好、感觉、认知等无一不深刻投射于企业的发展中,影响着企业的文化、风格和价值观。哈佛大学曾做过一项研究,发现一个人在工作中取得成功,85%的概率源于一个人的情绪,只有15%的概率源于一个人的智力和工作经验。古今中外,很多成功的企业都深深打上了创始人的烙印,他们的性格魅力也不自觉地影响着企业的发展。

心理学家认为,情绪是人类心理生活中极其重要的因素,是人的精神生活的重要组成部分,它渗透到人类生活的所有方面,并对人类的实践活动产生深刻的影响。情绪具有动机作用,良好的情绪能提高工作效率和工作积极性。人的行为以情绪为先导,良好的情绪是企业家成功的动力。

企业家的情绪资本是一种隐性的战略资源。情绪资本将成为企业资产负债表上的一项重要资产,必将打破以金融资产为重心的传统,使企业资产管理进入一个全新的时期。在以知识和信息为核心的新经济时代,以往依赖传统要素投入的观念受到巨大的冲击和挑战,企业更加注重以价值观、胸怀、眼光、志向、格局等情绪资本为核心要素的发展理念。情绪资本日益成为一种关键要素,将对企业的发展模式和战略走向产生深刻的影响。

情绪是企业家的底层操作系统,影响着企业家的洞察力、掌控力和调配力,被解读为企业家成败的基因。每个人外在的言行举止都是内在思想的体现。不同性格的企业家以自己的性格魅力影响着企业的文化,并带动着企业的发展,特别是在企业发展的重大关头,企业家的性格更是决定了企业的未来发展。在影响企业家成功的众多因素中,情绪是最原始、最根本的因素。在新时代,情绪资本将与知识、智力、专业素质等并驾齐驱,成为人生的重要推动力,也是决定人生成败的关键因素。将来会有越来越多的企业家重视情绪资本,追求热情、专注、干劲、动力、激励、革新、信念、价值、远见,以及其他积极的情绪,为企业创造巨大的财富。作为企业家信仰和发展原动力的资本,情绪资本体现了愿景、信仰、终极价值目标等方面的素养,对企业创新创业和持续发展非常重要。

需要注意的是,企业家情绪资本是一把"双刃剑"。情绪是一个企业家最为宝贵的财富,但也有可能成为企业家最致命的"毒药"。良好的企业家性格和情绪资本确实能为企业带来可观的财富,促进企业基业长青;但若认识不当,企业家性格和情绪资本同样也可能会毁掉整个企业。但遗憾的是,很多企业家把自己的失败归因于市场、管理等,却从未反思过自己的情绪是否出现了问题。

当今社会已经进入情绪资本时代,情绪资本在经济发展和企业管理中的重要性日益凸显,不仅影响着企业微观战略走向和运营效果,而且决定着企业家的事业成功和人生命运。而且,影响到宏观经济的发展,为经济转型提供发展动力源泉。以透支自然资源、社会公正和人格尊严而催生的物质至上、盲目追求物质享受的时代正在结束,人们主动拥抱物质极简主义,同时更注重对精神幸福的追求,将是身心和谐的必由出路。企业家可以通过各种途径来提升性格魅力,从战略驾驭、资源调配、预见洞察、临机决断和沉着应对等方面来提升情绪资本,以增强企业家的综合素养和商业智慧,助推企业发展。

二、企业家情绪资本危机

在当今大激荡、大融合、大变革的时代,商业风云变幻,社会思潮呈现多元化状态,企业家的情绪资本也表现出不同的趋势。社会处于经济高速发展的时期,特征之一就是过度物质化和人们内心的浮躁。其中一个重要的趋势是企业家情绪资本的迷失,弱化了企业家精神。很多企业家表现出精神失落,人生目标偏离,找不到生命的真正价值的现象。

社会大变革和市场大竞争,给企业家带来巨大的压力,导致企业家情绪资本危机。首先,社会经济体制的剧烈变革对企业家的心理承受力构成严峻挑战,无时无刻不在考验着企业家的眼光和智慧。其次,越来越激烈的市场竞争常常导致企业家感到危机四伏,精神焦虑,具有不安全感,对重大决策缺乏自信,害怕失败。第三,企业家往往会体验到孤独无助感,心中戒备多疑,影响着身心健康,情绪低沉,并导致企业家滑向悲观主义的深渊。

当前,企业家工作强度过大,是最累的一个群体。数据抽样调查结果显示,企业家平均一周要工作6.2天,每天工作时间将近11小时,而睡眠时间仅为6.4小时。紧张的节奏使企业家感觉时间正在变少,从而产生时间匮乏的心理感知和思维模式,出现"时间贫穷综合征",从而对个体认知判断、情绪和行为控制力产生重要影响。经济环境的变化,公众和投资者的期望,团队的组织和协调,每天都有各种各样的压力传导到自己身上,经营与管理工作的千头万绪使企业家常常身心交瘁。在这种状态下,必然会患得患失,杂念丛生,很难高度集中精神。因为心情急躁,就会失去冷静、从容处理事情的能力。中国企业家的心理压力涉及人数之多,范围之广,感染程度之深,影响之大,远远超出了人们的想象。

　　企业家往往比一般人承受更大的压力,当这个压力超过他能够承受的极限时,他们就会面临坠入深渊的危险。等待企业家的往往不再是梦想中的生活,而是各种问题、艰辛、负债、压力。不仅要应对员工薪资、股东回报、社会责任等诸多重担,还要日夜思考企业的未来,规划发展前景。在各种重负之下,企业家的健康容易被摧垮,心态容易变得焦虑。76%的中国商业领导人感觉紧张、有压力,其比例为全球最高。他们要用太多的精力去应付与处理各种问题,而一旦失手,英雄落难,便会有太多的指指点点。即使是一个上市公司的董事长,也会忙于贷款、忙于融资、忙于扩张、忙于把企业做大,结果可能会是资金越来越紧张。中国的企业家是在重压与风险下前行。

　　中国企业家对所有的东西,都想以自我为中心加以控制,并想据为己有。甚至别人说了一点点不好听的话,都会斤斤计较,产生强烈的情绪反应。多数人每天做的所有事情,都是直接或者间接地为了自我。别人的大多数行为都被视为对自我的威胁,从而极度烦恼……诸如此类的焦虑与痛苦,会被无端地放大。在西方经济学利益最大化理念的驱使下,为了追逐名利,人们不择手段,争前恐后,竞争、焦虑、压力与日俱增,烦恼成为企业家心理的常态。某些人已有很高的名利和地位,依然欲望膨胀,对外在物质的贪婪达到了极限,而且这种贪欲永无休止……在此情况之下,若失去了地位,耗散了财富,各种灾难又接踵而至……这时,以前所有的欢乐幸福都变成了记忆中的痕迹,从而在精神上遭受更为痛苦的折磨。世间之人常为五欲所牵,无论拥有多少财富,仍没有满足之时,这是世人共有的特性。他们的内心深处,已经很难出现真正的安详与恬静。实际上,那些权力与金钱,正如借来之物,你仅可以暂时拥有,不可能永远属于你。

中国企业家群体总被"精明强悍""春风得意"等众多辞藻所包围,但光鲜背后,企业家的生活方式一直在透支着身体,大量消耗精、气、神。企业家们非常忙碌,身体无法休息,导致内心的情绪和压力无法及时平息,常常感到力不从心、内心焦虑,表现出不同程度的"烦躁易怒、疲惫不堪、心情沮丧、悲观失望"等不良情绪,甚至茫然无措。心猿意马易放难收,负面情绪更难以掌控。企业家动辄被"焦虑"所包围,表现出焦灼的情绪状态,这种焦虑一般来自对未知的恐惧、对失败的恐惧、对公众期待的恐惧,表现为意愿不足、自信不足以及自卑心态[①]。

当前,中国企业家普遍存在着五个重要的心理情绪体验:急、烦、躁、愁、苦。他们在事业和生活,情怀和家庭之间取舍着,然而身体的疲劳、内心的空虚、孤独和迷茫往往伴随着不同发展阶段的实现而愈演愈烈。企业家背负着各种压力,不少人处于亚健康状态,失眠、焦虑、紧张、憔悴等接踵而至,时时处于精神散乱状态,长期累积易患抑郁症、焦虑症、恐惧症等心理疾病。忧愁和焦虑的情绪不仅会伤害身体,也反映了人的心胸狭窄、目光短浅。

中国企业家群体已成为与心理因素有关的多种疾病的高危人群,不堪心理重负的状况日趋严重,甚至到了令人触目惊心的地步。从商界大鳄到企业初创者,他们表面看上去风光无限,现实中却与压力和焦虑结伴前行,承担着身体和精神的双重压力,负重而行。有相当数量的企业家对自己身心健康状况表示担忧,他们中有许多人处于亚健康状态,存在不同程度的心理健康问题,主要表现为工作过于繁忙、心理压力过重、心力疲惫不堪、情绪烦躁易怒等。《素问·上古天

---

① 一个人面临的最大敌人就是恐惧。恐惧能导致失败、疾病,使人际关系恶化。成千上万的人害怕过去、害怕未来、害怕衰老、害怕精神失常、害怕死亡。

真论》指出:"以酒为浆,以妄为常,醉以入房,以欲竭其精,以耗散其真,不知持满,不时御神,务快其心,逆于生乐,起居无节,故半百而衰也。"这正好对应当今企业家的生存状态,指出了企业家情绪和健康问题的根源。如此健康水平的企业家依然要征战商海,不能不让人心中感慨。可以说企业家在事业上是赢家,其中绝大部分在身心健康上又是输家。

企业家的情绪资本危机正日益成为制约企业发展的致命因子,必然造成企业发展节奏紊乱,导致企业危机。中国企业家所肩负的不仅仅是企业的兴亡之责,也是推动社会进步,促进中国经济发展的使命。在每个企业的发展过程中,都要面临许多关系企业命运的战略选择。对于掌握企业命运的企业家来说,最需要的就是高瞻远瞩地进行思考,并做出正确的战略选择。但情绪资本危机导致企业家的短视行为,充分暴露出在转型时期企业家普遍存在的急功近利心理,使企业迷失方向,并使企业家投机心理滋生蔓延,企业违背长期的战略定位,以散乱和无规则的轨迹发展。投机心态正是企业家在左顾右盼的企业经营中最容易滋生的情绪和最容易陷入的陷阱。

企业家的短视与企业的短命是分不开的。既然中国很多企业家缺乏对现代企业管理的认识和战略眼光,企业短命也就成为一种普遍现象。在快速致富心态的引导下,企业家更注重短期利益和有形利益,过度追求短期盈利能力,而忽视了企业长期发展和创新。因缺乏远见,能把企业做成"百年老店"的企业家实在太少,能把自己的产品做成世界名牌的企业家更是十分稀缺。企业很多问题的出现,在很大程度上是由企业家情绪资本危机造成的。

企业家是弱者还是强者?看他的情绪就知道了。弱者容易沦为情绪的奴隶,强者才能戒掉负面情绪,成为情绪的主人。情绪与生俱来,人人都有,但能控制好情绪,保持乐观的心态,需要极高的智慧。谁都会有情绪高涨,谁都会面临情绪崩溃,但是"一念天堂,一念地狱",任何时候都要学会控制好情绪,把握好人生。有人在乱世末年依然能镇定自若,运筹帷幄;而有人即使在盛世太平也活得兵荒马乱,忧心忡忡。倘若无法成为情绪的主人,就注定是个弱者。当弱者还陷在情绪中时,强者早已经戒掉了负面情绪。保持积极乐观的心态,往往才是决定成功和失败的关键因素。你若泰然自若,纵使脚下荆棘满布,眼前皆是疮痍,照样也能从荒芜中走出繁华与风景;你若自暴自弃,每天紧盯着眼前的痛苦,任由挫败感吞噬人生,最终只有满盘皆输。俗话说,控制了情绪,也就等于控制了人生。

三、以情绪资本为核心的综合素养体系

企业家的人生有三个层次:生存、生活、生命。对于生存层次而言,一直活在物质的世界里,一辈子被物质假象迷惑所困,全部精力去追求财富名利欲望,直到身体消亡的那一刻也没弄明白为何而来,回归何处,这一世便等于白来。在情绪上,他们被恐惧、焦虑、贪婪、自私、愤怒、冷漠、羞愧、内疚自责、悲伤、轻狂傲慢以及自以为是等负面情绪轮番裹挟。而当企业家跨越生存层次,步入生活层次时,开始了舍外求内,逐步脱离部分物质控制,有意识地选择部分放下,开始回归到身体本质层面,明白身体是事业的根基,开始花精力去修复还原自我的身体和心灵(雷勤风和许诗焱,2019)。这些人已经懂得了回归生命,回到本源。在情绪上表现为中庸淡定、积极进取、自主承担、理智明智、随缘随性、责任担当、大爱大德。对于生命层次而言,上升到灵性境界,认识到一切遇到的人和事,都是为了帮助自己完成这一世的修行圆满,无论好坏对错。神性意识与身体完整合一,与宇宙

一体,终获大自在。在情绪上表现为无条件的爱、喜悦、和平、宁静、开悟、觉醒、幽默。奉献天下是人类最基本的禀赋,也是人类赖以生存的第一条件。

企业家要成为顶级的商界领袖,实现生命的价值和人生的圆满,需要提升自身的综合素质,我们称之为"情绪—能力—发用"模型。该身心一体模型包括三个方面:情绪资本、能力体系和商道发用。而情绪资本是企业家综合素养的核心,决定着企业家的能力,支撑着企业的运营和发展。

第一,情绪资本。情绪是人的精神因素,本质上是由身体五脏气机运化而产生的心理反应,是一种能量。经脉系统中气机的强弱直接影响着人的肉体健康程度和相应脏器的功能,而不同脏器的功能会对情绪活动产生直接的影响。情绪资本是身心健康基础上衍生出来的高级意识,体现了一个人的志向、格局、心胸、世界观、人生观和价值观,是一个人内在本性、思维方式和人文底蕴的综合体现。情绪对每个人来说都是一种极具价值的资本。情绪资本是一个企业家的核心竞争力,决定着企业家的人生命运和事业发展高度,只有掌握好情绪才能更好地控制生命的长度、宽度和深度。高情商的人懂得控制自己的情绪,遵循规律,从不为自己的坏情绪买单。心态平静而又积极向上的人,哪怕身处逆境,也能够不以物喜、不以己悲、淡定从容、豁达逍遥。真正的养生,不仅养身,更要养心,精神状态在很大程度上决定着身体状态。良好的情绪资本能使企业家在商场上"水击三千里,抟扶摇而上者九万里"。

第二,能力体系。情绪资本影响着一个人的综合能力,决定着洞察力、协调力和掌控力,以及人生和事业的续航能力。企业家能力是企业家知识背景、个人素质通过企业家心智模式的外显,它是解决各种问题的本领,包括决策能力、组织能力、协调能力、用人能力、应变能力等。在综合能力体系中,有三个关键的能力:洞察力、协调力和掌控力。洞察力是看清事物发展方向和规律,善于超前思维,见微知著,对未来的预兆有敏感性,善于把控未来以及洞察人心的能力。协调力是协调和配置各种资源的能力,综合利用政策资源、市场资源和社会资源,平衡各方利益关系,抓主要矛盾,使资源形成协同效应。掌控力是指运筹帷幄、掌控全局的战略定力,把控事物发展的方向(苏勇和段雅婧,2019)。知识体系是静态的,知识本就在那里,不多不少,不增不减,关键看人有没有慧眼去认知。而能力是对规律的把握、掌握和应用,超越知识的范围,是一个人智慧的体现,是灵感的来源。超级精英不仅要具有丰富完善的知识体系,更需要具有智慧,掌握规律,发挥创造性。爱因斯坦说:"成功是99%的汗水加上1%的天才。"99%的汗水体现的是知识能力,是学习能力;1%的天才体现的是智慧能力,是灵感,是天赋。但是,通常1%的天才比99%的汗水更为重要。智慧的获取不是通过外在知识的学习来获得的,而是对于内心的追索。因此,企业家应该以情绪资本为基础,建立完善的能力体系,培养大智慧。

第三,商道发用。企业家的各种能力最终要应用到企业发展中,合理进行业务布局,整合和配置各种资源,使企业明确未来发展方向,提升企业的战略价值。同时,围绕战略布局制定具体的战略实施步骤和操盘计划,明确商场的进退攻守策略。商道发用直接取决于企业家的能力,深层次则受制于情绪资本,影响着企业的规模和成就大小。在竞争日趋激烈的商场上,企业家面临各种各样的生存环境,需要处理各种各样的事务。企业家所有的商业活动都是在发挥自身的能力,都体现了身心素养这一根基因素。但是,不同根基和能力的企业家,在商道发用方面存在着天差地别,也造就了不同境界的企业家,成就了不同格局企业家的事业和人生之路。

四、企业家的未来出路：提升高端情绪资本

企业的成败兴亡，取决于企业家的情绪资本，取决于掌舵人的格局、洞察力、整体性的思维模式。只有建立在情绪资本之上的综合素养和心灵状态，才能为企业保驾护航，使企业立于不败之地，从容豁达地面对当下，面对未来的种种未知。

企业家可以赋予企业鲜明的文化个性，企业家的行为举止与企业的发展、经营产生互动，成为企业文化的典范，而企业文化最终构成企业的竞争优势。建立良好的企业文化是企业家不可推卸的责任，企业文化往往打上企业家情绪资本的烙印。特别是那些优秀企业家领导的企业，文化的形成明显带有企业家的个性，反映企业家的理念和思想境界。企业家对企业文化风格的形成有非常重要的作用，在位时间越长，作用越大。企业家要提高自身素质，树立自己和群体价值观，建立适应企业发展的特色文化。企业家应当成为价值观的领导者，不断与时俱进，站在企业全局视角和全球化的高度引领企业思维，通过不断革新整个企业的价值观来促进企业发展。

近年来，中国企业家也致力于提升情绪资本，兴起了"国学热"，希望通过研习以儒家学说为代表的中国传统文化来提升自己的素养，弥补自身情绪资本的不足。然而，儒家学说也存在一定的局限性，它强调人伦秩序的维护，并倡导"中庸"之道以寻求平衡和谐，但在企业管理中更提倡处世"圆滑"和"人脉关系"的理念，从而极大地遏制了企业家的创新精神。当前，"儒商"成为企业家孜孜追求的目标和境界，他们致力于将企业发展壮大，以期获取更多的财富与名誉，最终成为一代著名的富豪，但他们骨子里还是"商人"的心态（孙冰，2020）。因此，只有以商

问道,才具备商业大师的胸怀和境界。

中国商界受到西方文化思想的影响比较深刻,借鉴和学习的多是西方管理模式和经营理念。在西方思潮(特定经济范式是其一部分)泛滥全球的进程中,一个新的怪胎出现,杂糅了多种西方思想中那些好听的名词而成的概念复合体,成为西方进行意识形态进攻的利器。20世纪80年代以来特定经济范式的扩张史,就是一部打着政治道义的旗帜,在经济上烧杀抢掠的历史。在西方管理思想的指引下,很多企业家崇尚"物为我用"的经营理念,置社会责任于不顾,急功近利,掠夺式开发,大量耗费自然资源,造成环境污染和自然灾害。更有甚者,很多企业家冲破道德底线,热衷于从事危害民族健康生存的产业,如"毒奶粉""毒胶囊"等事件,使西方管理思想中的"利己主义"发挥到极致。这种过分注重"管理技术和手段"的模式将制约中国企业的健康发展,难以提升企业家的管理智慧和境界。

中国企业家当前面临的困境是由于对西方"精英主义"管理思想和模式的过度崇拜,而忽视了这种管理思想和方法在中国本土文化中的适应性。中国当前的崛起之路虽面临诸多挑战,部分原因在于尝试模仿西方的生活模式、企业管理模式以及社会治理模式。人性的贪婪造成了对物质享受的过度追求,导致了自然资源的过度开采和对科学技术的盲目崇拜,而信仰的缺失进一步引发了传统文化的边缘化、道德滑坡和精神世界的空虚等。在管理思想上,没有创新,只做西方管理方法的追随者,因此难以催生出全球顶级的国际性大企业。面对这一现状,中国作为学习并模仿西方发展模式的一员,亟须探索一条引领世界各国人民和谐发展的新模式。

21世纪被视为中华文化的璀璨时代,中华优秀传统文化历来秉承天人合一的哲学整体观,认为宇宙是大天地,人则是一个小天地。人和自然在本质上是相通的,故一切人事均应顺乎自然规律,达到人与自然和谐。文化是思想的力量,一个国家只有当文化体现出比物质和资本更强大的力量时,当经济发展体现出文化的品格时,这个国家才能进入更高的发展阶段。中华优秀传统文化不仅蕴藏了宇宙、社会、人生的深刻哲理,而且涵盖了人文科学、自然科学和管理科学,孕育了中华民族的宝贵精神品格,培育了中国人民的崇高价值追求,并由此派生出"商道如天道,利人而后能兴"的东方商道理念,古代大商巨贾莫不以此为依循。

在中国转型背景下,企业的发展环境是十分复杂的,必须探索适合本土的东方管理模式。中国企业不能简单地模仿西方的管理经验,而是要将西方的管理工具与东方的智慧紧密融合在一起,形成中国本土化的管理模式,这样才能造就一流的国际企业。而提升企业家的综合素质和掌控能力是企业面临的头等大事,通过怡养身心、滋养精神、提升气质和文化底蕴,提高商业智慧和人生格局,促进企业健康发展、奉献社会、体悟商道规律和生命真谛。

企业家在借鉴现代管理理念的同时,要领悟东方哲学智慧的伟大力量,通过修身培育人文情怀,提升胸襟胆略。未来企业竞争的核心在于企业家综合素质、掌控能力、识人用人能力、快速反应能力的较量,因此,企业家的培养关键在于以情绪资本为本底的综合素质提升。商场如战场,瞬息万变,需要企业家具有与之相匹配的情绪资本。那些善于处理商界局势的人,必定能够准确把握天下形势的变化,善于揣测顾客的心智,谋定而后动。企业从创业伊始,企业家就与风险为伴,如果没有一种顽强的意志,企业必定被市场所吞没。华为的成功,从某种程度上可以认为是任正非人格特质的成功。任正非是军人出身,身上有着军人顽强拼搏的气质,从不服输,同时任正非祖籍在浙江省,有着浙商草根的性格。这种顽强的生命力,在华为从初创到壮大的整个历程中都表现得淋漓尽致。华为的"狼性团队"理念及其所倡导的和"狼图腾精神",深刻地融入了顽强不屈的精神特质,使得华为人做事具有敬业心、献身精神、有责任心,而顽强不屈也成就了今天国际化的华为。企业家要有博大的胸怀,能容天下万事万物,心中要有为天下人奉献的精神。顶级企业家应该具有全球视野和宇宙胸怀,张弛有度,进退攻守自如,如行云流水,将生命发挥到极致,探索商道之规律,实现"天下企业"和"企业天下"的境界。

企业家需要突破精神的束缚,敢于创新,立于潮头,提升对时局的洞察和精心规划布局的能力,提升创造商机和掌控商机的能力。在广袤的中国大地上,每一缕新鲜的变化都可能催生令人着迷的新模式。如今互联网潮声四起,带来了电子商务、短视频、区块链等新鲜元素,世界今非昔比。经济环境、政治局势,乃至人口结构、群体观念,企业家对于此间种种都必须了然于胸,方能将这些要素融入企业运营之中,确保企业在时代的汹涌波涛中稳健前行,屹立不倒。"忽如一夜春风来,千树万树梨花开",变革的巨浪滚滚向前,时代成为遍地英雄的秀场。而这底层的精神支点就是企业家的情绪资本。

通过情绪资本的完善来全面提升企业家的商业智慧,提高企业家创造和捕捉市场机会的能力。当觉得诸事不顺,身心俱疲,却成效甚微的时候,也许你该将眼光投向自己的内心,去战胜自己的陋习,解开自己的心结,打破心灵的枷锁,提升情绪资本的品级。"海不择细流,故能成其大;山不拒细壤,方能就其高。"沧海桑田,我心不惊,自然安稳,随缘自在。心态改变,态度跟着改变;态度改变,习惯跟着改变;习惯改变,性格跟着改变;性格改变,人生就跟着改变。企业家应把职业和地位当作体验人生经历和实现人生价值的工具,树立胸怀天下的情怀,培育冒险性、开拓性和创新性等企业家精神,为中华民族伟大复兴贡献力量。在奔向商业之巅的过程中,企业家应努力成为领驭时代的商界领袖,体悟在天地间逍遥的豪迈,实现生命的健康、快乐、精彩。

第二章 | 情绪资本的内在本质及其演化规律

- 情绪资本及其价值
- 情绪资本的底层基因：性格与情绪
- 情绪资本的演化规律

情绪资本是企业管理理论发展的必然结果,也是企业不断发展的必然要求。性格和情绪都是人的心理因素,对一个人的世界观、人生观和价值观的形成具有重要的作用,能够影响一个人的生活道路和事业成就。每个企业家都具有独特的性格和情绪,其管理风格往往都体现着其性格和情绪特征,性格和情绪对企业家的领导力和企业发展战略都具有非常重要的价值。我们首先从性格和情绪的基本概念入手,介绍性格和情绪的基础知识和相关理论,为后面的内容的展开提供支撑。

一、情绪资本及其价值

长期以来,管理学者们一直把企业领导者的各种个人性格和特征作为描述和预测其领导成效的标准,试图区分企业领导者和一般人的不同特点,并以此来解释他们成为领导者的原因。企业领导者的情绪资本越来越受到重视,成为决定其领导成效的重要因素。

(一)情绪资本的内涵

情绪之所以成为一种资本,是因为它在商品生产过程中成为价值形成和价值增值的手段之一。情绪资本具有无形性与依附性、短期性、不可度量性、多样性与可分性、无限增值性与外部性等特征,与智力资本、体力资本共同构建了人力资本新的理论体系,在人力资本理论中占有重要地位(Baker and Watson,2010)。在知识经济和体验经济时代,精神需要逐渐取代物质需要成为人们的主导需要,情绪资本逐渐成为组织的一项重要资产。

企业家综合素质包括体力资本(physical capital)、智力资本(intellectual capital)和情绪资本(emotional capital),这三种资本是相互影响、相互作用的,但是相对于体力资本与智力资本而言,情绪资本更加体现现代经济发展对人的要求,是企业家精神的核心组成部分。其中智力资本是主体和"路轨",体力资本是基础,情绪资本是"神经中枢",三种资本共同构成一个完整的人力资本大系统[①]。

其实,任何人都有智商(intelligence quotient)和情商(emotional quotient),两者对一个人的发展都至关重要。相应地,对一个企业而言,人力资本也包括智力资本和情绪资本,二者的开发和利用对企业发展也非常重要(Finke,2003)。随着知识经济和体验经济时代的到来,企业要想得到持续、稳定的发展,必须同时加强知识管理和情感管理,这样才能提高企业的竞争力。

"情绪资本"一词最早的使用者之一是可口可乐公司前总裁史蒂文·海耶(Steven J. Heyer),他用情绪资本来描述消费者对品牌和媒体中出现的品牌相关内容的感情投资,这种感情投资会增加品牌的价值。

社会学家皮埃尔·布尔迪厄(Pierre Bourdieu)是情绪资本在社会学领域的先驱,他认为情绪资本可以看作社会资本(social capital)的一种形式,二者之间的区别在于情绪资本带有更私人的特征,而社会资本更多的是一种公众视角。

丹尼尔·戈尔曼1995年提出的情商(emotional intelligence)概念,首次将情绪视作能量、信息、关系和影响力的来源。法国教育经济学家本尼迪克特·热德罗(Benedicte Gendron)对情绪资本在人力资源领域的研究有很重要的贡献,她将人力资本(human capital)理论与情商模型中情绪能力(emotional competencies)概念相结合,得出了以下定义:

---

① 在当今社会,人力资本所有者的重要性明显增强,资金与固定资本所有者的实力相对削弱,人力资本占据重要的地位,财务管理的内容也因此需要相应进行创新。为此,凯文·汤姆森(Kevin Thomson)提出了3A会计学原理,认为3A分别是资产(assets)、成果(achievements)和账目(accounts),这样才能评估一个企业的真正价值。详细而言,资产包括情绪、智力和运营资本,即情感、理智和有形的资产;成果是指企业在流程、语言以及盈利三方面取得的进展;账目是由账本上的收入数据、盈亏报表所组成。

第二章 情绪资本的内在本质及其演化规律

情绪资本是一系列构成个人资源的情绪能力,可以作用于个人、职业及组织的发展,能帮助提高社会融合度,进而获取个人、社会及经济的成功。

彼得·德鲁克(Peter Drucker)断言,知识正在成为全球企业的推动力。然而,英国管理学者凯文·汤姆森(Kevin Thomson)却说,知识仅是企业两项最重要资产中的第一项,第二项是由感觉、信念、认知和价值观等隐性资源所构成的"情绪资本"(凯文·汤姆森,2004)。在一定意义上,情绪资本可以称之为智力资本的燃料和催化剂,其能量的发挥限制或推动了智力资本的功能,使企业发展的重心由理智向情绪倾斜。储存于人们头脑中的知识并不会自动创造财富,人们必须有愿望、有动力将知识付诸实践,知识才有可能成为企业财富的源泉。

情绪资本作为一种体现人生信仰、愿景和个人素质的新型资本,其发展与人力资本、社会资本、文化资本密不可分(Chu,2007)。情绪资本是存在于内心的力量,是一种客观与主观相结合的复杂资本。情绪资本是无形的,它只能依附于人的生命体而存在,表现为人力资本。它通过提升智力资本来体现其自身价值,但难以通过测评工具去衡量情绪资本具体能够对个人和组织的发展起到什么程度的作用。[①]

根据其重要性、价值和作用,情绪资本可以分为基础情绪资本和高端情绪资本。基础情绪资本是一般的情感和心智,如喜、怒、忧、思、恐等,是一个人内在情感因素的呈现。高端情绪资本是超越基础性情感之上的信念资本,如心胸、志向、格局、毅力、理想等,是企业家高层次精神资本,是企业家核心价值观、人生观、世界观等终极信念的总和。基

[①] 对于人力资本的管理,目前的研究大多建立在激励理论的基础上,并没有超出物质、精神、目标、期望和公平奖惩机制的范畴,组织的管理也主要是围绕智力资本进行的,对情绪资本的管理不够重视。同时,当今管理理论的创新和管理实践的发展呈现出对情绪资本愈加重视的趋势。

础情绪资本和高端情绪资本具有紧密的关系,基础情绪资本决定和影响着高端情绪资本,而高端情绪资本是基础情绪资本的升华。这种高层次精神资本赋予企业家创造愿景、希望等塑造积极组织文化的能力,且能够引领企业家合理组合和运用企业资源,持续创造企业价值。在企业家事业发展中,高端情绪资本是重要的支撑因素,决定着企业家事业发展的高度。

企业家情绪资本涵盖个人、企业、社会三个维度,并伴随着企业的成长而不断发展壮大。在这一过程中,企业家情绪资本从个体层次向企业及社会层次动态演进。不论是在企业家个体层面、组织层面,还是在社会层面,企业家情绪资本彰显在企业不同的生命周期阶段,即企业创建、发展、成熟等阶段。在企业初创期,个人特性维度的企业家情绪资本与动态环境背景下行为特性维度的企业家情绪资本交互,企业家追求个人价值实现和个人利益最大化,处在"小我的企业家"层次;在企业成长和成熟期,个人特性维度和公司层面的企业家情绪资本进行交互,这个阶段企业家追求的重点是管理创新和企业效益最大化,达到"企业的企业家"层次;在企业的革新期,动态环境影响着个人特性维度和组织特性维度的企业家情绪资本的交互作用,这个阶段企业家更加注重追求企业使命、社会效益和国家利益,达到"国家的企业家"层次。因此,企业家情绪资本系统是一个跨阶段、多层次、整合性的动态系统。

情绪资本具有多样性、伸缩性和可塑性的特点:(1)情绪资本的多样性由情绪的多样性造成,包括感觉、信念、意志和价值观等隐性资源。情绪资本的多样性增加了情绪资本管理的复杂性,因为个人和组织必须对各种情绪资本进行不同的管理。(2)情绪资本的伸缩性是指情绪资本的作用具有很大的伸缩空间,既能够起到积极的作用,也能够起到消极的作用。显然,任何企业都会受到动力情绪和负面情绪的共同影

第二章 情绪资本的内在本质及其演化规律

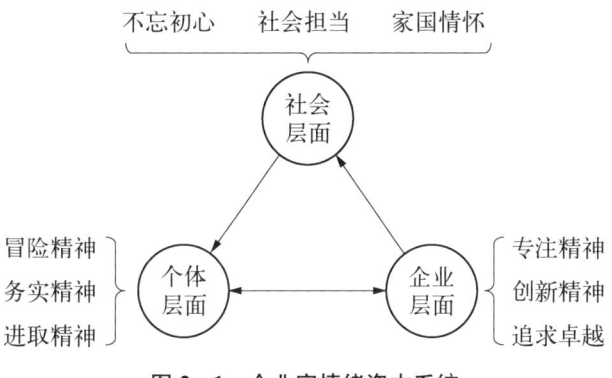

图 2-1 企业家情绪资本系统

响。情绪资本的这种伸缩性增加了情绪资本管理的必要性,因为任何个人和组织都希望情绪资本能够发挥最大的积极效应。(3)情绪资本的可塑性意味着个人和组织可以通过有效的管理,实现情绪资本的保值、增值,以及效益最大化。

情绪之所以能够作为一种资本进行管理,除了它本身的伸缩性、多样性与复杂性之外,最主要是由于它是企业家身上所独有的、具有自我增值以及专用性的特征,好的情绪可以有效提升工作热情等,从而间接影响企业绩效水平;坏的情绪会直接导致工作效率低下等问题,从而对企业价值产生不利影响。

(二)情绪资本的核心特征

情绪资本是一种人们可以利用并获得某种收益的情绪资源,进而实现价值形成和增值。情绪资本是一种客观与主观相结合的心理资本形态,是一种重要的超级软性资本,它具有无形性与依附性、不可度量性、多样性与外部性等特征,与智力资本、体力资本共同构建了人力资本体系(Haji,2020)。

要了解情绪资本,首先需要了解情绪的特征,因为情绪资本是情绪的资本化。情绪是人脑和心智的内生能力,是与认知、意志和个性相联系的复杂心理过程,是各种感觉、思想和行为的一种综合心理状态,是由生命本性决定的。情绪作为一种心理因素,产生于人的生命体,根源于生命的本质规律,由生命本性中最底层的因素决定。情绪是精神因素的重要组成部分,属于人的内心世界的外在表达方式,对人的性格具有重要的影响(Lindblom et al.,2020;张志鹏,2010)。在现实世界中,人们往往以情绪的形式与内心世界进行交流,从而形成了相对固化的性格和脾气。

在情绪心理学中,情绪是一种具有特定主观体验、外显表情和生理变化的心理活动,与人的生物和社会需要紧密联系,由生理反应、表情和内在体验共同构成完整的情绪过程。情绪是多种感觉、思想和行为综合产生的心理和生理状态,既包括愉快、愤怒、恐惧等单一和原始的情绪,也包括焦虑、忧愁、郁闷等复合的情绪(Fry,2003,2005)。在情绪系统中,神经生理基础影响着情绪的特征,通过生物化学过程催生特殊物质,如激素、儿茶酚胺等,从而产生相应的情绪状态。不同情绪所产生的生物化学成分不一样,从而支配着不同的情绪波动和行为特征。

情绪是心理因素的重要组成部分,能够影响一个人的精神状态,而精神状态又会影响一个人的行为模式和工作效率,以创造新的价值。资本是人类创造物质和精神财富的各种社会经济资源,而情绪通过赋予人以精神,从而使情绪成为一种能够产生价值的资本(Dierendonck et al.,2015)。情绪资本并不是直接带来收益,而是经历了一个复杂的转化过程。情绪是人的精神因素,这种精神因素影响着人的思维模式和思想价值体系,并进一步影响着人们的行为方式。情绪可以产生收益,积极的情绪可以带来较高的收益,而消极的情绪只能带来较少甚至负面的收益。因此,情绪参与价值创造的过程就是情绪资本化的过程。

基础情绪资本和高端情绪资本具有紧密的关系,基础情绪资本决定和影响着高端情绪资本,而高端情绪资本是基础情绪资本的升华。情绪资本赋予企业家创造愿景、希望等塑造积极组织文化的能力,能够引领企业家合理组合和运用企业资源,持续创造企业价值。在企业家事业发展中,情绪资本是重要的支撑因素,影响着企业家事业发展的高度。

(三)情绪资本的价值

21世纪是知识经济时代和情绪资本时代,同智力资本一样,情绪资本在21世纪也应当成为每个企业资产负债表上的一项不可或缺的资产。[1] 目前,一些国外跨国公司已经开始着手进行相关的情绪资本管理等,但迄今为止,国内企业在情绪资本管理阶段属于初始探索阶段,并没有将情绪管理纳入战略高度。情绪资本产权天然属于个人的特性决定了它的不可替代性与绝对性,能否有效地发挥企业家情绪资本在促进企业发展方面的独特价值,成为企业面临的重要问题(弗雷德·路桑斯等,2018)。

情绪资本是企业管理理论发展的必然结果和企业不断发展的必然要求。[2] 在管理科学发展历程中,人性假设一直是管理学中需要解决的首要问题。人性假设经历了"经济人""社会人""决策人""复杂人"的过

---

[1] 最新的研究显示,一个人的成就,情商占80%,专业技术、智商占20%。哈佛大学之所以人才辈出,主要原因不是专业技术,而是注重情商教育。

[2] "弓与箭"的关系可以恰当形容情绪资本与智力资本的关系,智力资本的发挥依赖于情绪资本的调动,情绪资本潜力的发挥要借助于智力资本才能显现。也就是说,"智力资本之箭"只有依赖于"情绪资本之弓"才能射得更远,只有同时对智力资本和情绪资本加强管理,才能发挥二者的最大潜力,从而达到最优的效果。这样的过程,当然离不开管理者高超的管理能力和管理艺术,这个管理者正是拉弓射箭之人。

程,现在正向"文化人"发展。这表明管理理论越来越重视人的非理性因素,管理科学也由理性主义向人本主义转变。人们往往认为失误或失败源于管理、营运等纯理性的问题,却忽视了管理者的情绪因素。要把企业发展好,就必须充分发挥物力资本、智力资本和人力资本的作用,重视和管理好企业中的情绪资本(Crossan et al.,2013)。

情绪资本在企业管理中发挥着隐性的基础作用。大家普遍认为情绪是一时的,终将过去,而事实上,情绪是累积的,并形成软性资本影响企业的发展。企业家情绪资本关系到企业家奋斗的原动力,影响着企业文化,成为企业在知识经济时代的关键性基础,决定着企业经营的成败。人的需求可以划分为物质需求、精神需求和灵魂需求三个层次,其中,与情绪资本相联系的灵魂需求是最高层次的需求,企业家的灵魂需求是企业家情绪资本或高端情绪资本的体现。

情绪是对个体工作、行为、思维和成功而言不可或缺的一种精神性的心理倾向和态度,它是人类生命所拥有的一种无形却极具影响力的内在力量(Caliendo and Kritikos,2011)。人生的是非成败不在于外物,而是源自本心。老子说:"知人者智,自知者明。"情绪资本能够激励人类探索人生意义和人生价值,人类通过所拥有的有关灵性的知识和技能,让自己的生命更具有目标性。情绪资本是通过不断的互动和参与而获得的一种无形的资源,能够提供一种超越性的支持系统,帮助人们获得健康和成功,使人在面临困境时更加坚强,让生活中的不确定性更具有意义。

传统的资产负债表不会体现情绪资本在公司中的分量和对公司运营的重要性。然而,这些无法用数字来衡量的项目对于公司却具有深层次的重大影响。情绪资本是一种创新精神、发展能力和激励企业家取得事业成功的非物质力量。信仰式的终极力量是企业家实践的创业导向和创业动力的真正来源,而且这种力量更多是天生的、内化的和稳定的。拥有情绪资本的企业家具备将信仰基础、价值体系和道德愿景融入组织中的能力,能够不断追求企业价值的增加,并带来效益(李正卫等,2015)。顶尖企业家都十分重视这些看似无形的资产,并将其转化为公司发展的强大动力。

情绪资本影响着企业家的思维模式和心智模式,是企业家成功的必要保证。企业领导者是否具备想象力、毅力、幽默感、活力等个性品质,是影响企业创造性潜能是否发挥的重要因素。情绪虽多变、游移、不稳定,却时时影响着人的理智和行为。只有具备积极的情绪动力,企业家才能愉快地工作,为企业的发展不断贡献才智。

实际上,情绪资本和情感管理对组织发展的重要程度有时甚至会超过智力资本和知识管理。目前,管理者对知识的重视不言而喻。但是,作为理性的对立面,情绪往往被视为对组织的一种威胁,而不是一种可供利用的具有潜在价值的资本。实际上,情绪对企业的发展功不可没,海氏咨询公司(Hay/McBer)通过对15家全球性大型公司的研究发现:"在普通公司和最佳公司之间,情绪能力有着极为重要的差异……在情绪能力的范围里存在着更大的力量,它们是影响力、团队领导力、政治意识、自信,以及成就驱动力。在领导者中,他们的成功大约有90%可归功于情绪智力。"

情绪资本是企业创新的动力。如果企业家能不断保持积极的动力情绪,就会为企业发展持续地注入新的活力,企业的创新潜力也得以激活。积极的动力情绪可以影响企业的"性格"塑造和价值提供,从而提升企业的"人性化"程度,更好地进行内外部关系营销,实现最终经营成果的最大化。企业家要善于化解负面情绪,使之变成一种可控的、能够使企业稳定发展的积极因素,从而提高组织和工作效率。智力资本是企业探索未知数的基础,情绪资本则扮演清除探索道路上负面情绪的角色。

　　企业家的情绪资本能够激发整个企业员工的情绪资本,形成团队情绪资本合力。企业家的情绪资本有助于培育优秀的企业文化,催生经营哲学,进一步提高员工情绪商数,升华情绪资本。尽管企业很难完全掌握员工错综复杂、千变万化的情绪世界,但如果企业具有一个能激励员工为之奋斗的愿景,一种被员工认同的价值观,那么这个企业也就有可能激励员工超越个人情绪,激励员工以高度一致的情感凝聚成情绪资本,打造企业的核心力量。

　　对于一个企业来说,企业家的情绪资本对企业的前途命运起着至关重要的作用。对于企业来说,同样存在"性格"因素。而这类反映在企业文化中的"企业性格",也往往是由上而下贯彻并贯穿在企业行为中(Diane,2000)。所谓由上而下,主要是指企业创业初期所具有的特质,不言而喻,创业者(大多是企业的掌门人)的性格和情绪因素,基本上会被潜移默化到企业文化之中。高情绪资本的企业家更加勇于面对现实、价值观坚定,深信人生有意义,受到使命感、信念等精神力量的支持,对待挑战、困难等会表现出乐观和从容,通过创造性的措施和方法解决问题,坚韧且不轻易放弃,这样的精神力量是企业无形的财富。一个勇于创新的企业家领导的企业,必将不断给市场制造惊喜,经常让竞争对手措手不及;一个内敛稳重的企业家领导的企业,必将一步一个脚印,稳步向前;一个敢打敢拼的企业家领导的企业,必将充满干劲,无坚不摧;一个温和中庸的企业家领导的企业,必将不急不躁、顺水推舟地跟着市场潮流走,无惊也无险。具备高情绪资本的企业家侧重于关注公司的文化、核心价值观和员工的成长,通过无私、忠诚地欣赏自己和他人,创造一种整体归属感和幸福感,能牵引企业家对企业中的各种要素进行统筹和使用,促进员工成长和企业持续发展。

企业家所具有的性格特质,必然会与企业的"性格"有着密切的关联。这主要体现在:企业领军人物的性格特征,会传达到周围的高层管理人员,而高层管理人员又会向下传达给中层管理人员,进而一步步扩散到全体员工中,形成一定的工作风格、价值观,以及工作习惯等。基于此,形成了最终的企业文化。

三流企业家关心生产成本,二流企业家关心管理成本,一流企业家关心性格情绪成本,从中足以看出情绪资本的重要价值。因此,情绪资本能够改变命运,决定人生,是全球政治圈、财经圈金字塔高端顶尖人物都在运用的成功秘籍。强大的情绪资本是一个人的存在感和吸引力之所在,是他身上无与伦比的光环、是人格魅力、是精神名片、是风度气质,是精、气、神所在。

(四)情绪资本与商业规律

情绪资本体现了一个企业家的综合心智和精神素养,其终极目标是探索经商之道。顶尖商界领袖都具有宏大的格局和高远的志向,致力于通过缔造商业帝国来造福社会。因此,一个企业家的情绪资本决定着企业的格局和规模,影响着企业的成败。

在商界,儒商往往成为众目敬仰的商业楷模。儒商,即为"儒"与"商"的结合体,既有儒者的道德和才智,又有商人的财富与成功,是儒者的楷模和商界的精英。一般认为,儒商应有如下特征:注重个人修养、诚信经营、有较高的文化素质、注重合作、具有较强责任感等。儒商有超越功利的最终目标,有对社会发展的崇高责任感,有救世济民的远大抱负和忧患意识,追求"达则兼济天下"的人生理想。古有范蠡、子贡、白圭等一代儒商,后有徽商、晋商、淮商、闽商等近代商帮。中国在东方拥有巨大的影响力,儒家文化在日本、韩国、新加坡等国家得到广泛传播,成为最具代表性的东方文化。这片文化土壤逐渐孕育出儒商这类具有东方特色的商人。儒商深谙东方主流文化,并践行东方主流文化,是东方商人中的佼佼者。同时,儒商善于汲取东方文化精粹,在世界舞台上发扬东方智慧,成为东方商人中的杰出代表。

儒商的本质是具有一定思想境界的商人,重在经商。虽然是一个合格的商人,但万事都从商业角度来处理,必不全面,也限制了儒商的进一步提升。儒商还需要提升其精神境界和人生格局,实现情绪资本方面的超越。把商人作为人生的一个角色,通过商业活动来探索商道规律,并进一步体悟生命真谛,而不是为了某个职业或金钱而活,被商业所束缚。商道是看不见和摸不着的,但却起着决定行为和思想的作用,是企业发展的关键所在。企业领袖应该具有归零的心态,展现出大无畏的自信。经商只是在生命探索中的一个工具而已,并不是终极目标,企业精英应该循商道之机,成为道商。在行商之旅中,不忘奉献天下、造福人类、完善自我和实现人生价值的宗旨。

企业家情绪资本是企业家个人所具有的心理和人格特征,是决定其行为方式的内在因素。在特定的社会环境下,企业家拥有现实的、具体的情绪资本和人格结构。情绪是精神层面的底层要素,具有核心意义的个性心理特征,而性格是精神层面外展的要素,是情绪的反映和结果,情绪直接决定着性格的表现特征和类型。企业家从商的过程也是个人成长和提升的过程,是情绪资本不断升华和完善的过程。

情绪资本决定着企业家的性格特征和行为模式,影响着其探索商道的过程。在长期的经营活动、社会活动和日常生活中,形成独特的企业家情绪资本,包括价值观、行为模式、管理方式等,影响着企业家的经营哲学、管理思想和经商信念。企业家从事经商不应该仅仅为了赚钱,而是要以商入道,体悟商道的规律,并进一步体悟人心的规律、生命的规律和宇宙的规律。

企业家在探索道商的征途中,要锤炼和提升情绪资本,情绪资本对企业经营成败具有决定性作用。企业家首先要在心理上战胜困难,完善情绪资本和性格,超越自己情绪上的弱点,确立坚定高远的志向和格局,在商场上取得胜利。打破自己心灵的束缚、观念的束缚、社会的束缚。此之为"商之大家",是谓"大商"。

在全球经济大融合和文化大激荡的过程中,企业家更应该保持坚定的信念、高远的志向和脱俗的静气,无论面对风云激荡或静如止水之局面,均可不为所动,保持定力,方能渐明商道之本,也才能成为商界领袖。

二、情绪资本的底层基因:性格与情绪

情绪资本的底层因素是情绪和性格,当性格和情绪等心理因素成为可以配置的资源时,这些心理因素就成了情绪资本,因此,情绪资本是由这些基础心理因素提炼升华而来。要了解情绪资本,首先需要了解性格和情绪等基础心理因素的特征和规律。

(一)性格

1. 基本概念

性格(personality),亦称之为人格,一向被界定为个体思想、感情、行为与态度的总称。与它相似的名词有个性、性向、人格特质、思维定式、行为模式、行为偏好、习惯领域等。性格是指一个人与他人不同的特质,它既表现在行为上,也会出现在情绪、思维、意志等心理活动上。

性格是一个人对现实的稳定的态度,以及与这种态度相适应的和习惯化的行为方式中表现出来的人格特征。这里的态度是一个人对人、对物或思想观念的反应倾向性,由认知、情感和行为倾向三个因素组成。一个人对现实的态度,表现在他在生活中追求什么、拒绝什么,即表现在他做了什么。一个人怎样去做,则表明了他的行为方式。态度决定着行为方式,稳定的态度使与这种态度相适应的行为方式成为习惯,能够自然而然地表现出来。一个人在长期社会生活中养成的对现实的态度和他的行为方式是密切联系的,有什么样的态度就会产生什么样的行为方式(陈少华,2020)。

性格不同于气质,它受社会历史文化的影响,有明显的社会道德评价的意义,直接反映了一个人的道德风貌。因此,气质更多地体现了人格的生物属性,性格则更多地体现了人格的社会属性,个体之间人格差异的核心是性格差异。

性格是在社会生活实践中逐渐形成的,一经形成便比较稳定,它会在不同的时间和不同的地点表现出来。但是,性格具有稳定性并不是说它是一成不变的,而是可塑的(喻登科等,2017)。一个人的性格在生活中形成后,生活环境的重大变化一定会带来他性格特征的显著变化。性格形成的因素非常复杂和细碎,主要包括以下三个方面:基因遗传因素、成长期发育因素以及社会环境的影响因素。因此,性格是可以改变的,需要大量量变之后的质变。

2. 性格的类型

性格的分类说法有多种说法,心理学家有他们专业的看法。根据学者们的研究,性格类型有以下几种常用的分类方法。

(1) 三型分类法

由美国心理学家培因根据心理机能的差异进行的划分。在这种分类体系下,人的性格被分为三类,即理智型、意志型和情绪型。

理智型者遇事三思,坚持原则,不受情绪支配。日常表现为认真负责,不达目的不罢休,居高位时能按原则办事,立场坚定,不徇私枉法、假公济私。这种人有时会显得刻板,甚至难以相处。

意志型者做事认真负责、目标明确、独立性强、坚韧不拔,面对困难挫折不轻易后退,遇到突发事件能果断采取行动。日常表现为自制力强,能很好地克制自己,规范自我行为。

情绪型者容易受感情支配,易冲动。面对突发事件时,常常不能有效地控制自己,因为冲动而做出决策。这类人所表现的特征是雷厉风行、决定速度快。

这种按心理机能对性格的划分并不存在绝对标准。事实上每个人都是复合体,三种机能在每个人身上都能或多或少地存在,这种分类方法只是按个人身上三种成分的相对多寡而言的。

在现实生活中,更为常见的是一些中间类型的人,如"情绪—意志型",这种人通常能够同时表现出两种性格类型的特点(郝雪宁,2021)。因为企业经营管理的需要,在企业领导中,更多的是这样的复合型人才。他们通常会因为工作需要而改变自己的行为方式,以更好地适应激烈的市场竞争。

(2) 两型分类法

该分类方法把人的性格分成 A 型和 B 型两种。这种分类方法比较常见于准专业的性格研究者,虽然不如"三分法"专业,但其指标更适用于实际判断。

A 型性格者:时间观念强、办事认真、工作干劲足,日程通常安排很满,凡事都亲力亲为。这类人通常表现出争强好胜、效率高、易激动、缺乏耐性等特点。这种人通常给人留下精力充沛的印象,并且在一些具有开创性的工作中表现出潜力。尽管他们容易激动且对他人的信任度不足,在职场中时常会无意中冒犯上司、同事及下属。但正是由于此种特质,往往促使耐心不足的他们能够获取大的成功。

B型性格者:稳重、很少紧张,即使遭遇重大问题仍能泰然自若,但时间观念不强。其日常表现为"大肚能容",能吃苦耐劳、不喜争强好胜,即使在竞争中取得了优势也不会咄咄逼人,此型人在工作中能顾及上下级关系。企业家若为此种类型,不会因企业遭遇而大喜大悲,常给人以富有涵养的印象。这类人比较容易得到别人的帮助,这无疑会促使他们成功。

与第一种分法相同的是,这种划分方法也不存在绝对的标准。例如并不是时间观念强的人都争强好胜;也并不是能容忍、吃苦耐劳的人都心平气和、泰然自若。所以,在评判某人性格类型时不能绝对化,只能利用相对的标准。

(3) 大五人格分类法

近年来,心理学家们在性格维度上达成了比较一致的共识,提出了人格的"大五模式",美国知名心理学家戈尔德伯格(Goldberg)称之为人格心理学中的一场革命。"大五"模型的思想雏形最早由奥尔波特和奥德伯特(Allport and Odbert,1936)提出,他们认为个体性格方面的主要差异可以通过"词语"来表示。他们通过查阅英语词典,从中选出17 953个描述人格特征的词语,后又精简到4 504个形容词。之后的心理学家先后发现这些形容词所描述的人格特征可以被归类为五大类,并由科斯塔和麦克雷(Costa and McCrae,1992)正式构建出"大五"人格分类法(The Big Five Personality Traits)。

根据大五人格理论,有五种特质可以涵盖个体性格的所有方面。这五项人格特质分别是:开放性,指个体对外界变动性、丰富性、层次性等方面的认知和态度;外向性,指个体与外界的互动及活跃状态;宜人性,指个体对待他人的方式和态度;尽责性,指个体规划和管理自我行为的水平,包括对时间的把控;情绪稳定性,指个体对情绪的调节控制能力,反映个体产生积极情绪和消极情绪的倾向,有时这一特质也被称为神经质(陈少华,2020)。

大五人格特质是用来描述人类性格的一种工具。简单地说,开放性和智力相关,它代表着人兴趣广泛、具有创新和想象能力,也有些理论用智慧或文化来表现开放性。开放性的人偏爱抽象思维,求知欲望强烈。他们通常喜欢对陌生情境进行探索,喜欢去外面旅行、体验不同的经历,也热爱读书学习,思路非常开阔。

外向性代表着人活跃、自信、热情、热爱交流、社会化等特质,情绪更积极向上。外向的人喜欢与人接触,充满活力,具有很强的社交能力。他们喜欢运动,喜欢刺激和冒险。在一个群体中,他们非常健谈、自信、喜欢引起别人的注意,也乐意承担对他人的责任。

宜人性代表着热心、随和、比起竞争更愿意与人合作、利他、友好等特质。宜人性高的人是善解人意的、富有同情心的,非常乐于助人,愿意为了别人放弃自己的利益。他们对人性持有乐观态度,相信人性本善,能经常保持心情愉悦。

尽责性表示人拥有克制、公正、尽职、自律、可靠等特质,也可以反映出对目标的持续追求的特质。尽责性的人一般组织能力强,具有良好的条理性,喜欢制定计划,并按规则办事。他们追求成功和卓越,有明确的目标,也对自己的能力充满自信。

情绪稳定性表示羞涩、紧张、焦虑、敏感等特质,反映了人的情绪调节和控制能力。高神经质个体倾向于有心理压力,不现实的想法,过多的要求和冲动,更容易体验到诸如愤怒、焦虑、抑郁的情绪。相反,情绪稳定的人自我接受度较高,能够在压力情境下保持镇定,也可以很好地接受他人的批评和建议,较少情绪化。

表 2-1 性格的大五模型

性格维度	特　　质	行　　为
开放性	想象力、智慧 求知欲	喜欢去外面旅行 热爱读书和学习
外向性	热情、冒险 社交能力	喜欢与人交往接触 乐意承担对他人的责任
宜人性	友好、热心 共情能力	非常乐于助人 经常心情愉悦
尽责性	克制、公正 成就导向	喜欢制定计划,按章办事 专注于追求目标
情绪稳定性	平静、放松 自我接受度	在压力情境下保持镇定 很好地接受他人的批评

3. 性格的结构特征

学者们对性格的结构进行了深入研究,归纳和解析了性格的结构体系。瑞典心理学家荣格(Carl Gustav Jung)将人的性格分为感觉、直觉、情感和思维,他从无意识中去研究人的心理反应。美国心理学家马斯顿(William Moulton Marston)发展了一套衡量方法来解释人们的情绪反应,他所选择的因子为支配(dominance)、影响(influence)、稳健(steadiness)和服从(compliance),而这种方法也是根据这些因子而命名为DISC。PDP是类似DISC的一种心理诊断工具,也用四个因子支配(dominance)、表达(extroversion)、耐心(pace/patience),以及精确(conformity/systems),不同于DISC,PDP同时也发展出三个副指标:决策思维模式、工作能量模式、心理能量,以及测量一个人在某种特定职务角色(或是家庭角色)的性格,并比较本我与工作能量的耗损、压力、满意度等,更适合在商业上的运用。

(1) 性格的静态结构

从组成性格的各个方面来分析,可以把性格分解为态度特征、意志特征、感情特征和理智特征四个组成成分。

性格的态度特征主要指的是一个人如何处理社会各方面关系的性格特征,即他对社会、对集体、对工作、对劳动、对他人以及对待自己态度的性格特征。对于性格的态度特征,好的表现是热爱集体、关心他人、乐于助人、大公无私、正直、诚恳、认真负责、谦虚谨慎等;不好的表现是自私自利、损人利己、奸诈狡猾、蛮横粗暴、懒惰挥霍、狂妄自大等(陈少华,2020)。

性格的意志特征指的是一个人对自己的行为自觉地进行调节的特征。按照意志的品质,良好的意志特征是有远大理想、独立自主、果断、勇敢、有毅力等;不良的意志特征是随大流、优柔寡断、放任自流、怯懦、任性等。

性格的感情特征指的是一个人的情感对他活动的影响,以及他对自己情感的控制能力。良好的感情特征是善于控制自己的感情,常常处于积极乐观的心境状态;不良的情绪特征是意志对感情的控制能力薄弱,容易波动和消极悲观(陈少华,2020)。

性格的理智特征是指一个人在认知活动中的性格特征。如认知活动中的独立性和依存性:独立性者能根据自己的任务和兴趣主动地进行观察,善于独立思考;依存性者则容易受到无关因素的干扰,愿意借用现成的答案。思维活动的精确性:有人能深思熟虑,看问题全面;有人则缺乏主见,人云亦云或钻牛角尖等。

(2) 性格的动态结构

性格的各种特征并不是一成不变的机械组合,而是在不同的场合下会显露出一个人性格的不同侧面(陈少华,2020)。性格往往是后天形成的,比如腼腆的性格,暴躁的性格,果断的性格和优柔寡断的性格等。

一个人的性格如同他的面貌,人人不同,但是可以归纳出一些规律,而且可以被测量,PDP 早期叫作 personal dynametric profile,直接翻译的话叫作"个人动态的性格量度组合",就是从性格的测量设计的一种诊断工具。如果用 PDP 来测量的话,我们会发现每个人的性格在经过一段时间内会有些微小的变化,所以,现在我们将 PDP 翻译成"人力资源动态诊断系统"(professional dynametric programs)。使用 PDP 动态衡量系统,能够帮助人们认识和管理自己,同时也有助于组织实现"人尽其才"。

(二)情绪

1.基本概念

情绪(feeling)是指人有喜、怒、哀、乐、惧等心理体验,这种体验是人对客观事物的态度的一种反应。情绪发生的一般模式是:人们内心察觉到某种事物(情绪刺激)→该事物引起某种精神上的感受(主观体验)→接着出现相应的身体表现(行为)。在这一过程中,情绪包含不同的层面,从生理唤醒、内心体验到外部表现,而人们通常所描述的个人情绪,大多仅停留在感受层面。

美国心理学家阿诺德(Arnold)将情绪定义为:情绪是对趋向知觉为有益的、离开知觉为有害的东西的一种体验倾向。这种体验倾向伴随着一种相应的接近或退避的生理变化模式,该模式因不同情绪而有差异。拉扎勒斯(Lazarus)也有类似的观点:"情绪是来自正在进行着的环境中好的或不好的信息的生理心理反应的组织,它依赖于短时或持续的评价。"可见,情绪取决于对外部事件的评价及其意义。

另一位美国心理学家伊扎德认为,情绪的定义必须包括生理基础、表情行为和主观体验三个方面。他认为:"你可能记得,在你感到愤怒时,你心跳加速,血液涌上脸和每一块肌肉。由于肌肉过度紧张,你有要爆发的冲动。当你过度悲伤时,身体会感到异常压抑和沉重,肌肉松弛,虚弱无力。你的脸和胸口会疼痛,眼泪止不住地落下,抽泣中感到窒息。"

从这些情绪的定义中不难看出,有的学者强调情绪的生理唤醒方面,有的学者强调行为方面,但基本都包含个体对外部条件的心理和身体变化模式(Hareli and Rafaeli,2008)。由此我们认为,情绪是人对客观事物和外部事件的态度体验以及行为反应,通过整合生理、认知、体验和外显行为,以便在当前情境中采取强适应性的反应。情绪是由生理唤起、认知解释、主观感觉和行为表达这四部分组成的。生理唤起是指情绪产生的生理反应,不同情绪的生理反应模式是不一样的。情绪的外部表现通常称为表情,包括面部表情、姿态表情和语调表情,每次情绪的发生都是多种神经生理活动整合的结果。

情绪具有肯定和否定的两种性质。能满足人的需要的事物会引起人的肯定性质的体验,如快乐、满意等;不能满足人需要的事物更会引起人的否定性质的体验,如愤怒、憎恨、哀怨等;与需要无关的事物,会使人产生无所谓的情绪和情感。积极的情绪可以提高人的活动能力,而消极的情绪则会降低人的活动能力(陈少华,2020)。

情绪的功能主要包括四个方面:(1)适应功能。情绪是有机体适应生存和发展的一种重要方式。人们通过各种情绪,了解自身或他人的处境与状况,适应社会的需要,求得更好的生存与发展。(2)动机功能。情绪是动机的源泉之一,是动机系统的一个基本组成部分,能够激励人的活动,提高人的活动效率。适度的情绪兴奋可以使身心处于活动的最佳状态,进而推动人们有效地完成工作任务。同时情绪对于生理内驱力也具有放大信号的作用,成为驱使人们行为的强大动力。(3) 组织功能。情绪是一个独立的心理过程,有自己的发生机制与发生、发展过程。对心理活动的组织作用表现为积极情绪的协调作用和消极情绪的破坏瓦解作用。(4) 信号功能。情绪在人际交往中具有传递信息、沟通思想的功能,主要通过情绪的外部表现,即表情来实现。情绪的适应功能也正是通过信号交流作用来实现的。

情绪是精神因素的重要组成部分,也是底层的精神因素,它是人内心世界的外在表达方式,对人的性格具有决定性作用(陈少华,2020)。心理学上认为,情绪智力简称情商(emotional quotient),指的是一个人对于自己或者他人的情绪管理能力,是人在情绪、意志、耐受挫折等方面的品质,由自我意识、控制情绪、自我激励、认知他人情绪和处理相互关系这五种特征组成,成为企业家领导力的重要组成部分。情绪是个体对外界刺激的主观的有意识的体验和感受,具有心理和生理反应的特征。我们无法直接观测内在的感受,但是能够通过其外显的行为或生理变化来进行推断。

2. 情绪的分类

(1) 基本情绪与复合情绪

从生物进化的角度看,人的情绪可分为基本情绪(basic emotion)和复合情绪(complex emotion)。

美国情绪心理学家施塔(Shiota)和卡拉特(Kalat)指出,基本情绪必须符合以下标准:① 在人类中具有普遍性,且在其他物种中也能看到基本情绪的迹象;② 如果是基本情绪,人们对其应该有独特的内在表达方式;③ 基本情绪应该在生命早期就明显存在;④ 每种基本情绪应具有生物特异性。如古人所言"七情六欲"中的喜、怒、哀、乐、惧、恶、忧,这"七情"涵盖了人的基本情绪。

基本情绪是人与动物所共有的,在发生上有着共同的原型或模式,它们是先天的,不学而能的(孟昭兰,2005)。每一种基本情绪都具有独立的神经生理机制、内部体验和外部表现,并有不同的适应功能。

现代心理学把快乐、悲伤、恐惧、愤怒看作单纯的情绪,称为基本情绪或原始情绪。其中,快乐是指盼望的目的达到、紧张解除之后出现的情绪体验,其程度取决于愿望的满足和意外程度。悲伤是指失去盼望的、追求的或有价值的目标时引起的情绪体验,悲伤的程度取决于失去事物的价值。愤怒是由于目的和愿望不能达到或目标一再受到阻碍而逐渐积累而成的情绪体验。恐惧往往是由缺乏处理或摆脱可怕情景的力量和能力造成的,它比其他任何情绪都更具有感染性。

行为主义者华生认为,情绪犹如色彩一样丰富,同时也有基础色。情绪的基础色即基本情绪,包括恐惧、愤怒和爱,华生分别称之为X、Y、Z反应。其中X反应(恐惧)由以下原因引起:① 婴儿的支撑物被突然移开;② 突然的大声音;③ 在婴儿刚刚入睡或醒来时受到温和但突然的刺激。X反应的典型表现是屏息、抓手闭眼、皱唇和哭喊。Y反应(愤怒)由"阻碍婴儿的活动"引起的,表现包括哭泣、尖叫、身体僵硬、双手乱动和屏气。Z反应(爱)来自任何温柔的抚摸,特别是对身体的抚摸,外部表现有微笑、咯咯笑和窃窃私语。华生认为,上述每种反应都是与生俱来的。

基本情绪在体验上都是单一的,在此基础上可以派生出许多不同的情绪组合形式,如悔恨、羞耻等包含不愉快、痛苦、怨恨、悲伤等多种情绪体验因素。由此可知,复合情绪是由基本情绪的不同组合派生出来的,是由两种以上的基本情绪组合而形成的情绪复合体。复合情绪表达了人与客观事物之间极其复杂的相互关系,以及客观事物对个体的多方面的意义,从而组成了十分多样化的情绪类别。

德国心理学家普拉切克(Plutchik,2003)根据自己的研究提出了恐惧、惊讶、悲伤、厌恶、愤怒、期待、快乐和信任8种基本情绪。每一种基本情绪都可以根据强度上的变化而细分,例如强度高的愤怒是狂怒,强度很低的愤怒可能是生气。其中,基本情绪是理论化的情绪模型,其特征可根据事实观察得出,但无法被完全定义。其他复合情绪都是在8种基本情绪的基础上混合派生出来的。

表2-2 基本情绪和复合情绪

强 度 低	基本情绪	强 度 高
兴趣	期待	警觉
宁静	快乐	狂喜
接受	信任	赞赏
忧虑	恐惧	恐怖
分心	惊讶	惊愕
忧伤	悲伤	悲痛
厌烦	厌恶	憎恶
生气	愤怒	狂怒

(2) 积极情绪和消极情绪

基本情绪可以分为两类:积极情绪(position emotion)和消极情绪(negative emotion)。从生物进化的角度来看,所有有机体都展现出了天生的、原始的、有助于生存的情绪机制。这种机制连续体的两极分别是"趋近"和"回避",也就是应对愉快和痛苦的策略。积极情绪是与趋近行为相伴随产生的情绪,而消极情绪是与回避行为相伴随产生的情绪。

积极情绪包括快乐(joy)、兴趣(interest)、满足(contentment)和爱(love)等。一般认为,积极情绪有三个重要的适应功能,即支持应对、缓解压力、恢复被压力消耗的资源。弗瑞迪克森(Fredrickson,1998)认为,积极情绪能拓宽注意范围、提高行动效能,有助于机体获得身体、智力和社会资源。积极情绪还能明显影响到思维过程,促进高效率地思考和解决问题,对认知有组织功能。积极情绪还对人的社会行为有积极作用,如改善人际关系和社会关系等。

消极情绪是指生活事件对人的心理所造成的负面影响,如痛苦、悲伤、愤怒、恐惧等。适度的消极情绪有时是有益的。在适度的焦虑情绪下,大脑和神经系统的张力会增加,导致思考能力亢进,反应速度加快,从而提高工作效率和学习效果(陈少华,2020)。相反,过于强烈和持久性的消极情绪对人的健康和社会适应有害,它会抑制大脑皮层的高级心智活动,使人的认识范围缩小,不能正确评价自己行动的意义及后果,自制力降低。如果消极情绪长期存在,而个人的心理适应力又差,不能及时疏导、缓解,还会引起相应的心理疾病。

(3)情绪状态:心境、激情和应激

情绪状态是指在某种事件或情景的影响下,在一定时间内所产生的某种情绪,其中比较典型的情绪状态有心境、激情和应激等三种。

心境(mood)是指人比较平静而持久的情绪状态,具有弥漫性,它不是关乎某一事物的特定体验,而是以同样的态度体验对待一切事物。喜、怒、哀、惧等各种情绪都可能以心境的形式表现出来。心境的持续时间有很大的差别。一种心境的持续时间依赖于引起心境的客观刺激的性质,以及与个体的人格特征有一定的关系。心境产生的原因是多方面的,例如生活中的顺境和逆境、工作中的成功与失败,人际关系是否融洽、个人的身体健康状况,以及自然环境的改变等。心境对个体既有积极的影响,也会产生消极的影响。良好的心境有助于积极性的发挥,可以提高工作学习效率;不良的心境会使人沉闷,妨碍工作学习,影响人们的身心健康。人的世界观、理想和信念决定着心境的基本倾向,对心境有着重要的调节作用。

激情(passion)是一种强烈的、爆发性的、为时短促的情绪状态,是短暂爆发式的情绪体验。人们在生活中的狂喜、狂怒、深重的悲痛和异常的恐惧等都是激情的表现,和心境相比,激情在强度上更大,但持续的时间一般较短暂。激情通过激烈的言语爆发出来,是一种心理能量的宣泄,从一个较长的时段来看,对人的身心健康的平衡有益,但过激的情绪也会使当时的失衡产生可能的危险(陈少华,2020)。激情状态往往伴随着生理变化和明显的外部行为变化,人能够意识到自己的激情状态,也能够有意识地调节和控制它。

应激(stress)是指人对某种意外的环境刺激所做出的适应性反应,即人们在遇到某种意外危险或面临某种突然事变时所产生的一种特殊的情绪体验。例如,当人们遇到突然发生的火灾、水灾、地震等自然灾害时,刹那间人的身心都会处于高度紧张状态之中,此时的情绪体验就是应激状态。人在应激状态下,会引起一系列生物性反应,如肌肉紧张度、血压、心率等会出现明显的变化。一般应激状态使机体具有特殊的防御或排险功能,使人精力旺盛,活动量增大,思维特别清晰,动作机敏,帮助人化险为夷,及时摆脱困境。但应激也会使人产生全身兴奋,注意和知觉的范围缩小、言语不规则、不连贯,行为动作紊乱等表现。

3. 情绪的成分和维度

(1) 情绪的成分

情绪的构成包括三种层面：在生理层面上的生理唤醒，在认知层面上的主观体验，在表达层面上的外部行为。当情绪产生时，这三种层面共同活动构成一个完整的情绪体验过程。

(a) 生理成分

人体内部的生理变化是构成各种情绪的主要原因之一。情绪与个体的生理变化有着密切的联系。例如，当人们面对一个自己不熟悉的场合时，首先会感到紧张焦虑，然后出现手掌冒汗、颤抖、心跳加速以及胃部不适等生理变化。情绪的生理变化包括心率、血压、呼吸和其他身体状态的改变，这些反应大部分是由肾上腺素引起的。肾上腺素是一种由肾上腺分泌的激素。当交感神经系统被激活时，肾上腺素就会释放到血液中，进入循环系统。经历过肾上腺切除手术的人较少出现情绪唤醒。研究者可以通过直接测定由体温、心率、脑电波、肌肉收缩和皮肤传导等身体信号显示出的生理状况，来确定情绪的种类和数量。一个人心情平静时和紧张时所引起的生理反应是不同的，这就是测谎仪识别谎言的原理。

(b) 体验成分

情绪在意识层面上的感受称为体验。作为一种主观体验，情绪的内心感受即情感通常被认为是情绪的核心成分，是心理活动中一种带有独特色调的觉知。情绪体验是指大脑的感受状态。与情绪的外部表现有先天的一致性，每种具体的情绪体验在主观上可感受的色调是不变的。情绪之所以成为与认知过程不同的心理形式，是因为其可感受的特定色调及其外显表情是情绪的根本特征。如果说表情是情绪的外显行为，那么脸就是情绪的心理实体。在日常生活中，情感普遍存在而且相当重要,对于大多数人来说,生命的真谛在于与他人的情感交流。没有情感的滋润,生命将如同死灰一般。情感可能使我们误入歧途,也可能使我们的生活错综复杂,但情感带给我们最直接、最敏锐的感受,这是理智的思维无法企及的。

(c) 表情成分

表情是情绪感觉的外部特征。无论是何种情绪状态,它们通常都是通过情绪的表情成分来体现的。例如,当感到极端恐惧时,你会全身发抖,面部扭曲,动作僵硬,并保持防御的姿势。表情尤其是面部表情是人际交流的重要手段,起着传递信号和沟通信息的作用,对个体的生存和发展非常重要。达尔文在《人类和动物的表情》一书中指出,人类的表情是物种进化的结果。他指出,人类在愤怒中暴露牙齿与猫、狗、猴子等动物表达愤怒的方式是一样的。按照进化论的观点,表情之所以在人类的进化过程中保留下来,是因为情绪表达有助于个体生存。此外,情绪也可以通过音调、语调及身体姿态的明显变化表现出来。例如,当播音员转播篮球的比赛实况时,他的声音尖锐、急促、声嘶力竭,表达了一种紧张而兴奋的情绪;当篮球运动员赢取比赛时,球迷们手舞足蹈、欢呼雀跃,表达了一种高兴且激动的情绪。

面部表情、语调表情和姿态表情等,构成了人类非语言交往形式,心理学家和语言学家称之为"体语"(body language)。面部表情(facial expression)是指通过眼部肌肉、颜面肌肉和口部肌肉的变化表现出来的各种情绪状态。人的眼睛是最善于传情的,不同的眼神可以表达人的不同情绪。例如,高兴时眉开眼笑,惊奇时双目凝视,气愤时怒目而视等等。眼睛不仅能传达感情,而且可以交流思想。人们之间往往有许多事情只能意会,不可言传,在这种情况下,通过观察人的眼神可以了解其内心的思想和愿望,推知他的态度。姿态表情可以分为身体表情和手势表情两种。人在不同的情绪状态下,身体姿态会发生不同的变化。手势常常是表达情绪的一种重要形式。手势通常和言语一起使用,也可以单独用来表达情感、思想,或作出指示,在无法用言语沟通的情况下,单凭手势就可以表达开始或停止、前进或后退等思想(陈少华,2020)。言语是人们沟通的重要工具,同时语音的高低、强弱、抑扬顿挫等,也是表达说话者情绪的重要手段。语言本身可以直接表达人的复杂情感,如果再配合以恰当的声调就可以更加生动、丰富、完整、准确地表达人的情绪状态。因此,判断人的说话情绪和意图时,不仅要听他说些什么,还要听他怎样说,即从他说话声音的高低、强弱、起伏、节奏、音域、转折、速度、腔调和口吻中领会其"言外之意"。

(2) 情绪的维度

情绪的维度是指情绪所固有的某些特征,主要指情绪的动力性、激动性、强度和紧张度等方面。无论有多少种情绪,也无论它们之间的差异程度如何,所有情绪都处于某一特定的维度结构中,由这些维度织成一张庞大的情绪网。任何情绪都有程度问题,如欣慰—高兴—狂喜、担心—害怕—恐惧;也都有两极性,如高兴—悲伤、紧张—轻松。情绪体验可以在强度上有由弱到强的不同等级的变化。

对于情绪的两极性,冯特提出的三维理论认为:情绪是由三个维度组成的,即愉快—不愉快;激动—平静;紧张—松弛。每一种具体情绪都分布在三个维度的两极之间不同的位置上。他的这种看法为情绪的维度理论奠定了基础。

20世纪50年代,施洛伯格在情绪分类中突出了生理唤醒的因素,他根据面部表情的研究提出,情绪的维度有愉快—不愉快、注意—拒绝和激活水平三个维度,建立了一个三维模式图(图2-2),其三维模式图长轴为快乐维度,短轴为注意维度,表明情绪的快乐维度比注意维度可以做出更精确的区分,垂直于椭圆面的轴则是激活水平的强度维度,三个不同水平的整合可以得到各种情绪。

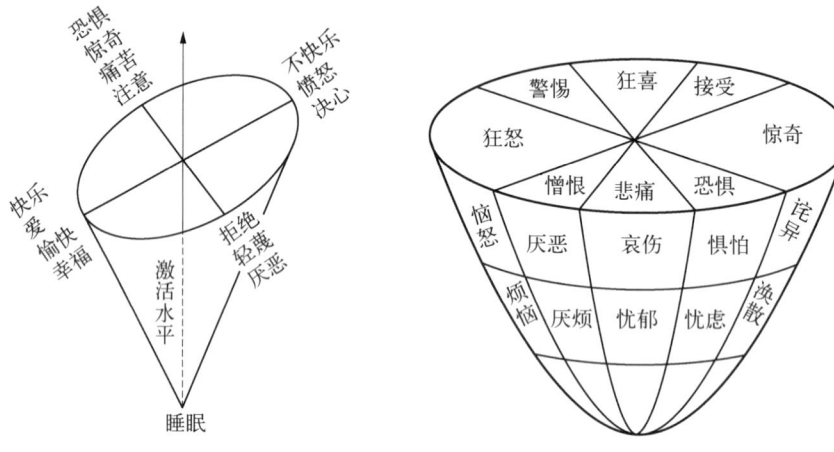

图2-2 施洛伯格的情绪三维模型图　　图2-3 普拉切克的情绪三维模型

20世纪60年代末,普拉切克提出,情绪具有强度、相似性和两极性等三个维度,并用一个倒锥体来说明三个维度之间的关系(图2-3)。顶部是八种最强烈的基本情绪:悲痛、恐惧、惊奇、接受、狂喜、狂怒、警惕、憎恨。相邻的情绪是相似的,对角位置的情绪则是对立的,锥体自上而下表明情绪由强到弱,如憎恨、厌恶、厌烦。这个三维模型的特色是描述了不同情绪之间的相似性及对立性特征,这在情绪实验研究中对于情绪的界定是很有用的。

在此基础上,美国心理学家伊扎德提出情绪四维理论,认为情绪有愉快度、紧张度、激动度、确信度等四个维度。其中愉快度是指主观体验到的舒适度;紧张度是指情绪的生理激活水平;激动度表示个体对突如其来的情绪、情境缺乏预料和准备的程度;确定度则表示个体对感情的承受、胜任的程度(陈少华,2020)。由此,在认知水平上,个体可以报告出对情绪的理解程度;在行为水平上,可以报告出自身动作对情境的适宜度。

罗素(Russell)在20世纪80年代提出了情绪的环形模型,他认为情绪可划分为两个维度:愉快度和唤醒度(图2-4)。愉快度分为愉悦和不愉悦,指积极或消极的情绪状态,如兴奋、爱、平静属于积极情绪,羞愧、无趣、厌烦属于消极情绪。唤醒度分为激活和不激活,指生理活动和心理警觉的水平差异,低唤醒如睡眠、放松等,高唤醒如清醒、紧张等。根据这个模型,我们可以将兴奋看作愉快和唤醒的结合,把满足看成愉快和平静的结合。值得一提的是,该模型关注的是情绪的感受方面,而不是认知、生理变化和行为方面。

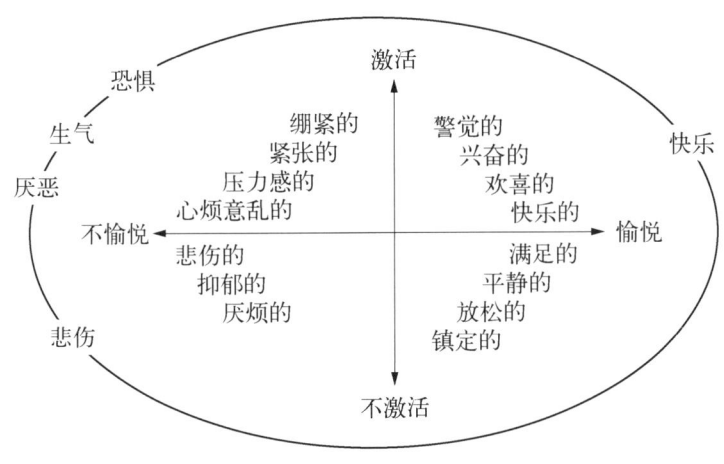

图2-4 情绪的环形模型

4.情绪的两面性

情绪具有两面性,如果认识或使用得当可以为企业带来可观的财富和知名度,反之,情绪也可能会成为企业低效率或不和谐的根源,情绪具有正负价值或正负效应。情绪的正价值表现为增加情绪的储量,情绪能改善优化企业内外的环境,为企业创造新的价值,这是情绪融入产品和服务后的增值作用。情绪的负价值,表现为违背或忽视了它就会产生的严重负效用。情绪和感受的缺失不仅会影响理性,甚至可以摧毁理性,使明智的决策变得不可能。情绪的负价值的具体表现为灰色情绪,这些不良的负面情绪如焦虑、失望、恐惧和不满等会潜藏在企业家的内心,形成情绪垃圾,日积月累就会影响企业的整体绩效。

情绪之所以在人力资本理论中占有特殊地位,是因为它是构成人的内在素质的重要组成部分,情绪的不良特征不仅会导致人力资本的整体素质水平下降,而且会削弱人的智力资本和体力资本的充分发挥。情绪在人力资本理论体系中的影响是不可忽视的,有些是难以补偿的乃至不可逆的,因此在人力资本理论体系中必须把情绪放在重要的位置。

情绪可以分为正面的动力情绪和负面的阻力情绪。动力情绪将给人一种积极乐观,不畏困难,勇往直前的信念;而阻力情绪给人一种惧怕困难、畏首畏尾、退缩保守的心理。情绪的两面性也会相互转换、周而复始、强弱易位。强弱一直在变化,不要自暴自弃,要积极地拥抱变化,就能够获得成功。

人对情绪的自我审视非常重要,要找出内心痼疾,对灵魂进行检阅,告别虚弱、浅薄与自大无知,不怨天尤人。亚里士多德说:"对自己的了解不仅是最困难的事情,而且也是最残酷的事情。"要敢于和善于审视自我,消除自卑、自满、自信、自弃和愤怒等不良情绪,实现自我超越,养成强者品质。消除成功的障碍,拒绝"潜意识失败",摒弃"我不行""我不敢""我失败"的念头。自我潜意识的失败定位,往往会从根本上将一个人打倒。内心经常对自己说"我不行"而不敢迈出脚步的人,比那些尝试过多次仍无法避免失败命运的人更可怜。每个人身上都有别人无法具备的积极情绪,将这些优点充分利用,完全可以成就自己。

积极的情绪还需要合适的实现方法和手段来配合,方可变成美好的现实。有些人非常具有激情和渴望,但他们的行动方案往往错得离谱,甚至十分愚蠢。华尔街有很多野心家,他们妄想控制美国,占据中国,并吞并世界。但这几十年来,我们看到很多野心家从自己的高级公寓跳下来,以结束生命的方式来逃避破产和失败的羞辱。

英国管理学者凯文·汤姆森提出企业的十大动力情绪:执着、挑战、热情、奉献、决心、愉快、爱心、自豪、渴望、信赖。同时,他也指出了企业的十大负面情绪:畏惧、愤怒、冷漠、紧张、忧虑、敌意、嫉妒、贪婪、自私、憎恨。

(1) 动力情绪

动力情绪是智力资本的燃料,能够激发、保证智力资本在本企业充分发挥的作用,推动企业的持续、健康发展,同时塑造优良的企业性格。情绪是企业家精神的重要维度,对于人的活动的意义就在于作为一种精神动力,对人的活动起着规范约束和促动激发的作用。当你有坚强的信念不被负面情绪牵动,坚定地保持意念不倒时,一切都能够无可限量。动力情绪主要包括如下方面:

执着——意识中时时闪现着坚定不移的信念;

挑战——勇敢地挺身而出,即使胜算不高也不气馁;

热情——对自己的产品、服务、概念和想法具有强烈的感情和浓厚的兴趣;

奉献——全心全意地完成工作或处理事务;

决心——意志坚定不动摇;

愉快——乐于接受微笑与乐趣;

爱心——助人为乐,并具有高尚的情操;

自豪——因为自身价值或团队成绩而深感荣耀;

渴望——强烈希望能够拥有某物或成就某事;

信赖——相信他人和集体的素质、价值和可靠性。

（2）阻力情绪

阻力情绪会削弱智力资本的发挥,限制企业的发展,甚至可能会毁掉整个企业。骄傲自大、暴躁愤怒、犹豫不决、心不在焉、固执己见、信仰迷失、自甘堕落等,都是阻力情绪。根据世界心理卫生组织的统计：70%以上的情绪都会以"攻击"身体器官的方式来消化自身的情绪困扰。情绪经常积累在肠胃中,对我们的消化系统造成最大的伤害。近几年由于生活的节奏太快、压力太大,许多都市白领或多或少都有肠胃不适的症状,胃疼、消化不良、胀气、便秘等,几乎成为忙碌上班族的识别图腾。皮肤尤其是头皮也是宣泄情绪的窗口,因为皮肤里布满了感觉神经细胞,而头皮上不仅有密密麻麻的神经末梢,还有密密麻麻、会分泌油脂的皮脂腺,皮肤疾病背后都可能有情绪压力因素。

情绪疾病通常表现为人体某一部位能量通道的阻滞。人生气时会觉得心里难受,就是因为情绪影响内动力,损害五脏里的精力,引起身体能量的内燃耗。情绪以一种信息形式在神经和经络传导,当某种情绪过大时,传导神经就会受到破坏,堵在那里,从而形成一个记忆。

因此,必须对情绪资本进行全面管理,激发员工动力情绪,抵制负面情绪的出现。人想要掌控自己的人生,首先要学会控制自己的情绪。阻力情绪主要包括如下方面：

畏惧——面对困难手心出汗,缩头缩脚；

愤怒——因实际存在或假想的对立而产生极大的痛苦和敌意；

冷漠——事不关己,高高挂起,比愤怒还糟糕；

紧张——头脑、身体和情绪处于焦虑和不安的状态；

忧虑——对可能出现的困难感到寝食不安；

敌意——对立或反抗的行为；

嫉妒——对他人的成就或优秀素质心生不满甚至感到气愤；

贪婪——无休止、无限度地追求财富或权力；

自私——万事从自身利益出发，全然不顾他人的感受；

憎恨——过于强烈的厌恶感。

（三）性格与情绪的关联性

性格和情绪之间具有紧密的关系，甚至产生强大的相互作用和影响，构成人们心理因素的核心，共同影响着一个人的人生观、价值观和世界观，并进一步影响着人的生活方式、事业发展。良好的性格和情绪，是一种顶级的人格魅力。

1. 性格和情绪的联系

性格是情绪的宏观表现，情绪是性格的微观组成，性格与情绪之间有着千丝万缕的联系。性格往往与人的情绪息息相关，性格的内在因素能够影响一个人的情绪，而情绪的流露又体现出一个人的性格（李树文等，2019）。性格决定情绪的走向，情绪会影响并慢慢改变性格，所以它们两个之间并没有数学上那种明确的包含关系。

性格可界定为个体思想、情绪、价值观、信念、感知、行为与态度的总称，它决定了我们如何审视自己以及周围的环境。性格是指表现在人对现实的态度和相应的行为方式中比较稳定的、具有核心意义的个性心理特征，它是一种与社会相关最密切的人格特征，在性格中包含许多社会道德含义。性格反映了人们对现实和周围世界的态度，并表现在他的行为举止中。性格主要体现在对自己、对别人、对事物的态度和所采取的言行上。

性格是个性的核心部分，最能表现个别差异，具有复杂的结构，大体包括：(1)对现实和自己态度的特征，如诚实或虚伪、谦逊或骄傲等。(2)意志特征，如勇敢或怯懦、果断或优柔寡断等。(3)情绪特征，如热情或冷漠、开朗或抑郁等。(4)理智特征，如思维敏捷、深刻、逻辑性强或思维迟缓、浅薄、没有逻辑性等。

而情绪是对一系列主观认知经验的通称，是多种感觉、思想和行为综合产生的心理和生理状态。最普遍、通俗的情绪有喜、怒、哀、惊、恐、爱等，也有一些细腻微妙的情绪，如嫉妒、惭愧、羞耻、自豪等。情绪常和心情、性格、脾气、目的等因素互相作用，也受到激素和神经递质(neurotransmitter)的影响。无论正面还是负面的情绪，都会影响人们行为的动机。尽管一些情绪引发的行为看上去没经过思考，但实际上意识是产生情绪重要的一环。

性格和情绪具有相似的结构，因为在观测量足够大的情况下，性格和情绪反映的都是情感的结构和性质。性格是指稳定的、习惯化的思维方式和行为风格，它贯穿于人的整个心理，是个人独特性的整体写照；它渗透到人们的所有行为活动中，影响人们的活动方式、风格和绩效。性格特质产生于某些心理特征，并在行为中经常地重复，而后恒定出现。例如忧郁，当在一个人身上短暂地出现时，可被看作一时的情绪或心境，但当它构成一个长期而稳定的情绪表现时，就可被看作悲观或焦虑的性格特质。在这个意义上，性格可以被视为与一定情绪反应相一致的行为倾向。在构成性格特质的生理、认知、情绪和行为等系统中，情绪发挥着核心作用。

性格的形成也与情绪密切相关。性格的形成是一个很复杂的过程，是内外因共同作用的结果，既有先天因素，也有后天因素(Fernando et al., 2009)。先天因素主要是基因方面，后天因素则主要是自身长期受外界环境影响而积累的情绪体验。如人的成长过程中或多或少会受到他人的影响,有直接的言传身教,也有间接的学习、模仿,或是通过书籍、电视、网络等媒介认识和观察到其他人对事物的态度和行为方式,然后自己会对这些事物产生相关的情绪反应,并由情绪引导做出行动,情绪加行动的组合就形成了我们后天的性格。

2. 情绪在性格中的地位

(1) 情绪在性格中的核心作用

情绪在性格中的重要作用可以从性格理论的发展变化中体现出来,主要表现为两个方面:① 除了精神分析理论以外,传统的性格理论大多都只关注焦虑和抑郁,而极少关注其他情绪;② 新的性格理论注重强调把情绪作为性格机能的主要组织成分。

情绪在性格中的核心作用得以彰显。首先,与传统的性格理论相比,新的性格理论关注更广范围内的情绪。它不仅关注焦虑和抑郁,还关注羞愧、羡慕、嫉妒、厌恶、自豪和爱;不仅用特定情绪的分数来考察个体差异,还用个体各种情绪关系模式的分数来考察其差异。

其次,新的性格理论将情绪放在核心位置,而不是将其视为驱力和认知之类的伴随物或结果。在这样的理论中,情绪在性格组织中处于核心地位,并强调情绪对思维、行为和动机的意义。这样的性格理论拓宽了情绪的范围,强调情绪的模式及情绪在人各机能组织中的核心地位。因此,情绪在性格中的核心作用要素可以概括为:① 强调一系列广泛的情绪;② 强调个体的情绪模式或情绪组织;③ 把情绪作为性格组织的核心(如影响思维、动机和行为)。

(2) 情绪在性格结构中的位置

鉴于传统性格理论对情绪的作用没有足够重视,伊扎德提出的分化情绪理论将情绪放在性格结构的核心位置。这一理论从情绪的动机品质着眼,认为性格是包括相对独立又相互作用的六个子系统(内稳态、内驱力、情绪、知觉、认知、动作)的复杂组织,并组成四个等级的动机结构(内驱力、情绪、情绪-认知相互作用、情绪-认知)。在这个性格结构和动机系统中,情绪是核心动机和组织力量。在分化理论中,情绪与认知相结合所形成的性格倾向,既是性格各子系统的成分,又是性格的主要结构形式。

许多关于性格特质的研究,实质上是关于情绪特质的研究,这意味着性格特质是由情绪组成的。人们经常用一些情绪词汇描述性格特征,如易怒、冲动、抑郁、害羞等。由于性格特质是某些心理特征在行为中重复而恒定出现的基础上产生的,因此情绪既可能以状态的形式出现,又可能以特质的形式存在。例如,某人经常表现出快乐的、欢喜的、愉悦的情绪反应,他将被归入具有乐观性格的人当中。从这个意义上讲,性格可视为与特定情绪反应相一致的行为倾向。

三、情绪资本的演化规律

(一)情绪资本产生的能量之源

情绪资本依赖于情绪,情绪资本的特征、结构和变化都受制于情绪资源,因此,可以通过分析情绪的内在规律来探讨情绪资本。情绪是一种心理活动,其底层逻辑是一种能量,情绪变化的实质就是能量的流动和作用。情绪能量观提供了一个与传统心理学截然不同的视角。

在心理科学上,情绪是频率和波长不同的能量波动,存在快慢强弱的差异,有些完全不规则,甚至出现极端波动,从而形成千差万别的能量波动。情绪能量在人体中穿行,并通过意识散发出来,形成不同强度的能量波。情绪能量的规模因人而异,超强的情绪能量可以改变事物的存在方式,影响别人的意识,控制别人的思想。情绪能量对企业家的气质有着深远的影响。充足的情绪能量可以使企业家从内向外散发出魅力和光芒,情绪能量虚弱则会导致企业家气质变差(丹尼尔·戈尔曼,2018)。

情绪往往表现出一定的能量层级和振动频率。美国著名心理学家大卫·霍金斯(Hawkins,2014)认为:人类有不同的能量级别,每个人都活在各自的能量层级里,并且也吸引着相应层级频率的事物(表1)。负面情绪能量具有低频特性,而正面情绪能量则具有高频特性。能量层级达到200,是一个人正负能量的分界点,能量层级达到500的人已经拥有非常强大的能量场。当能量很高的人出现时,他的磁场会带动整个万事万物变得美好祥和,而当一个人有很多负面意念的时候,伤害的不仅是他自己,也让周围环境磁场变得不好。因此,情绪的调节可以从能量层次来实现,将低频的情绪能量调整到高频的情绪能量。

表 2-3 情绪的能量指数等级

情绪类别	能量等级	情 绪 内 容
积极情绪		
开悟	700—1 000	人类意识达到巅峰,无我
平和	600	内外无别,达到通灵状态
喜悦	540	耐性、平静、持久的乐观
爱	500	生活充满阳光和美好,拥有较高的幸福感
明智	400	科学概念创造者
宽容	350	主宰自己的命运
主动	310	真诚友好,心胸开阔

续表

情绪类别	能量等级	情绪内容
淡定	250	灵活,有安全感
勇气	200	有能力把握机会
消极情绪		
骄傲	175	自我膨胀,抵制成长
愤怒	150	导致憎恨,侵蚀心灵
欲望	125	上瘾、贪婪
恐惧	100	妨害个性的成长
悲伤	75	充满对过去的懊悔自责和悲恸
冷淡	50	世界看起来没希望
内疚	30	导致身心疾病
羞愧	20	严重摧残身心健康

资料来源：根据大卫·霍金斯(2014)的研究进行整理。

情绪的能量级别与心境密切相关。科学研究发现,决定情绪能级的因素主要是行为动机和心灵境界,而不是学历、知识、权力、地位和财富等世俗尺度。情绪能量通过内心的一套信念系统展现出来,形成万千风姿的情绪状态,情绪表现正如露出海面的冰山,而情绪能量是隐藏在海面之下的主体。

情绪能量容易受到外界刺激而激发出来,但是情绪产生的种类和强弱的决定因素不是外界事物,而是脏腑精气和能量的盛衰,也就是说精、气、血等是情绪在人体内存在的物质载体。例如,"心气虚则悲,实则笑不休""血有余则怒,不足则恐"。虚、实、有余、不足都反映了能量的状态,这些能量通过神经系统的传递就形成各种情绪。

情绪能量的规模和分布影响着情绪资本的质量,超级规模和有序化的情绪能量能够提升情绪资本,增强一个人的智慧水平,使其具有灵性和洞察力。我们很欣赏某个人的气质,往往不是因为他说了什么,而是其自身所散发出来的精神状态影响了我们,精神状态的核心就是情绪所散发的能量。

值得关注的是,情绪能量会随着后天不断产生的精神压力和贪婪心理而减弱,从而降低情绪资本的质量。因资源有限性、社会分层以及文化价值观,整个社会呈现出内卷化和功利化,人们往往在内卷趋势的裹挟下肆无忌惮地挥霍情绪,导致情绪能量迅速流失和结构紊乱(Karadag,2009)。特别是,各种不断增大的压力容易造成情绪混乱而过度消耗能量,使人加速衰老,从而降低生命活力,减少情绪资本。情绪能量分布的结构、密度、有序性影响着情绪资本的质量,结构完善、密度较高且有序性较强的情绪能量,能够带来较高质量的情绪资本。

(二)"情绪资本场"及其演化规律

情绪可能是以能量形态或虚物质形态存在,从而外化出情绪资本场,并对周围环境产生一定的影响,同时也会受周围环境的反作用。情绪是身体和心灵状态的外在体现,与其他因素交织和作用,相互感应,生生不息,构成了人生环境,影响着一个人的核心价值观。

情绪资本场是不断动态变化的,影响着一个人的心理状态和身体状况,并进一步传递到对人生命运的影响。塑造情绪资本场的根本在于塑造自己的内心,一个可以始终临危不乱、淡定自若的人,其情绪资本场也是稳定强大的(Jenkins,2006)。情绪场是一个人的精神名片,是一种不需要从口袋里掏出就能让对方感知的力量。在伟人身上有一种耀眼炫目的光,让人崇敬,他们的情绪资本场强大、气势充足、无比自信,其吸引力是向外扩张的。而普通人身上有一种近似于无的光,当失败沮丧时,情绪萎靡不振,甚至会觉得应该找个地方隐藏起来,好像整个世界瞬间就没有了他可以容身的地方。

情绪资本的核心是信念,心里装着什么,就会透出什么样的情绪,从而带来相应的结果,即"相由心生"(张铭等,2012)。如果心里装着位子、票子和房子等,就会在物质世界里疲于奔波,直至完全迷失人生目标。相反,如果心里装着宽容、感恩和爱等,就能体验到自在逍遥的美妙,并容易获得事业成功。心里装着天地,就会融于天地洪宇之中。

情绪资本场遵循溢出法则、共振法则和吸引力法则。溢出法则是指情绪资本场会对周围事物产生影响,共振法则是指不同频率的情绪资本场能够形成共振叠加效应,而吸引力法则是指相同频率的情绪资本场能够产生吸引作用。

第一,溢出法则。情绪的感染有时像野火一样快速蔓延,无论是积极的情绪还是消极的情绪都具有传染因子。良好的情绪资本场是一种正面积极、强大向上的综合魅力,能够给周围的人带来有益的影响力,使魅力无所不在。如果一个人的情绪资本场紊乱,就会影响其外表和精神状态,导致事业不顺。压力会让情绪资本场紊乱,消耗情绪资本,从而带来较差的运气。随着一个人的精气神耗散,其身体场性会变得很差,并传导到对事业和人际关系的影响。

第二,共振法则。情绪资本场具有一定的振动频率,情绪资本场能够产生共振,形成不同的情绪关系或人际关系。当两个人的情绪资本场是同向时,较弱的情绪资本场会和较强的情绪资本场产生共鸣,从而使两种场达到同频共振和叠加增强。所以,当两个志趣相投的人在一起交谈时,越谈越开心和兴奋,呈现"酒逢知己千杯少"的局面。而当两个人的情绪资本场方向不一致时,弱情绪资本场会被强情绪资本场吞没,强情绪资本场也会因为反方向的情绪资本场而被弱化。所以,当两个志趣不投的人在一起时,两个人都会觉得浑身不自在,这便是"话不投机半句多"。

第三,吸引力法则。情绪资本场遵循"吸引力法则",会吸聚振动频率相同的情绪能量,能够吸引你想要的东西,即所谓"心想事成"。积极向上的情绪资本场将吸引积极正面的人和事,而消极负面的情绪资本场会吸引消极负面的人和事,从而导致物以类聚。一个人越是担心什么事物,心中便越被惦记和恐惧占据,而这种强烈意识到的事物总是被吸引过来。因此,积极正面的情绪资本场能够吸引正能量,从而有利于获得事业成功。

第三章 | 情绪资本对企业家领导力的影响效应

- 企业家领导力的特征、要素和功能
- 情绪资本对企业家领导力的影响
- 情绪资本有助于提升企业家的领导力
- 基于情绪资本的企业家领导力培养

情绪资本是企业家领导力的核心要素,是决定企业家能力的核心驱动力,是影响企业家经营效果的重要因素。三流企业家关心物质资本的积累,二流企业家则重视金融资本的运作,一流企业家则深谙情绪资本的重要性。情绪资本引领着企业家的成败得失,牵引着他们飙升或下跌,情绪资本越来越被解读为企业家成败的基因。能决定企业家命运的因素很多,如知识、习惯、心态、观念、细节,甚至机遇等,但是情绪资本是最原始、最根本、最底层的因素。情绪资本决定企业家的领导力,领导力可以掌控企业的命运。因此,可以从情绪资本入手,探讨其对企业家领导力的作用。以情绪资本为基础所构建的领导风格,对团队、部门或企业的工作气氛都有直接且特殊的影响,最后还会影响到企业的财务表现。著名心理学家丹尼尔·戈尔曼指出,非智力因素对领导者事业成功的影响高达80%。在非智力因素中,情绪资本是一个非常重要的因素,因性格魅力而产生的领导力也由此而来。因此,性格和情绪演化出来的情绪资本对企业家领导力具有深远的影响。

一、企业家领导力的特征、要素和功能

企业家的领导能力对企业发展具有关键作用,尤其是在当今企业内外部环境瞬息万变的时代,企业家是否具有超强的领导能力成为企业能否获得持续发展的决定性因素。企业家的领导能力影响着战略决策创新的广度和深度,决定着不同企业在动员、配置资源以及机会甄别效率上的认知差异。企业家领导力是决定企业成败的关键,影响着企业运行效率和业绩表现,主宰着企业的命运。可以说,企业有且只有一种危机,那便是企业家的领导力危机。

（一）企业家领导力的特征

企业家是承担着企业使命,对生产要素进行有效组织和管理,富有冒险和创新精神,能够创造新价值的企业高级管理人才。在各种人才中,企业家是最关键也是最稀缺的人才。无论是国外还是国内,那些获得巨大成功的企业总是与一位企业家的名字联系在一起,企业家是成功企业的灵魂人物。企业家在企业决策层中具有不可替代的中心地位(Chen and Li,2013)。决策为企业的发展确定了基本方向,正确决策确保企业立于不败之地。企业能否做出正确决策,关键在于有没有一位优秀的企业家。

企业家是企业凝聚力的核心。企业外在表现出的竞争力来自内部的凝聚力,是凝聚力整合了企业的各种能力,聚焦成一种具有强烈进取性的市场穿透力,形成能对市场做出迅速反应的适应力,产生能抵御市场竞争风险的承受力。这种凝聚力的形成靠的正是企业家的魅力。

企业家赋予企业独特的个性。市场竞争的实质是企业接受市场的选择,优胜劣汰,在市场激流中大浪淘沙,探寻成功之路。企业需要不断创新,创新就是创造差别,有差别才能被市场选择,差别造就利润,甚至是垄断利润,有差别企业才有竞争力。创造差别的本质是保持个性、与众不同、领先时代、勇立潮头。企业的个性源自企业的理念,而企业的理念则是企业家的理念,成功的企业家会将自己的理念内化为企业的经营理念。

企业家的重要地位还体现在其所秉持的管理哲学上。哲学,作为世界观与方法论的融合体,发挥着"指南针"作用,管理哲学同样如此。在构建世界观方面,对自己所从事的事业有着深刻的理解和坚定的信念,具有强烈的使命感(陈永霞等,2006)。正是这种使命感,使企业家对自己所从事的事业倾注着全部热情、时间和精力,自觉地攀登事业上的一个又一个高峰,努力为企业的发展作出贡献。就方法论而言,企业家形成了一套独特的和十分有效的管理思路。这种思路不是按照一般模式确定下来的,而是一种创新成果,直接影响着企业的长远发展和目标实现。

企业家领导力是在实现组织愿景的过程中,能够使他人追随的能力,即影响、动员、组织他人行为的能力。领导力的发挥有两个基本前提:一是目标导向,即领导者带领下属为实现一定目标而采取行动;二是组织行动,即领导者带领下属共同完成组织行为。领导行为看似是领导者的个人行为,实则是组织行为和集体行为。领导者通过个人行为率领、规划、组织和调控集体行为,以达到特定目标的能力,即可称为领导力。

企业家领导力本身是一种核心能力,也是一个作用的过程,既包含领导者与追随者的二元关系构建过程,也包括领导者在组织内部设定组织机构、提升组织效能的过程,还包括领导者帮助组织适应环境、发展创新的过程。

(二)企业家领导力:理论演变进程

一个组织的成功与否,关键在于领导的能力与表现。由于领导对各类群体的行动都有重要作用,因此关于如何当好领导,古今中外都有许多理论。按提出理论的时间先后顺序,现有领导理论可以分为三大类:特质理论、行为方式理论和权变(或情境)理论。

1. 第一阶段:领导力特质理论

领导特质理论着重研究领导者本身的素质、品质或个性特征对领导工作效能的影响。其理论前提假设是:领导者的个人特质是决定领导才能的关键因素,影响着其思维方式和行为模式。因此,通过特质来预测领导力在某种程度上是这种理论的体现。

领导特质理论(traits theories of leadship)产生于20世纪30年代，是有关领导的最古老、最普遍的理论，是领导理论发展的第一个阶段，也是最早开始对领导行为进行剖析的尝试。该理论集中于研究领导者应具备何种个人特征。

早期的关于领导特质的理论有一个共同的假设，即领导者的特质是与生俱来的，不具备这些特质的人是无法成为领导的。特性理论的创始人奥尔波特(Allport)及其同事们曾分析过17 953个用来描写人的特点的形容词。斯托格迪尔(Stogdill)在1948年提出，领导者所具备的先天特质包括各方面的能力，如创新能力高、判断力强、逻辑思考能力强、智商较高、语言表达能力较强、敏感度较高等；在学术上要有所成就；感情成熟且稳定、负有责任、自信、具有高成就动机；乐于参与社交活动、积极主动地适应各种群体；有一定的个人身份和社会经济地位。

1949年，亨利(Henry)在调查研究的基础上指出，成功的领导者应具备十二种品质：① 成就需要强烈的欲望，把工作成就看成是最大的乐趣；② 干劲大，工作积极努力，希望承担富有挑战性的工作；③ 用积极的态度对待上级，尊重上级，与上级关系较好；④ 组织能力强，有较强的预测能力；⑤ 决断力强；⑥ 自信心强；⑦ 思维敏捷，富有进取心；⑧ 竭力避免失败，不断地接受新的任务，树立新的奋斗目标，驱使自己前进；⑨ 讲求实际，重视现在；⑩ 眼睛向上，对上级亲近而对下级较疏远；⑪ 对父母没有情感上的牵扯；⑫ 效力于组织，忠于职守。

美国心理学家吉伯(Graham Gibbs)在1969年的研究报告中，指出天才领导者应该具备7项天生的特质：① 智力过人；② 英俊潇洒；③ 能言善辩；④ 心理健康；⑤ 外向而敏感；⑥ 有较强的自信心；⑦ 有支配他人的倾向。但吉伯所提出的天才型领导者是可遇不可求的。时代在不断发展，组织分工协作也在细化，不仅需要集大成者的天才领导，也需要在组织各个模块中发挥局部作用的管理者。

在领导理论发展的后期，不再是以领导者的特质是天生的这一假设为前提，更多的是包含了外界的环境因素和社会因素。现代特性理论认为，领导者的特性和品质并非全是与生俱来的，而可以在领导实践中形成，也可以通过训练和培养等方式予以造就。主张现代特性理论的学者提出了不少富有见地的观点。美国普林斯顿大学教授鲍莫尔针对美国企业界的实况，提出了企业领导者应具备的十项条件：① 合作精神；② 决策能力；③ 组织能力；④ 精于授权；⑤ 善于应变；⑥ 勇于负责；⑦ 勇于求新；⑧ 敢担风险；⑨ 尊重他人；⑩ 优秀品德。

美国管理协会曾对在事业上取得成功的1 800名管理人员进行了调查，发现成功的管理人员一般具有下列20种品质和能力：① 工作效率高；② 有主动进取精神；③ 善于分析问题；④ 有概括能力；⑤ 有很强的判断能力；⑥ 有自信心；⑦ 能帮助别人提高工作的能力；⑧ 能以自己的行为影响别人；⑨ 善于用权；⑩ 善于调动他人的积极性；⑪ 善于利用谈心做工作；⑫ 热情关心别人；⑬ 能使别人积极而乐观地工作；⑭ 能实行集体领导；⑮ 能自我克制；⑯ 能自主做出决策；⑰ 能客观地听取各方面的意见；⑱ 对自己有正确估价，能以他人之长补自己之短；⑲ 勤俭；⑳ 具有管理领域的专业技能和管理知识。

但是，随着理论的发展，学者们逐渐发现，领导力特质理论所涉及的身体特征、才智和个性对管理成功的影响不是绝对重要的。其中大多数实际上也只不过是人们对于某一个领导者，特别是一个从事上层领导工作者的期望。因此，这类利用领导者个人性格或个性特征来解释或预测领导效能的理论，逐渐被人们放弃。原因在于：① 它们忽略了被领导者的地位和影响作用。一个领导者能否发挥其领导效能,会因被领导者的不同而不同;② 领导者的性格特征内容过于繁杂,且随不同情况而变化,难以寻求由此获得成功的真正因素;③ 难以探索领导者所有性格特征彼此的相对重要性;④ 各种有关实证研究所显示的结果相当不一致。

2. 第二阶段:领导力情境理论

由于在特质论的矿山中未能挖掘到金子,从20世纪40年代后期开始,研究者们开始把目光从领导者的内在特征转向对领导行为、领导环境的研究上。

"情境学说"由美国行为学派保罗·赫塞(Paul Hersey)和肯尼思·布兰查德(Kenneth Blanchard)提出。赫塞和布兰查德认为,管理者的管理方式应该根据不同下属的成熟程度和相关情境做出相应的调整。赫塞和布兰查德把下属的成熟度由低到高设定为四个阶段:M1至M4。

M1:对于执行任务既无能力又没意愿,既不胜任工作又不能被信任。

M2:缺乏能力却有意愿从事必要的工作任务,有积极性,但缺乏足够的技能。

M3:有能力却没意愿做领导者希望他们做的工作。

M4:既有能力又有意愿去处理让他们做的工作。

"情境领导"就是使领导既是有效的,又是满意的。因此,情境领导理论强调的领导风格由任务和关系两个维度组成。任务包括指导下属设定任务目标、流程和方案等,这时下属只是将想法付诸行动的人,领导才是真正的问题解决者。关系是一种双向沟通的方式,领导可以关注下属的感受,向下属征询建议、倾听意见、分享信息、表扬鼓励等,从而提高下属的满意度,促进其完成任务。

情境领导理论就是将任务和关系两个维度纳入特定的情境中。特定的情境指的是下属的准备程度,即下属的能力和意愿。每一维度都有高有低,从而组合成以下四种具体的领导风格。

(1) 低任务——低关系风格

这是一种典型的"吩咐式"风格,领导者明确地指导下属完成任务,并全程给予严密监督,仅用很少的时间去维护关系。它适用于能力发展水平较低的员工(M1)。这类员工无法独立完成工作任务,缺乏安全感和信心,对任务的能力和意愿都偏低。例如,新入职员工或由于转岗或升职而刚刚担当新角色的员工。这带给企业的启示有:

第一,对于新入职员工,管理者可以采用偏独裁的领导风格,单方向命令他们如何做事。这个过程不仅可以使任务顺利完成,也会帮助下属建立信心。反之,如果新员工未得到充分的指导,导致无法有效完成任务,不仅会使其业绩不佳,还会承受较大的心理压力,进而可能引发一系列负面后果,如离职等。新员工的快速离职,不仅浪费了招聘资源,也浪费了企业前期的培养资本,对企业和员工都是一次失败的经历。

第二,对于转岗或升职而担任新角色的老员工,不要因为对老员工的过度信任而缺乏指令。老员工虽然对公司已有一定的了解,但对新角色所要承担的新任务依旧有盲区和短板,领导者需要投入足够的指导,帮助他们适应新的角色,成功转型。

(2) 高任务——高关系风格

既要关注任务是否完成,又要关注员工的发展需求。它适合能力发展水平在中等偏低阶段的员工(M2)。员工对于如何完成任务有一定的认知,随着不断重复任务所积累的知识与经验,他们对于完成任务也更加自信,开始提出自己的观点和建议,希望可以做得更好。

这带给企业的启示是:针对M2类员工,领导者要投入比其他人更多的精力。不仅要在任务上给予充分的指导和监督,还要在心灵上与他们建立紧密的联系,要倾听他们的建议,与他们分享信息,有问题要尽力澄清,让员工逐步巩固自己在组织中的角色,输出高质量且稳定的业绩成果。

(3)低任务——高关系风格

这是一种"鼓励支持"的风格,领导者不需要花费大量的时间去指导具体工作,但是需要维护与下属之间的关系。它适合能力发展水平在中等偏高阶段的员工(M3)。领导者可以将少量的任务或流程的控制权交给下属,促进问题的解决,仅在下属需要的时候给予指导。这个阶段的员工对于各项任务比较熟练,重复的任务开始让他们感觉到枯燥无聊,工作意愿度下降。领导者应该通过征询、倾听、表扬、分享、鼓励等方式强化员工的参与感,提高其意愿度。

这带给企业的启示是:当员工已经掌握了在某一领域解决某一类问题的能力,往往也标志着他们开始对这一工作环境产生倦怠感,且有能力跳槽。为了避免这类中坚员工的流失,维护关系在这里显得尤为重要。领导者要建立与下属之间活跃又稳固的关系,让他们充分感受到在这个组织里受到了高等级的重视,并与这个组织产生情感上的联系和承诺,心无旁骛地在组织里持续地工作下去。

(4)低任务——低关系风格

这是一种"授权"的领导风格,领导者通常会较少参与任务计划制定和流程细节,只要与下属达成共识,就会放手让他们独立完成任务,而不需要花费大量时间来维护关系。这类领导风格适合能力发展水平在较高阶段的员工(M4)。这些员工表现优异,我们完全可以放心地将任务交给他们。对于这类员工来讲,现阶段留在公司继续发展,下一步就是升职到新的岗位,所以对于工作的意愿度也是足够的。

情境领导力的主要推论是:领导风格应随被管理者的变化而变化。相对于"特质学说"的关注重点在"管理者"身上,"情境学说"的关注重点则在"被管理者"身上。情境领导力理论将组织内环境做了细分,但组织的竞争是深受外环境影响的,比如在组织的生存阶段和组织面临竞争压力时,衡量领导者能力的标准正是内外两种条件下产出的组织总绩效。因此,在日渐复杂的竞争环境中把领导者定义为个人的能力就不再适用,需要对领导力理论再加以创新。

3. 第三阶段:领导力耦合理论

第三代领导力学说的代表理论——六维领导力,在以上两代领导力理论的基础之上,把影响领导力的另外两个重要元素"外部环境"与"领导集体"考虑了进来。六维领导力代表的是领导力理论的第三阶段:"耦合学说"阶段。六维领导力是由北大汇丰商学院领导力研究中心原主任杨思卓先生提出的。杨思卓先生通过对宗教、军事、商业、学术等领域的领导力的研究发现,领导力不是单一的能力,而应该是一个能力系统。这个能力系统的根本在于"平衡",因为万事万物的失败都在于失衡。

领导力是以责任为核心、以目标为导向,激发团队潜能,进而创造组织绩效的能力系统。领导力的载体是管理者,管理者除了要带领团队成员取得好的绩效,更重要的是要为团队不论好坏的一切结果承担起责任。管理者要承担起责任,可以通过"三组六力"来实现。

(1) 第一组力:学习力与教导力

学习力指的是提升自我,应变创新的能力。教导力指的是启迪智慧、播种智慧的能力。二者"一进一出",进出平衡。

表3-1 六维领导力

		学习力	决断力	影响力	教导力	践行力	组织力
宗教	释迦牟尼	觉察与修行			因材施教		
	耶稣				榜样的力量		
军事	孙子		知彼知己				洽众治寡
	巴顿		当机立断	爱兵如子	言传身教	百折不挠	
商业	杰克·韦尔奇	好奇心推动	有勇气做决定	员工拥抱梦想		一致,简单、重复,坚持	
	柳传志		定战略		搭班子		带队伍
学术	沃伦·本尼斯	自我管理	注意力管理	信任管理			
	保罗·赫塞				培养能力	执行任务准备	激活意愿

76

第三章 情绪资本对企业家领导力的影响效应

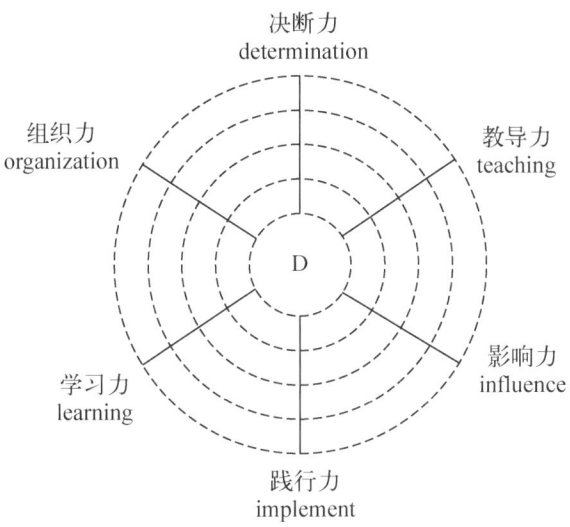

图 3-1 六维领导力模型

学习力是众力之首与众力之源,管理者只有不断学习,才可能不被时代淘汰。在瞬息万变的时代,管理者都应该明白一个道理。另外,未来组织的能力呈现为整体能力,管理者不能仅自己与时俱进地学习,更要积极带动与不断教导下属共同学习,以此塑造组织的先进性,而这就需要未来的管理者具备教导力。

(2) 第二组力:决断力与践行力

称之为"一思一行",思行要适度且一致,越庞大的组织越需要整体协作,以达成"内部交易成本最小化"。

决断力指的是审时度势、英明决断的能力。践行力指的是引领推动、达成目标的能力。这一组所传递的理念十分关键。其一,无论决断多么英明,如果没有践行与推行,结果也是零;其二仅仅宣称,"我们一直在努力"并不足以确保万无一失,因为如果决断出现偏差,执行的高效反而会带来组织效能的耗散,越努力越会造成伤害。

(3) 第三组力：组织力与影响力

称之为"一刚一柔"，刚柔相济。组织力指的是优化结构、整合资源的能力。影响力指的是培植文化、统一思想的能力。

组织力是管理者通过对组织内部的组织架构，制度流程、工具等的优化与整合，使组织的绩效达到事半功倍效果的能力。影响力，是管理者需要借助品格、思想甚至文化去引领下属的重要能力。对于企业管理来说，最高明的领导者总是运筹帷幄决胜千里的，以其自身的大智慧、大格局将公司治理得井井有条，普通员工只知道有领导这个人甚至连他的样子都没有见过。

（三）企业家领导力的核心要素

企业家领导力的核心要素包括企业家魅力、企业家能力和企业家精神。企业家魅力表现为企业家与人打交道的能力，反映领导被钦佩、尊重和信任的程度。领导者具有令下属信服的能力和水平，能够为下属创造有远见和吸引力的前景，并通过富有激情的语言激发下属的高层次需求和工作潜能。企业家能力主要体现于开展工作的过程中，它表现为能激发下属创造和创新性的思维，引导员工提出挑战，采用不同视角解决问题。企业家精神表现为企业家对工作的态度。

1. 企业家魅力

企业家魅力是企业家综合素质的外显。企业家魅力是企业家的思维方式、个性特点、心理素质和独特气质的外在表现，它是一种非制度力量，但是由于它在组织内外所发挥的亲和力、感染力和凝聚力，因此，企业家魅力也就成了一种有价值的力量。

20世纪初，德国社会学家马克斯·韦伯首次使用魅力来形容领导人。韦伯认为领导人可以通过自己的特殊魅力来吸引下属并赢得忠心。他将魅力概括为："被下属或员工认为具有超自然、超人，或者至少非常特殊的力量或品质，而这些力量或品质是普通人所没有的。"随着学者研究的逐渐深入，形成了关于领导者魅力的理论。

罗伯特·豪斯（House，1977）提出了魅力型领导理论，明确了魅力型领导的基本特质，认为魅力型领导通过个人魅力和号召力对下属的行为产生影响，包括建立愿景、鼓动精神和支持进取三个部分。魅力型领导者首先发挥自身的感召力优势，构建组织的使命与愿景，如确立工作目标、规范工作行为等；其次魅力型领导者往往以个人对工作的热情与投入带动整个组织奋发向上，向组织的使命与目标努力；最后，魅力型领导通过对下属提供工作上的支持、不断鼓励下属进步、给予下属充分信任，进而对下属的行为产生影响，以助力达成组织目标。

康格和坎农戈（Conger and Kanungo，1988）认为，魅力型领导是在追随者对领导者行为感知基础上的归因现象。他们总结了魅力型领导的九个核心特征：应变力、责任感、影响力、概念化能力、多视角、预见性、尊重和敏感、沟通能力和自知之明，并总结了五种能够有效促进追随者对领导者魅力认知的行为：可实现的远景目标、自我奉献、敢于冒险、充分自信并掌握专业技能、感召力。

2. 企业家能力

企业家能力是指企业家解决各种问题的能力是企业家素质的外在表现，包括经营管理能力、决策能力、创新能力、识人用人能力、应变能力、社交能力、表达能力等（张金隆，2018）。企业家能力是企业家在企业经营管理活动中表现出来的稳定的心理特征，是胜任领导企业的主观条件，企业家的能力水平是企业家的核心素质。

企业家能力是企业兴衰成败的最关键的因素，也是其个人魅力最根本的来源。所有优秀的企业,说到底都是企业家的影子的延伸,每一家成功的企业总是与某一位或者几位优秀的企业家的名字联系在一起,正是由于他们非凡的能力、崇高的事业心、不断高涨的成就感和不懈的努力,才造就了那些基业长青的企业(陈维政等,2004)。企业本身就是这些企业家为自己树立的丰碑,他们的能力借助企业的成功得以显现。

企业家所掌握的知识和技能对于企业的发展至关重要,是企业家领导力的基础。企业家能力在一定程度上决定了企业成长的潜力,是企业发展壮大的核心推动力。博亚特兹(Boyatzis,1982)率先提出了胜任力理论(Competency Theory),认为个体能够胜任工作角色或完成任务是其人格特征、专业知识技能等各因素综合作用的结果,且这种能力可以通过个体的行为进行观测。

卡森(Casson,1982)建立了一个创业家需求、供给和"创业家市场"均衡的理论框架,认为企业家的核心能力在于其判断决策能力,由此进一步指出判断性决策是指在不确定的环境下,能够利用已有的信息作出相应的判断,并进行决策。判断性决策是指在相同的环境下,具有相同的目标和行动的不同个体,会做出不同的决策。判断性决策与风险和不确定性紧密相连,当创业者基于其他人没有掌握的资讯做出决策的时候,其他人可能认为这个决策是具有风险的。

20世纪90年代,逐渐有学者将胜任力理论引入对企业家的研究之中,认为企业家能力是企业家胜任所有工作角色的各种能力的总和。企业家能力可以分为核心能力和必备能力两类:企业家的核心能力包括"创造性破坏"能力(熊彼特)、"承担风险"的能力(奈特)、"学习能力"(杜拉克)等;企业家的必备能力包括人际关系能力、指挥领导能力、组织能力、表达能力等。

企业家能力对企业保持高速成长产生积极且重要的影响,表现为通过整合企业内外部的资源实现企业利润最大化,企业家能力是企业成长动力的核心源泉,它可以通过对企业其他能力的影响加以放大,决定着企业成长的效果。

3. 企业家精神

随着技术变革、商业环境的异动,企业和企业家都面临着重大挑战,在这种情况下企业家精神尤显重要。企业家精神可以包括崇尚创新、敢于冒险、打破常规、积极行动、乐观自信、果断决策、勤奋工作、充满激情等。

企业家精神体现在冒险精神、创新精神和合作精神等方面。企业家精神最重要的特征就是冒险。企业家要想获得成功,获取高额利润,必须具有冒险精神。企业家不仅在企业战略制定与实施过程中要敢于冒险,在新技术使用、产品开发和淘汰、新市场开拓等方面也要敢于冒险。企业家与普通商人或投机者赚钱的动机不同,他们最突出的动机来自"个人实现"的心理,即"经济首创精神",这种精神是实现新组合的原动力,是驱动和激发企业家经营创新能力及其他能力的内在心理意识,是企业家精神的灵魂。

企业家创新精神贯穿于经营活动的全过程,体现在开发一种新产品、发现产品新用途、采用一种新的管理模式、开拓新市场等方面。合作精神是企业家精神的重要内容。企业家在作出重大决策时实行集体行为而非个人行为,合作精神不仅有助于培育企业竞争优势,也是企业家在实践中最擅长的,并且还能将这种精神传递给下属和员工,因为每个人所掌握的知识和能力都是有限的,不可能应对所有事情(洪向华,2003)。因此,企业家要有非常强的结网能力和意识,在企业经营管理过程中能够充当教练角色,能够不断鼓励员工进行合作创新,并能指引、带领员工为既定目标而努力。

企业家精神可以帮助企业不断优化资源配置，实现多元化发展，增强价值创造能力。企业家精神可以有效影响企业战略管理，从而在创新、网络、国际化、组织学习、高管团队、公司治理和企业成长等方面实现价值创造功能。熊彼特将"创新"视为企业家精神的核心内容。德鲁克则认为"变革"是企业家精神的实质，认为企业家精神表现为在已有组织架构基础上创新新型业务、调整经营理念、实现组织变革。企业家把各种要素组合起来进行生产，并通过不断创新，改变其组合方式，从而带来价值增长。

表3-2 企业家领导力的核心要素

企业家与企业成长	企业家魅力	企业家能力	企业家精神
内涵与本质	领导者的行为特点和个人性格特点；其与下属之间的密切关系等	企业家所掌握的知识和技能、气魄与胆识素质等	企业家作为群体表现出来的具有普遍意义的心理特征
具体表现	拥有一个可以实现的远景目标；以不同于寻常的方式实现这一愿景；具有自我奉献和敢于冒险的精神；拥有较强的自信心和专业知识；凭借极具吸引力的远景规划和个人魅力来说服追随者	首先是包括"创造性破坏"能力、"承担风险"的能力和"学习能力"等核心能力；其次是企业家的如人际关系能力、指挥领导能力等必备能力	崇尚创造、敢于冒险、容易冲动、打破常规、乐观、自信、果断、工作勤奋、精力充沛等特征
对企业的影响	改变追随者对工作本身的认知；提供一个有号召力的愿景；在追随者中培养一种深层集体认同感；提高个人和集体的自我效能等	在企业核心竞争力的形成过程中发挥着重要作用，推动员工思考公司本身和公司战略	企业家能够快速对市场变化做出相应的反应，寻找并发现潜在的获利机会，通过不断地优化配置资源，实现经济均衡

（四）企业家领导力的功能

领导力在领导系统中是一个根本性、战略性的范畴,是领导者凭借其个人素质的综合作用在一定条件下对特定个人或组织所产生的人格凝聚力和感召力,是保持组织成长和可持续发展的重要驱动力(徐静和吴慈生,2016)。在动态和高度不确定的商业环境中,企业面临的问题大多是非结构化的,无法通过简单模仿或延续旧方法来解决,需要企业家根据对内外部环境的认知,包括分析外部环境的机会和威胁、企业内部的优势和劣势,再结合个人精准判断作出最优的决策。

1. 发现商机

作为一名企业家首要的素质是具有发现市场商机,即能够发现市场中潜在的利益,并能够在最短的时间内从中看到事物的发展趋势,看清事物的本质关系。只有具备这样的能力,才能够在瞬息万变的市场中把握住新的机会,始终处于市场领导者行列,这样才不会使自己局限在老产品、老业务,才能够开发出新的产品、占领新的市场领域。优秀企业家往往能够洞察别人看不见的机会,从而推动企业抓住机遇,实现快速发展(陈溪和崔文颖,2018)。商机永远不会自言其名,它隐藏在生活的方方面面,每一个生活中的需求和痛点,背后都隐藏着一个商机,而企业家能够独具慧眼发现这个商机。正如李嘉诚所说:"当别人没看见的时候,我看见了;当别人看见了的时候,我已经在做了;当别人都在做的时候,我就开始走。"优秀企业家总能抢占先机,这也是他们领导企业不断走向成功的根本所在。

2. 战略规划

在当下的经济环境中,企业家能否取得长远发展并保持基业长青,取决于企业领导者有无战略规划能力。具有战略规划能力的企业家一定不会是目光短浅的领导者,他们必定能够看到经济形势的走势、舍得在技术研发上投入。只有这样的企业家才能够立于不败之地,进而使得企业走向成功,才不会随着时代的前进企业却慢慢变老衰退。

战略领导力是企业家能力的综合体现,企业家其他方面的能力最终也要落实在其战略领导能力上。企业家必须本着对企业利益相关者高度负责的精神,以其敏锐的市场和战略意识,恪尽职守,尽最大努力制定出科学的、可行的企业经营战略(张锐,2014)。企业家领导能力对企业发展具有关键作用,尤其是在当今企业内外部环境瞬息万变的时代,企业家是否具有战略领导能力成为企业能否获得持续发展的决定性因素。企业家领导能力影响着战略决策创造性的广度和深度,决定着不同企业在动员、配置资源,以及机会甄别效率上的认知差异。

3. 果断决策

企业家需要具备果断的正确决策能力,只有领导者具备果断决策能力,才能因势利导地制定出赢在起跑线的路线、战略,发挥领路人的关键作用,打造出组织经久不衰的核心竞争力,实现可持续发展。

对一个企业家来说具有捕捉市场机会的能力和战略规划能力固然重要,但是抓住市场机会则在很大程度上取决于企业家果断的个人决策能力(何劲,2000)。企业家的果断决策体现了一个人的魅力,无论在创业伊始的项目选择,还是在调整时期的关停并转和战略方向的确定及精兵裁员,都应该果断决策,如果瞻前顾后举棋不定最终会丧失机会。尤其在信息社会中,对于一个企业家而言,发现并捕捉到商机且迅速做出果断决策是其必备的素质。

4. 整合能力

企业是一个系统,而作为企业的核心,企业家必须具备整合资源的能力。因为社会专业化分工的存在,个人可能具有的能力有限,只掌握有限资源,其他资源需要从外部获取才能够使企业顺利发展下去。企业家是能够调动并对各种资源进行整合的关键,具有整合资源的能力使得企业家能够获得自己想要的资源,整合能力是一个企业家获得经济增长和经济繁荣的必要条件。

企业发展所需要的各类资源都是企业家所需要整合的资源,具体是指在经营活动中替企业创造价值的特定资产,包括有形与无形的资产,并通过对不同资源的整合和利用,使其发挥最大的效益。资源整合过程分为资源识别与选择、资源汲取与配置、资源激活与融合三大环节。资源识别与选择,从企业宏观战略上来看,要根据产业、市场和产品状况对资源选择进行定位,从微观战略上来看,要选择与企业自身的战略目标相匹配的资源;资源汲取与配置是指企业将创业资源积极融入企业发展过程中,快速提高企业能力,包括市场机制下资源的获取和外部资源完全内部化的并购等;在资源激活与融合环节将创业资源完全用于企业研究开发领域、组织和管理领域、产品生产领域以及市场开拓领域中,是最终决定资源能否发挥最佳效益和提升企业获利能力的重要环节。

5. 创新能力

企业家的主要素质就是创新,创新象征着企业家的行为能力,对旧的颠覆和对新的改进。对一个企业来说,丧失远见并不会出现风险,而缺少创新精神就意味着企业倒退。创新是企业家必备的能力,从产品与技术创新,到组织结构、商业模式创新等,都体现着企业家的创新能力。当企业家大脑中只要显现出"创业易、守业难,推动企业不断创造重生的奇迹,更加难上加难"的感叹,说明他的创新思维枯竭了,创新灵魂黯淡了。

市场经济具有复杂性、多变性的特点,要求企业家必须从诸多要素中概括出新的东西来。尤其是在现代社会生产和科学技术发展迅猛的条件下,企业家所面临环境的多变性、动态性更加显著,因此他们要不断提出新的问题、开拓新的领域。这是市场经济竞争的内在需要,也是企业发展的重要保证。企业家只有不断创新,才能够使自己处于引领地位,使企业迅速发展,助力企业在市场中脱颖而出。创新是企业家品质、智慧、才能和心理的集中体现。

二、情绪资本对企业家领导力的影响

决定企业发展的两大因素主要是情绪资本和智力资本,其中由感觉、信念、认知和价值观等组成的情绪资本将为企业带去可观的财富。领导力就是对情感的管理和影响能力,情绪和情感构成了领导力的核心要素。领导力是一种能够激发团队成员热情并促进行动的能力,同时也是一种能够统率团队成员全力以赴去完成目标的能力。优秀的领导者都能与周围的人建立和谐的关系,但成为这样的和谐领导者并不是一件容易的事情,尤其是现今的领导者必须面对许多不可控的因素,以及未知的需求和压力。情绪、情感、情商等自身要素日益成为"管理自我""影响他人""引领组织"的关键,从而开启提升企业家领导力的全新思维(邢源源等,2017)。企业家领导力具有深度智慧和战略眼光,来源于领导者本身的品格和素质,强调领导者的品格魅力,体现的是底层人格。情绪资本在企业家成长中扮演的角色越来越重要,而技术能力反而显得微不足道。

(一)情绪资本:企业家领导力的内核基因

由性格、情绪、情感衍生出来的情绪资本是企业家领导力的内核基因,决定着企业家领导力的大小和效果。优秀的企业家往往具有极强的情绪感染力,能够引导人们朝着同一个方向努力。他们不仅仅是自己工作出色,更加会成为企业的精神领袖(杨付等,2014)。提升企业家领导力的关键在于加强他们"对情感的控制程度",有意识地加强企业家对企业内外的情绪、情感的管理,将会从战略层面快速高效地提升企业绩效。

1. 情绪资本对企业家领导力的重要性

所有高效的领导者都有一个重要的共同点：高情商,代表拥有较高的情绪资本。情绪资本在组织的最高层职务上发挥着越来越重要的作用,而技术技能并不那么重要。专业知识和技能都是可以学习的,然而个性、工作伦理、基本智商、能否坚守承诺、价值观等却是早已深植人心,很难改变的。在这个世界上,情绪资本是最为强大的力量源泉。只有具有强大情绪资本的企业家,才能最大限度地展示自己的价值。情绪资本是有影响力的,而领导力很重要的一点也是影响力(杨付等,2014)。因此,情绪资本和领导力之间具有直接关系,企业家领导力是由企业家的情绪资本决定的。拥有正向的、充满正能量的情绪资本,企业家就会自然地拥有领导力。

企业家在进行决策时,尽管表面上是一种理性决策,却不可避免地带有强烈的个性色彩,其中就体现了情绪资本对企业家领导力的作用。经营决策中被注入了企业家的价值观、情绪、情感。这种情绪、情感由主管传递到执行层,执行层再实施到市场,消费者接收到了这种情绪、情感的信息流之后,行使自己的投票权：通过购买决策来对企业的情绪进行投票。市场的情绪和情感很快通过业绩、利润、资金回报率等明确的财务信息反馈到企业最高层。企业家想要在企业内外部推崇什么、弘扬什么,首先自己要拥有相关的特质。要想加强对他人情绪、情感的管理能力,领导者必须首先管理好自己的情绪、情感。深刻的自我洞察将帮助领导者更好地了解自己，同时也为认知和管理企业内外部客户提供借鉴。

坚强的性格和坚韧不拔的意志使企业家能够长时间保持比较稳定的行为习惯和生活态度。企业家不同于一般的消费者，他所从事的事业是具有挑战性、竞争性，不断打破现有均衡，建立新的均衡。通常他们在一些事情上不被接受，其观念也常常不被认同，他们在认定一项工作时大都表现刚硬、果断、坚毅。在事业建设上，过硬的心理素质是他们成功的因素之一。他们能够经受住压力的考验，在工作中表现得非常出色，具有超强的能力、敢于冒险，对成功具有强烈的欲望，并且不断提高自己的能力。

企业家用自己的情绪资本魅力影响着企业文化，带动着企业的发展，尤其是在企业发展的重大关头，企业家的情绪资本更突出地决定着企业何去何从。企业管理是可以按现代企业治理制度逐步改进的，但前提条件是，企业家要认识到自身性格和情绪的缺陷，要认识到"有容乃大""放权让利"的重要性。心胸宽则能容，能容则众归，众归则才聚，才聚则企业强。这是企业制胜的基本之道，也是企业成长的基本原则，开阔的心胸是企业家必备的素质，宽大的心胸不仅能够收揽人心，在自己身边聚集着优秀人才，还能够使人心悦诚服、同心协力、互助互爱。在企业经营过程中，宽大的胸怀能够容人之过、谅人之短，这样才能笼络住人心，才能够与人亲密地交往、和睦地相处，才能够成就大的事业。在企业中，拥有远大的胸怀可以容纳思想，智慧的办事，拥有宽大胸怀的企业家能够承担风险，从而识别不确定性中蕴藏的机会和获利可能。

有很多企业家在创办企业时，价值观是放在如何能快速赚钱上的，哪个行业利润比较高，就涉足哪个行业，哪个行业挣钱快，就去跟风哪个行业。但是他没考虑到，如果他不提升自己的情绪资本，在追逐利润的过程中尽管可能赚到钱,也可能损害别人的利益。如果,企业家为了挣钱而破坏了环境,没有达到商业中所说的企业与客户、社会共赢的状态,那么他肯定是走不远的,必然会遭到利益损害方的反击。这种反击有时候对企业来说是致命的。如果企业家的情绪资本强大,他们就会具有完美的品格,可以实现不一样的效果。

当前,很多企业家感觉非常迷茫,在大谈转型的时候却不知道如何进行。企业家们参加了很多培训课程,忙着整合资源和建立商业模式,注重在技术上下功夫,焦点还是放在如何赚更多的钱、如何实现个人利益最大化上,却忽视了通过对自身情绪资本的提升来增强领导力。

经营企业是一个不断完善提升企业家情绪资本和领导力的过程。企业的生存和发展离不开企业家以情绪资本为基础的领导力,纵观大多数世界500强公司,虽然它们的经营战略和实践活动总是不断地适应着外界的变化,但它们的核心成功要素总是企业家的领导力[1]。企业经营过程就是一个自我修炼的过程,是一个自我蜕变、自我实现的过程。日本著名的企业家稻盛和夫也认为,企业本身是一个道场,我们需要在经营中去修行我们的灵魂。要保持企业的可持续发展,就一定要不断提升企业家的情绪资本,从而增强企业家的领导力,使之永葆优秀。

2. 不良情绪资本制约企业家领导力

情绪资本影响着企业家的领导行为,有时甚至决定着领导活动的成败。具有性格魅力的领导者更容易发挥自身才能,调动下属积极性,

---

[1] 通用电气的总裁杰克·韦尔奇提出三大使命:"无界限、快速、远大",为了实现这三大使命,需要卓越的领导力。杰克·韦尔奇创造了独特的领导艺术和风格:"3E",即活力(energy)、激励(energize)和敏锐(edge)。身为一个领导者,不能成为中庸的、保守的和思虑周密的政策发音器,必须具有些许的狂人形象。这种领导艺术和管理风格,构成了GE成为世界第一的重要支撑和组成部分。

增强组织凝聚力,从而提升组织绩效。相反,缺乏情绪资本的领导者在带领下属实现组织目标的过程中会处处受限,原本果断准确的判断无法转变为及时有效的计划,原本周密的计划无法付诸实践,原本有序的行动方案无法正常实施,领导者的动员能力、组织能力、控制能力、协调能力都会受到限制,领导力无法正常发挥。

一般来讲,正面的情绪能够起到促进协调和组织的作用,有利于工作效率的提高。实验证明,中等愉快水平可以使智力劳动达到较优的效果,如果兴趣和愉快结合起来,相互作用、相互补充,则能为智力活动和创造性工作提供最佳的情绪背景。情绪对人的行为的消极影响来自诸如焦虑、挫折感等负面情绪所引起的破坏、瓦解和干扰。实践也证明,焦虑会导致人们的认知水平和操作效率下降,同时挫折感也会使人的行为表现出攻击、冷漠、幻想、退化、固执和妥协等倾向。此外,悲哀、愤怒、倦怠等消极心境会使人感到厌烦、消沉、枯燥无味,对人的创造性思维产生一系列消极影响,如害怕承担风险、过分追求稳定的秩序、过早地作出判断、酝酿能力降低等。

在现实的领导活动中,总有一部分领导者取得突出成绩,而另一部分领导者则政绩平平。导致这部分领导者的"潜才能"不能转化为"显才能"的原因有许多方面,其中一条重要的原因正是情绪资本对领导者才能的影响。常见的情绪资本缺陷对领导者才能的影响表现为以下几个方面:

(1)意志软弱、怯懦自卑,会影响领导者的创造力。在领导活动中,领导工作的复杂性和重要性需要领导者坚忍不拔、刚毅无畏。有一些领导者,他们具备足以胜任他们工作的才能和热情,但由于他们存在意志软弱、怯懦自卑的性格缺陷,使他们的才华不能得到充分发挥,创造力也时时受到缺陷的性格影响。领导工作是难度很大的工作,尤其要进行一些创造性的工作,这就会遇到许多困难。领导者如果没有超乎一般人的坚强意志,没有一种自信心,是难以妥善处理好各种矛盾的。意志软弱的领导者在困难面前萎缩退让,使得他们难以实现确立的目标。因而,尽管他们不断为自己确定了不少高尚的目标,并且自身经常闪现出一些令人目眩的创造力,但终究在困难面前退缩不前,做不出杰出的成就。

(2)拘谨多虑、瞻前顾后,影响领导者的决断力。领导行为具有导向性,这决定了领导者的一项重要职能是决策,而领导决策需要领导者具备决断力。但是,如果领导者做事拘谨多虑、瞻前顾后,那么必然会在需要其拿出魄力大胆决断时失去勇气。这种性格缺陷对领导者决断力的影响有两方面:一方面,它影响领导者对目标的选择;另一方面,它影响领导者对这一目标的完成。拘谨多虑的性格缺陷会使人思前想后,犹豫不定,不能果断地处理问题,从而坐失良机,导致目标难以实现,给整体带来损失。

(3)心胸狭隘、固执己见,影响领导者选才用人的能力。选才用人是领导者的一项重要职能。选才用人实际上是领导者借用他人力量使自己智力得以延伸,能力得以延长,精力得以补充的过程。心胸狭隘的人,总怕别人超过自己,危及自身的地位和声誉,因而对别人的成绩总是耿耿于怀。一方面他们经常用自己习惯的思维方法和行为方式去评判对象,从而把某一方面的缺点人为地扩大,造成选才标准的无限拔高;另一方面,又嫉贤妒能,宁愿用能力平平者,造成实际用人标准的降低。这种性格缺陷对选才能力的影响表现在:造成对选才用人的态度怠慢,导致一些有能力的领导者失去应有的影响力和凝聚力,影响工作的实际成效。

(4)办事懈怠、拖沓懒散,会影响领导者的管理能力。效率的高低直接影响领导效能。效率取决于领导者的科学管理、快节奏的工作频率和勤奋的工作态度。一个领导者,尽管很有管理能力,但如果他工作拖沓、办事懈怠,久而久之,不但自己工作作风拖沓,还会养成下属作风懒散。在这种情况下即使他的管理能力很强,也不可能充分发挥出来,更不可能将这种能力转化为领导效能。

(5) 自制力薄弱、心绪不宁,会影响领导者的组织协调能力。在一个团体中,实现团体目标要通过领导者对团体成员进行组织协调。如果领导者自制能力差,情绪波动大,就会造成团体发展不稳定。领导者情绪高时,团体发展快一些,情绪低时,则发展慢一些。另外,还会造成团体内部各部门因领导者的好恶而发展不平衡,影响团体全面发展。这种情绪也会影响个体成员的积极性。当领导者面对某一成员的成功或过失时,如果不加控制自己的情绪,任其宣泄,必然会给成员积极性的调动带来障碍。要充分发挥领导才能,实现领导活动的有效性,就要求领导者自觉进行自我性格调适,塑造时代所需要的、与本职工作相适应的优良性格,从而提升情绪资本,增强领导能力。

(二) 基于情绪资本的企业家领导力核心要素

传统领导力模型以利润和效率为主要目标,以控制为主要手段,对推动企业发展起着毋庸置疑的作用,也让企业家取得了很多成功。在传统领导力模型中,无论是决策力、组织力,还是教导力、执行力等,都是聚焦于统率团队成员,全力以赴去完成目标,这是一种凭借权力和控制推动绩效提升的能力(郭洪业,2010)。这类企业家需要控制并推动下属团队完成各项工作,管理者个人也会感到疲惫。传统领导力的提升注重各类管理知识、工具和技能的积累,多属于"智商"的范畴。

当然传统领导力的提升的确对于企业业绩提升起了很大的推动作

用,但也必须看到传统领导力的缺陷:过于注重"外在"的绩效,而忽略了企业家"内在"的觉察和成长;过于注重通过智商解决问题,而忽略了自己的身体和情绪管理。很多企业家在鲜花与掌声的背后也付出了巨大的代价,如健康受损、压力过大、关系破坏、发展瓶颈、幸福感降低等,进而影响了企业进一步发展。

社会进步及科技的突飞猛进,要求企业家必须不断地提高自身领导水平和情绪管理能力,主动地去适应不断变化的客观环境,以使企业家的意志快捷顺利地演变为下属的自觉行动,以此来规范、约束和激励下属的言行,从而实现企业既定的目标。企业家行为不单纯受权力性因素的影响,还会受到非权力性因素的制约。非权力性因素是指领导者凭借和依靠自身的品质、知识结构、工作能力、工作作风、领导方法等诸多因素对下属产生支配力量,使下属为之付诸行动,从而最佳地实现领导职能。为此,企业家需要一种新型领导力,综合多种影响因素加强自身的情绪管理,以实现企业的持续成功和长期发展(曼弗雷德·凯茨·德·弗里斯,2016)。基于情绪资本的领导力是企业家所需的新型领导力。

基于情绪资本的领导力立足于企业家的自我觉察,包括对自己身体、思维、情绪及感受的觉察,进而觉察自己的行为模式及其根源。在这个基础上,企业家能够更好地认识和管理自己的情绪,从而疏通以往因情绪压抑而积压的能量;同时随着企业家越来越深入地了解自己,也能够更多地了解他人,这样在企业内部就能够让更多人自发地跟随领导者共同创造和实现企业目标。

基于情绪资本的领导力主要有以下五个方面核心要素:

1. 自我觉察

自我觉察是认识世界的基础,当企业家对于自己越来越了解的时候,才能够越来越了解他人,以及认识到自己如何创造自己的健康、关系、事业,乃至周围的世界。自我觉察经常被认为是领导者需要发展的最重要的能力,意味着对自己的情绪、优势、劣势、需求和动机的深刻理解,代表着诚实、开放、实事求是地评估自己的能力。

自我觉察就是深入了解内心,不仅要了解想法、价值观等思维层面的东西,而且要了解身体感受、情绪、期待、渴望、模式等诸多内容。思维的内容主要是意识,而真正决定行为模式的意识只是一小部分,大部分是潜意识(赵毅和朱晓雯,2016)。如果对于自己的潜意识不了解,那就无法了解自身很多行为模式的根源,就会陷入无意识的自动化模式,这些自动化的模式进而主宰了命运。

当企业家对于自己的思维、感受、情绪、期待等内在因素越来越清晰时,一种新的"觉知力"就会出现,且会随着不断训练而越来越强。觉知力就是自我觉察的能力,如同第三只眼睛一样,从外界观察着各种感受、念头、情绪等。随着觉知力的增强,人们不再被各种念头、情绪所困扰,惯性模式开始转化。觉知力的提升就是思维能力的提升,使得企业家可以跳出杂乱的念头、变化无常的情绪等因素的控制,从而真正成为自己命运的主宰。

2. 情绪管理

情绪管理是指对于情绪的识别、接纳、表达、调节及疏导的过程。表面上看,人们对情绪很熟悉,而实际上对于情绪的来源、识别和表达等并不熟悉,甚至对情绪有许多错误的观念和认知,阻碍着情绪能量的正确流动,进而深刻影响着身心健康。管理情绪的目的是产生良好情绪,消除不良情绪,塑造阳光心态,延长积极情绪的时间,缩短消极情绪的时间。

情绪不可能被完全消灭,但可以得到有效疏导、有效管理、适度控制。情绪管理是通过对自身情绪的认识、协调、引导、互动和控制,充分挖掘和培植个体和群体的情绪智商、培养驾驭情绪的能力,从而确保个体和群体保持良好的情绪状态,并由此产生良好的管理效果。情绪管理是指通过自我调控合理调解情绪,面对矛盾时能适度排解负面感受,以乐观的态度、幽默的情趣及时地缓解紧张的心理状态。

情绪管理不是要去除或压制情绪,而是在觉察情绪后,调整情绪的表达方式。情绪调节是个体管理和改变自己或他人情绪的过程,通过一定的策略和机制,使情绪在生理活动、主观体验、表情行为等方面发生一定的变化。情绪固然有正面有负面,但真正的关键不在于情绪本身,而在于情绪的表达方式。以适当的方式在适当的情境下表达适当的情绪,就是健康的情绪管理之道(侯军利和王伟光,2019)。

情绪管理就像一场持续不断的内心对话,是情商的重要组成部分之一,可以帮助企业家从感情的牢笼中解脱出来。首先,能够控制自己情绪和冲动的人都是理智的人,能够创造一个信任和公平的环境。在这样的环境下,团队内的争论和内斗会大大减少,工作效率就会提高,人才会聚集在组织中,不会轻易离开。其次,情绪管理在竞争中很重要。当今的商业世界充满了模糊和变化,技术正以令人眼花缭乱的速度改变着工作形态,而能够控制自己情绪的人,更能适应这些变化。最后,情绪管理对促进诚信有影响,诚信是拒绝冲动欲望的能力。诚信不仅是一种个人美德,也是一种组织力量,企业内部发生的很多恶事都是冲动行为的结果。因此,情绪管理可以有效地抑制感情冲动和意气用事。

3. 自我激励

在企业管理中,企业家不仅要激励他人,更重要的是要激励自己。

自我激励是企业家走向成功的动力。外在追求和内在探索,二者并非矛盾,也不是非此即彼的关系,而是一种平衡状态。人们需要反思一下人生,除了外在的目标外,内在更深、更真实的需求是什么,除了那个"理想我","真实我"是什么。对于"真实我"的探索就像剥洋葱一样,每一层都会让人们有新的发现,这样的探索可以发现新的动力,而这种新动力是自我激励的来源。

自我激励是指个体不需要外界奖励和惩罚作为激励手段,能够自我设定目标并努力工作的一种心理特征。强烈的自我激励是成功的先决条件,人的一切行为都是受激励产生的,通过不断的自我激励,你会有一种内在的动力,朝所期望的目标前进,最终达到成功的巅峰。不断寻求挑战激励自己,时刻提防自己,不要躺倒在舒适区(周春林和邓攀,2021)。舒适区只是避风港,不是安乐窝,只是你心中准备迎接下次挑战之前刻意放松自己和恢复元气的地方。

企业家是自我激励的个体,他们努力做一些新的和独特的事情。通过识别机会,安排必要的资源,承担企业中的风险,企业家满足客户需求,为自己和周围的人创造就业机会。企业家自我激励不仅使企业家本人受益,还有助于组织和经济的整体发展。

4. 同理心

同理心(empathy),亦称"设身处地理解""感情移入""神入""共感""共情",泛指心理换位、将心比心,设身处地对他人的情绪和情感的认知性的觉知、把握与理解。同理心主要体现在情绪自控、换位思考、倾听能力,以及表达尊重等与情商相关的方面。同理心就是能够体会他人的情绪和想法、理解他人的立场和感受,并站在他人的角度思考和处理问题。企业家仅靠职务权威是不够的,还需要有让别人心甘情愿为自己工作的能力,这时候同理心就变得非常重要。

同理心不仅意味着理解别人的想法,更重要的是同理并接纳他人的情绪。同理心的提升首先应从自我觉察开始,一个不理解自己内在的人,更不可能理解别人的内心。一个人一旦具备了同理心,就容易获得他人的信任,而所有的人际关系都是建立在信任的基础上。注意这里所谈的"信任"不是指对个人能力方面的信任,而是指对人格、态度或价值观方面的信任。没有同理心就没有彼此之间的信任,没有信任也就没有顺利的人际交往,也就不可能在分工协作的现代化社会中取得成功。

同理心作为企业家的领导力特质之一,在今天显得尤为重要。团队合作是趋势,团队是一个情感发酵的"大熔炉"。作为一个团队的领导者,你必须能够感知和理解每个人的观点。随着全球化快速推进,跨文化的对话很容易导致失误及误解,有同理心的人会注意到身体语言的信息,会听到言语的弦外之音,并理解文化和种族差异的重要性。同理心有助于留住人才,提高工作满意度,减少人员流动。

5. 和谐关系

每个人在生存的状态下,都不可能不与他人发生关联,最好不是紧张的关系,而是共存共荣的和谐关系。任何人想要成功,都得靠别人的支持,忽视别人的力量不可能成功。事实证明,因人际关系欠佳而遭革职的人数,是因为工作能力不足而被辞退人数的两倍。良好的人际关系能够助力个人获得各类专业人才的协助,从而大幅提升成功的概率。

单打独斗的时代已经过去,现代人必须合则共利,才能够互相依存,共同实现理想。哈佛大学一项长达 75 年的持续研究项目的结论表明:和谐的关系让我们更快乐、更健康、更幸福,而非金钱、地位、权力等其他因素。

和谐关系的建立需要企业家对自己在关系里的模式有清晰的认

知,而这些模式经常是阻碍人际关系建立的重要因素。所以与他人和谐相处的重要基础仍是与自我的关系,一个自我负责、自我接纳、内在和谐的人才更容易有和谐的关系。同时我们还需要了解双方关系的发展阶段和沟通模式等。

(三) 情绪资本赋能企业家领导力

卓越的领导者以情绪资本为基础构建的领导风格或沟通方式,对组织、部属或客户的感受都有直接且特殊的影响,甚至还会影响到员工的业绩表现和企业的财务表现。可见,影响组织领导成功的关键因素在于领导者的情绪资本,情绪资本是一个企业家根本的领导力。

情绪资本对企业家领导力来说很重要,不在于企业家具备了哪些性格和情绪,而在于他是否善用情绪资本。情绪领导力是指企业家基于自身情绪能力,通过情绪传染和策略运用来有效管理组织成员的正性和负性情绪,充分发挥不同情绪的有利作用,营造应景的组织情绪氛围,带动企业员工为实现组织共同目标而奋斗。

情绪资本可以影响一个人的品德和价值观,以及处理人际关系的态度和方式,从而对企业家的领导力产生深刻的影响。"情商之父"戈尔曼(Goleman)说过:"情商是最根本的领导力。"情商,又被译作情绪智力,是一种处理情绪及其相关信息的能力。戈尔曼等(Goleman etc.,2018)将情绪智力与领导力相结合,提出有效领导的五种方式,即建立共同目标,灌输工作意义,营造热情、自信、积极的组织情绪氛围,鼓励灵活决策和培养组织认同。企业家的情绪资本可以催生"情绪能力"(emotional competence),从而有助于提升其领导力。

情绪资本能够提升企业家的思维能力和精神境界,从而增强企业家的领导力。有正确的思想才有正确的理念与行为,彼得·德鲁克、任

第三章 情绪资本对企业家领导力的影响效应

正非、稻盛和夫等企业界的巨擘,之所以成为一面旗帜,表面是经营业绩与管理,最本质的却是情绪资本、性格和思想等,并进一步升华为经营哲学、管理哲学、人生哲学和文化哲学。丰富的情绪资本能引发企业家对战略、组织、经营管理等一系列的系统化思考,在实践中修正为企业文化,随着时间的沉淀和理论实践的完善,可以找到企业哲学的本源,并升华为思想理论。

企业家的情绪资本中包含着领导潜质,同时也存在一些不足,需要企业家用领导潜质主动去适应领导情景。领导者的领导情景有多种类型,有的需要强力推动,有的需要以情驱动,有的需要授权,有的需要控制。在不同的领导情景中,需要领导者从情绪资本中发掘相应的领导潜质,领导者需要在个人复杂的性格体系中找到和应用适合该领导情景的特质,充分放大情绪资本的力量,促使其发展为领导能力(周杰和牟小俐,2007)。如何把握情绪资本中有利于领导的品质,抑制不利于领导的品质,需要领导者充分了解情绪资本对领导力产生的影响,即领导潜质。

每一种情绪中都有积极和消极的趋势,辩证地看待性格中的领导潜质,主动化消极为积极,是促进领导潜质发挥作用的关键。每种性格特征的人都可能成为好的领导人,但是,如果不能辩证地识别自我性格中的领导潜质,不善于适度运用性格特征,往往会使自己的领导工作走向反面。领导潜质主要表现为:进取心、领导愿望、诚实守信、自信、心胸宽广、有效沟通、快速决策、能够科学配置资源和学习能力强。

企业家领导力就是对情感的管理和影响能力,情绪和情感是构成企业家领导力的核心要素。丰富的情绪资本能够提升企业家领导力,集中体现在控制核心和权力主义方面。情绪资本的差异将会赋予领导者洞察追随者行为的能力,提供给领导者进行环境判断和做出能够使公司受益的制度创新的机会(何首乌,2021)。企业家正确使用情绪资本是建立高执行力、高绩效团队的基础,可以让团队紧紧围绕企业家,形成核心战斗力。

控制核心(locus of control)是指个体对于责任归属的认知倾向,即是倾向于将责任归咎于自身行为,还是视为受外部环境所主导。相信行为足以影响所发生事情的人拥有较高的内部控制点,而那些认为外界力量决定一切事情的人则拥有较高的外部控制点。内部控制力更多来源于自我动力和自我控制行为,更有助于处理复杂信息和解决问题,而且他们更具有成就导向而不是外部导向。拥有较高层次内部控制核心的人相对外部控制力而言更可能试图影响他人,因此也更有机会承担和寻找领导机遇。拥有较高层次外部控制核心的人更倾向于拥有制度化、管理化的工作环境,能够更好地处理需要顺从和遵从的工作。然而,在需要主动、创造性和独立行动的情况下,这种控制核心并不奏效。因此,尽管在依赖于别人的指导才会取得成功的情形中外部的可能做得最好,但是他们不可能体会到领导地位及其成就感。

权力主义(Authoritarianism)体现了存在于组织里的权力和地位差别的信仰。拥有高度个性特点的人倾向于拥护传统规则和价值观,遵守已经确立的权威,崇尚权力和强权,批判地对待他人,不赞成表达个人感受。领导者拥有的权力主义程度将会影响他如何支配和分享权力(朱国超和刘凤军,2017)。高度权力主义领导者可能很依赖正规的权力地位,且不可能与追随者分享权力。新的领导模式要求领导者具有更少的权力主义。领导者可以通过了解追随者所拥有的权力主义程度,从而影响他们对领导者运用权力和威信的反应。当领导者和追随者在权力主义上持不同观点时,领导力将会难以奏效。

三、情绪资本有助于提升企业家的领导力

增强企业家领导力可以从情绪资本入手,认识自己的长处和短处,挖掘自己的潜质,辨识自己的情绪特质,在激励自己的同时影响他人,从人性深处提升企业家领导力。领导力提升,即增强做出正确决策的能力,随着社会的发展和科技的进步,领导也需要通过提升情绪资本来增强管理能力和综合素质,从而更好地引领企业向着科学化、规范化的进程迈进。卓有成效的领导者注重个人性格培养和修饰,扬长避短,把性格中的领导潜质与领导情境恰当融合,形成现实领导力。因此,领导者应该自觉进行性格调适,以充分发挥自己的领导才能、实现组织目标。

(一)情绪资本能够优化企业家领导风格

情绪资本能够影响企业家的领导风格,决定着企业家领导风格的表现形式。对于一个企业家来说,情绪资本不仅决定了他的命运,也决定了他的领导风格,而领导风格直接决定了企业的走向。领导力风格是指领导者与他们的团队互动时采取的行为(张锐,2015)。了解自己的情绪资本状况,是定位企业方向的重要因素。企业家领导力并非在于对他人的操控,而是影响人们朝向共同目标工作的艺术。绩效卓越的领导者会根据自己的需要,可以灵活地在不同的领导风格之间转换。最好的领导者并不只依靠一种领导风格,他们往往会根据业务情况的需要,在不同程度上无缝地使用多种或大多数领导风格(Middlebrooks and Noghiu,2010)。卓越的领导者通常具有高情商,和以人为本的精神,他们会根据团队的情况来确定自己的领导风格。领导者采用的领导力风格会随着情况的变化而随之改变。在不同领导风格背后,隐藏

着企业家的情绪资本,领导风格就是企业家情绪资本的展现。

企业家领导风格是在长期的个人经历、领导实践中逐步形成的,并在领导实践中自觉或不自觉地稳定起作用,具有较强的个性化色彩。每一位领导者都有与其工作环境、经历和个性相联系的以及与其他领导者相区别的领导风格。无论哪种领导风格,领导都要控制好自己的情绪和勇气。企业家的领导风格会对公司企业文化的形成和塑造产生一定的影响,而企业文化对公司的长远发展具有非常大的影响。

在管理过程中,领导者展现的领导风格越灵活,往往越能得到部属的拥戴,从而带来更好的工作气氛和事业表现。同时,高情绪资本的领导者还能够在各种领导风格之间自由转换,从而赢得更多的追随者。领导者的情感是具有传染性的,如果领导者产生的共鸣是生命力和热情,那么组织就会蓬勃发展(王德才和赵曙明,2014)。相反,如果领导者传递的是消极情感和不和谐因素,那么组织就会陷入困境之中。可以肯定的是,领导者的情绪资本是决定组织高度的关键要素。

1. 权威型领导风格

权威型领导是最有效的,能够带动工作氛围的方方面面。在明晰度方面,权威型领导者是有见地的领导者;他让人清楚地知道自己的工作是更大的组织愿景拼图中的一块,借此激励员工。为这种类型的领导者工作的人都明白,他们所做的事情很重要,而且为什么重要。

权威型领导能够最大限度地实现对组织目标和战略的承诺。从宏观的视角出发,权威型领导者设定了以更宏大的愿景为中心的标准,并据此安排个人的工作任务。权威型领导者会明确提出目标,但通常也会给人们很大的空间来设计自己的方法。权威型领导会给员工创新、实验和衡量风险的自由。

权威型领导力的积极作用使其几乎在任何商业环境中都能立于不

败之地,对于正在摸索方向的企业来说尤其有用。权威型领导会开辟新的道路,以前瞻性的长期愿景吸引他人为他服务。

权威型领导并不是在任何情况下都能发挥作用。当一位领导者与一群比他更有经验的专家或同行一起工作时,这种领导风格是行不通的,因为团队成员可能会认为他是浮夸的或不符合形势的。另一个限制是,如果一个试图成为权威型领导的管理者变成了一个自负的领导,他可能会破坏平等精神,而平等精神使团队更富有成效。

2. 教练型领导风格

教练型领导者采用教练式思维,帮助员工提升他们的技能,鼓励他们发挥自己的潜力,发挥自己的优势。作为教练型领导者,就是帮助他人适应自己的角色,感受到挑战和支持。教练型领导者会帮助员工找出自己独特的优势和劣势,并将其与个人和职业抱负相结合。他们鼓励员工设定长期发展目标,并帮助他们构思实现目标的计划。他们会主动征询员工对自身角色和职责的看法,并在员工制定发展计划时给予详尽的指导和反馈。

教练型领导非常善于授权,他们会给员工一些具有挑战性的任务,即使这意味着任务不会很快完成。如果能帮助员工长期学习,这些领导者愿意忍受短期的失败。忽视这一风格的领导者会错失一个强大的手段:它能极大地改善工作氛围,显著提升团队绩效。

持续对话的教练式风格可以确保人们知道他们应该达到什么目标,以及他们的工作如何融入更大的愿景或战略中,这可以影响到责任感和清晰度。特别是在持续发展的团队中,随着工作复杂性的日益增加,团队所需要的已不仅仅是明确的目标。他们更渴望得到你的鼓励与支持,来提高他们个人的能力,这样他们才会对自己的工作表现有信心。当员工明白发展新技能可以帮助他们进步时,教练式领导风格能够发挥最佳效果。当员工对学习和变革产生抵触情绪时,或者当领导者缺乏持续协助员工的技能时,教练式领导风格便难以奏效。

3. 联结型领导风格

联结型领导风格以人为本,支持这种风格的人重视员工的个人和情感健康,而不仅仅是任务和目标。团队领导者在公司里面以亲和示人,并注重与员工的交流沟通,重点是创造一个和谐的工作环境,在这个环境中,员工可以感觉到他们已经实现了团队化学反应,彼此之间有了一定程度的舒适感。联结型领导者努力使员工快乐,创造员工之间的和谐氛围。他的管理风格是基于建立强大的情感纽带,从中获得利益,即极度忠诚(Montemaggi,2011)。联结型领导者会给予充分的积极反馈,提供一种认可感,并对良好的业绩进行奖励。联结型领导是建立归属感的高手,有助于建立团队,形成团队合力。

联结型领导风格不应单独使用。这种类型的领导特别注重表扬,可能会让员工觉得平庸的业绩可以被容忍。而且由于联结型领导很少为下属提供建设性的改进意见,员工必须自己想办法改进。权威型领导设定愿景、设定标准,让员工知道他们的工作是在推进团队的目标,将这种方式与关怀、滋养的联结型领导方法交替使用,会有很大的倍增效果。

4. 民主型领导风格

通过花时间倾听团队的意见和拉近关系,民主型领导能够建立信任、尊重和承诺,具有强烈的协作意识,解决问题的能力,过程管理和实施能力。通过给予员工对影响他们的目标和工作方式发表意见的权利,民主型领导者提高了员工的适应力和责任心。通过倾听员工的关切,民主型领导能够保持高昂的士气。由于在民主系统运作下的人可以对设定目标及评量成功的标准发表意见,他们往往对什么可以实现和什么不可以实现有一个非常现实的看法。

民主型领导的一个令人烦恼的结果是,尽管通过多次的会议集思广益之后,但共识可能依然不明确,唯一可见的结果是满满地安排更多的会议。一些民主型领导利用这种风格来拖延重要的决策,期望通过足够的商讨最终能产生令人眼花缭乱的见解。当领导者不确定自己未来的最佳方向,需要有能力的员工提供意见和指导时,这种领导风格是最好的。

5. 领先型领导风格

领先型领导者通常会设定极高的表现标准,专注于为其团队设定的具体目标,并亲自示范。这种类型的领导对团队有很高的期望,要求快节奏,执着于把工作做得更好、更快、更强,并要求身边的每个人都这样做。他很快就会指出表现不佳的人,并对他们提出更高的要求;如果他们无法趁势而起,他就会去找能力强的人取而代之。这种做法实际上破坏了工作氛围,很多员工对这种领导者的卓越要求感到无所适从。如果员工的自我激励能力很强,需要的指导和协调很少,这种风格就很适用。另外,用领先型领导风格领导专业团队时,可以按时甚至提前完成任务。这种领导风格需要在高强度的领导与强有力的认可计划之间取得平衡,不是单枪匹马就能完成的。

领先型领导风格旨在为团队创造共同愿景,并激发员工的内在驱动力。这种具备远见卓识的领导力风格,强调团队向他们的终极目标看齐。领先型领导风格有助于塑造那些失去目标的团队,并增加他们对下一步需要去哪里的理解。

6. 高压型领导风格

这种领导行为风格导致了一种基于恐惧的心态,可能会给人留下严厉的印象,通常会给公司文化留下负面影响。在所有的领导风格中,高压型(命令式)领导风格在大多数情况下是最无效的,我们可以从这种领导风格对组织工作氛围的影响中看出,应变能力受到的影响最为显著。

领导者极端的自上而下的决策风格,往往会抑制下面员工的创新思维,员工往往会觉得很不受尊重。同样,员工的责任感也会随风而逝,他们变得被动,难以主动推进个人想法,失去了主人翁意识,甚至觉得不太需要对自己的表现负责。使用高压型领导风格需要极为谨慎,只有在一些不得已的情况下才适合使用,比如公司重组等。在这些情况下,高压型领导风格可以打破无效的业务习惯,使公司成员受到冲击,进入新的工作方式。

与其要求和命令你的团队,不如尝试激励他们,以使命、愿景、同理心和协作的方式进行领导。与其对你的团队进行事必躬亲的微观管理,不如为有效的一对一沟通创造一个安全的空间。与其关注团队的弱点和没有实现的目标上,不如尝试关注优势、潜力、成长和进步。

(二)情绪资本能够丰富企业家领导模式

对于企业家来说,情绪管理至关重要,情绪胜任力是最根本的领导力。情绪管理就是使用正确的方式方法来探索和调整自我情绪,提升情绪资本。只有善于掌握自我并合理地调节情绪,才能不断地完善企业内部以及自身的心态管理。情绪管理的关键是学会控制情绪,而不是被情绪所控制。

在企业的情绪管理中,企业家的情绪胜任力是最关键的因素。虽然人的情绪是由自我先天的个性所决定和影响的,但是情绪胜任力在企业管理中占据重要的地位,已经成为每一个企业家必备的能力。在实际的企业管理中,企业家了解情绪的作用机制能够更好地认知和把握自身的情绪(郭燕青和王洋,2019)。相较于普通员工,管理者需要面对更加复杂的环境,处理更多可能的突发状况,因此难免会产生更大的情绪波动。企业家如果能够对情绪波动有明确的认识,进而对其进行管理和调节,就可以极大地提高自身的管理水平。

领导行为的实质是影响别人的情绪,能够调动情绪就能够调动一切,企业家可以通过提升情商而管理情绪,获得追随者,进而缔造领导力(张瑞敏等,2014)。企业家领导行为的实质是影响下属的情绪,要善于控制自身的情绪,掌握情绪控制的技巧。身心调适是调节情绪最简单的方法,当面对无法控制的情绪时,通过心理放松和心理暗示的方法对情绪进行调控,这是对企业家情绪胜任力的最基本要求。结合企业家情绪资本,针对企业家的性格和情绪特征,需要根据企业家情绪资本状况运用不同方式来提升领导力。

1. 善于变革

变革型领导力对应的人格特质是开放性,认为世界有无限种可能,不必被现状束缚,不必墨守成规,只要立足当下实际和符合未来需要,就可以在变通中找到解决问题的新途径。具有这种性格的领导者不守旧、不固守教条主义,在实践中探寻,在探寻中变革,在变革中创新,善于规划愿景,描述未来可实现的蓝图,带领追随者朝着这个美好蓝图前进。变革型领导力最关键的力量源自信念引领和愿景号召,这些力量使得领导者不会被现实困难所羁绊,能够通过辩证思维和发散思维找到更好的解决途径(张劲梅,2012)。不墨守成规,不人云亦云,也不为求新而求新,脚踏大地,仰望苍穹,既能把握现在,也能洞悉未来,创造和追求未来价值,从而成为有信念支撑和精神引导的变革型领导者。

2. 情绪感染和信任

企业家的情绪通过情绪感染,能直接影响下属乃至整个团队成员的情绪状态。如果将变革型领导力描述为"以理服人",感染型领导力则可描述为"以情动人"。能够做到以情动人的企业家,多具有生动鲜活的语言表达能力,健谈且善谈。感染型领导力主要源于企业家人格特质中的外向性,企业家能够通过极具感染力的语言引起跟随者的共鸣,很快和他人从陌生变得熟悉。开朗的性格是培养领导力的充分非必要条件。很多优秀的企业家并不具有热情如火的开朗性格,有些甚至沉默寡言,但思想的成熟和行为的魄力散发出了更为巨大的领导力光芒(朱乾等,2012)。如果企业家的性格过于沉闷,不喜欢与下属进行过多的交谈,这可能会导致下属无法了解领导的预期,也不利于其领导能力的发挥。

企业家提高领导力,必须信任上级、信任同级、信任下级,并善于与上级、同级、下级合作,特别是对下属要平等对待,充分信任,积极与其合作,才能实现最大的管理效能。领导力提升要充分了解下属人员的性格、能力特点,知人善任,用其所长。同时,要主动帮助下属进步,主动培训提高下属的工作能力,帮助下属实现工作目标,让下属尽快成长,下属感激之情将会自觉回报到工作上。

3. 洞察心理

企业家应该善于站在他人的角度思考问题,能够洞悉对方的内心需求,善解人意,从而赢得下属的信赖和真心跟随。洞察型领导力主要源于人格特质中的宜人性,领导者多被认为是善良的、友好的。追随者对此类领导者充满敬意,以真心相回应,以忠诚相回报。具有洞察型领导力的企业家能够想下属之所想,急下属之所急,为下属提供个性化关怀。跟随此种类型的企业家,下属能够感受到被尊重和受重视。具有洞察型领导力的企业家和下属之间更可能以兄弟相称,以朋友相处,但又有着明显的身份界限。在现实中,把握好朋友关系与工作关系之间的界限,防止界限模糊和关系混淆,是发挥此种领导力的关键。

4. 提升责任心和人格魅力

企业家对工作要有超强的责任心,在需要承担责任的时候勇敢担责,奉行成就下属就是成就自己的原则。具有此种情绪资本领导力的企业家大多比较务实,不急功近利,不好大喜功,为下属提供表现自己和做出成就的机会。企业家重视团队建设和工作协同,善于分权,但又不会因为分权而推卸领导责任。下属跟随此种类型企业家,有更多机会成长和获得成功,特别是有理想和抱负的下属更愿意跟随此类企业家。

企业家要成为员工的领袖,让员工在其身上感受领袖的魅力。在现代企业中,企业家领导力的提升不仅仅在于能够下达命令,机械地管理一帮人,更重要的是要让属下员工对他敬佩、信服,在员工心中形成一种磁铁般的向心力,让他们愿意跟随他克服困难、艰苦创业。这种向心力,就是企业家独特的人格魅力。

5. 坚定信念

企业家要树立坚定的信念,要有较强的情绪控制能力和面对困难不屈不挠的坚忍精神。企业家能够在重重压力中认清主要目标,合理化解外界对自己的干扰和影响,不因环境变化而改变初衷,不因处境困难而放弃希望。下属因企业家的坚强而备受鼓舞,因企业家的坚持而坚定跟随。坚韧不拔既是一种性格特质,也是一种人格品质。面对高强度、多层次的工作,企业家往往倍感压力。如果能够在压力中提升自己,则能够成就领导力;如果在压力中崩溃,则会失去追随者。因此,企业家在面对压力时要学会适应和缓解,避免将坏脾气和脆弱心变成负能量,既影响自己,又影响下属。企业家应该在复杂的工作环境中锻炼定力,提升本领,增强抗压能力,并向下属传递正能量。

6. 换位思考

企业家作为领导者要学会移情换位和揣摩，站在对方的角度去思考，才能真正了解下属的情绪和想法。周文王问姜尚："君主怎样才能洞悉全局？"姜尚说："目贵明，耳贵聪，心贵智。以天下之目视，则无不见也；以天下之耳听，则无不闻也；以天下之心虑，则无不知也。"老子曰："圣人无常心，以百姓心为心。""以国观国，以天下观天下。"具有大智慧的人，不用自己的心去思考，而是用别人的心去思考，这样就知道别人在想什么。站在国家的角度看国家，站在天下的角度看天下，就能够洞察一切，这是大胸怀、大手笔的换位思考。

在现代企业管理中，企业家需要具备高屋建瓴的战略眼光、统筹兼顾的管理能力与大局意识；同时也需要换位思考、将心比心，真正了解和理解员工的发展需求。通过引导领导者与员工的换位思考，实现工作中的相互理解和支持，为企业的发展营造一个良好的氛围。

7. 加强沟通力

在现代信息时代，企业内外部环境的变化日益复杂和迅速，信息越来越重要。同时，企业规模越来越大，内部组织结构和人员构成越来越复杂，相关企业和人群数量越来越多，这使得对市场和企业自身的把握越来越困难，企业内外部人员间的矛盾和冲突不断增加。在这样的背景下，企业内部沟通面临的阻碍越来越多，也成为影响企业家领导力的关键因素。在企业管理中，越来越多的人认识到：企业管理的本质和核心是沟通，管理的难度和难题也就是沟通的难度和难题。

加强企业家的沟通力是构建和谐企业的有效途径，对把握员工脉搏，统一员工的思想，充分调动员工的积极性，促进企业发展和经济效益的提高具有极为重要的作用。企业家应该不断改进沟通工作方法，充分发挥沟通在凝聚人心、化解矛盾方面的积极作用，从而提高企业应对各种困难和抵御风险的能力,实现企业健康持续发展。作为一名成功的企业家,在沟通过程中应该注意以下问题:学会聆听与观察;多渠道多角度联系;鼓励双向交流;及时反馈信息。

四、基于情绪资本的企业家领导力培养

要改变企业家情绪资本危机的状态,需要提升企业家情绪资本质量,可以从身心两方面入手。身体和精神之间存在密切的相互作用关系,身体的生理结构及其功能状态在很大程度上决定着人的心理状态,反之亦然。生理健康与心理健康同时并重,不但要追求强壮体魄,也要追求健全的心理素质,使生理生命和精神生命两方面都得到发展。

(一)身体素质提升

企业家的健康对企业发展具有至关重要的作用,与事业成败息息相关,能够提升企业家调配资源的能力。健康的内容包括环境健康、身体健康和心灵健康,企业家要做到"正气内存,邪不可干""外不劳形于事,内无思虑之患"。

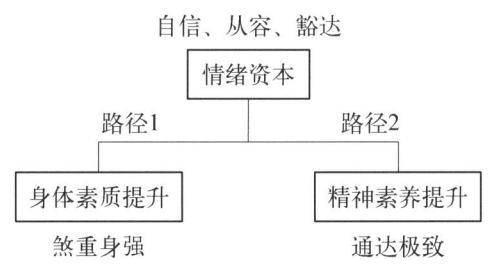

图 3-2 企业家情绪资本提升的路径

中国有句古话说:"为将帅者必主煞"。"煞重身强"是人的一种内在禀赋,自然会对周围的人和事产生较强的控局能力。作为统帅的企

业家,其对于企业驾驭能力的培养是至关重要的,因此"煞重身强"是企业管理者必须具备的素养之一。很多企业家当事业发展到一定阶段便会停滞不前或者问题层出不穷,可以说是"煞重身强"的状态遭到破坏,无法使其像以往那样高效地应对企业运营。

保持健康是企业家的责任,强健身体是最好的投资。通过固本培元来实现身体健康,可以达到"煞重身强"的目的。平时应该保持良好的身体姿态,通过稳固而培新,使身体百脉活泼运转、五行周流顺畅、六脉平和、精力充沛,实现周身气血周流畅通。健康的身体是企业家从事经营管理活动的核心支柱,通过健康管理可以增强工作动力,坚定未来发展方向,提升企业可持续性。

(二)精神素养提升

在精神方面,企业家情绪资本提升的核心在于心性境界。通过养怡来提升企业家的智慧能力和人格魅力,完善企业家心态、毅力、格局,实现自信、从容、豁达、内圣外王,从而提升企业家情绪资本。企业家应该把内圣外王作为精神目标,保持心中空灵,培养坦坦荡荡的王者之气和风骨。

在提升精神素养的过程中,企业家要保持积极自信的心态,摒弃自负情绪和自卑情绪。自信是面对未知的世界而始终保持大无畏的精神,不以物喜,不以己悲,始终保持一种宁静之心。即使在身处低谷时,始终能够保持从容、豁达和淡然,充满生生不息的希望。自负是过去成功经验在心灵上的投影,虽拥有始终保持不败的纪录,但在心理上极度害怕或不能接受失败。自负最突出的表现是经常制定不切实际的目标,对自身能力过度"自信",容易使人盲目乐观,不去认真审视事情的具体细节和操作流程。而自卑则是过去失败经验在心灵上的映射,缺乏探索未知世界的胆魄和胸襟,表现为犹豫不决和踌躇不前,在面临困难和挑战时畏首畏尾。

除却荣辱之心,才能拥有智慧,从而实现通达极致。坚持积极、乐观、进取、奉献的理念,不念过往,不畏将来,立于当下,不断扩大自己的胸怀。在滚滚红尘中常葆静气,处理事情将会圆融而通达,才能不畏浮云遮望眼,从而在无常变动中去体悟物我同源与天地自然的境界。追寻在焦躁中的那种宁静,而不是在幽寂壑谷中的宁静,使自己的心逐渐接近那个虚极静笃的生命本性。

通过精神素养的完善,可以全面提升企业家的王者之风和商业智慧,增强企业家创造和捕捉市场机会的能力。企业家应把职业和地位当作体验人生经历和实现人生价值的工具,树立襟怀天下的情怀,培育冒险性、开拓性和创新性等企业家精神。在奔向商业之巅的过程中,企业家应努力成为驾驭时代的商界领袖,体悟在天地间逍遥的豪迈,实现生命的健康、快乐、精彩。

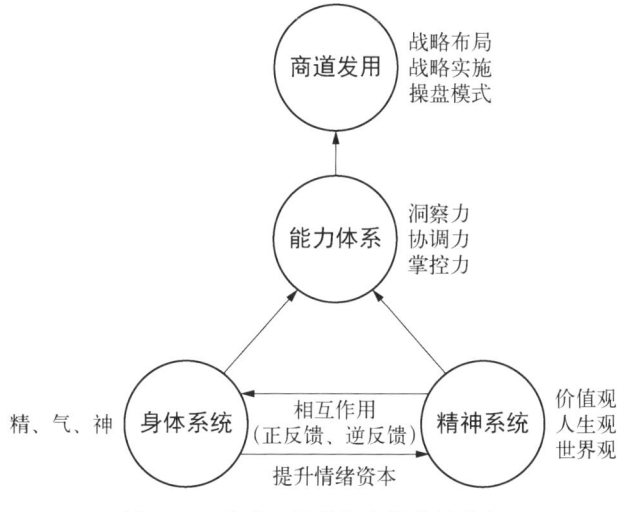

图3-3 企业家情绪资本提升的效应

第四章 | 情绪资本对企业家管理模式的影响效应

- 思想层面：情绪资本重塑企业家精神
- 能力层面：情绪资本增强企业家核心能力
- 行为层面：情绪资本提升企业家管理效率

情绪资本是存在于内心的力量,是一种客观与主观相结合的复杂资本形态。在现代社会中,情绪是一种具有价值的要素,能够创造更高的价值,是一种重要的软性资本。但是,如果出现负面的情绪,则会产生破坏性作用,造成不可估量的损失。然而,现在人类已进入情绪负重的时代,如何控制负面情绪,积极发挥正面情绪,将是一个人一生都需要重视的问题。对于作为社会精英的企业家而言,企业家情绪衍生出企业家精神,影响着企业家的性格和行为,并进一步影响着企业的经营风格和战略方向。高端情绪资本是培养商界精英的重要因素,可以完善企业家的心胸、志向和格局,建立事业格局和人生格局,创造出辉煌精彩的事业和人生。

一、思想层面:情绪资本重塑企业家精神

企业家性格和情绪资本影响着企业家的综合素养,包括心胸、志向、格局、谋略、气势、思辨、品质、性格与毅力等,是决定企业家精神的核心因素,企业家的思想和行为都可以从性格和情绪资本中找到来源和依据。性格和情绪资本直接影响着企业家精神,形成了不同企业家的差异性和特质,决定着企业家的掌控力、协调力和洞察力。强大的情绪资本,是一个人的存在感的基石,也是吸引力的核心,是他身上无与伦比的光环,是人格魅力,是风度气质。未来企业的竞争主要体现在企业家的竞争,核心在于以性格和情绪资本为基础的企业家精神的较量。因此,企业家除了必须具备专业知识、组织能力外,还需要通过提升情绪资本来塑造企业家精神,培育企业核心竞争力,从而引领商界潮流,创造辉煌事业。

(一)新时代企业家精神的重要性

企业家精神经历了不同历史时期的时代变迁,包括从无到有的文

化积淀和观念转变。从经济学的角度来讲,企业家精神是重要的生产要素之一,直接影响着经济乃至整个社会发展的活力。当前,世界经济结构正处于深度调整的关键期,中国经济发展步入转型升级阶段,创新驱动成为国家发展的重要软实力,因此聚焦企业家精神在当下更具时代价值与意义,也是新时代社会发展的必然呼唤。

当前,世界百年未有之大变局正加速演进,新一轮科技革命和产业变革带来的激烈竞争前所未有,气候变化、局部战争等全球性问题给人类社会带来前所未有的影响,单边主义、保护主义抬头,经济全球化遭遇逆流,世界经济在脆弱中艰难复苏。同时,我国已进入高质量发展阶段,人民对美好生活的要求不断提高,继续发展具有多方面优势和条件,但发展不平衡不充分的问题仍然突出,并面临供给冲击、需求收缩、预期转弱三重压力。在这样的大背景下,中国经济社会快速复苏和发展需要从激发市场活力入手,市场活力来自企业家,来自企业家精神。企业家是经济活动的主要参与者、就业机会的主要提供者、技术进步的主要推动者,能否在激烈的竞争中独占鳌头,能否在经济向高质量发展转变的转型压力中爬坡过坎、奋勇前进,直接考验着企业家的创新能力、责任坚守与担当意识。

中国成为世界第二大经济体的发展成就,离不开经济的基本细胞——企业,离不开经济活动的重要主体——企业家,离不开经济发展的重要支撑——企业家精神。[①] 企业家精神是经济实现高质量发展的动力源泉。富有企业家精神的人,是专注品质、追求卓越的人,是敢于

[①] 德鲁克发现,美国之所以能够维持长期的经济繁荣,不仅仅是因为市场经济,更重要的是因为企业家所展现出的高远境界。自改革开放以来,我国的经济取得巨大成功,这一非凡成功固然得益于改革开放政策的实施、人们观念的革新以及国家政策的适时调整,但是,有一个更加重要的因素,那就是中国的企业家精神。自改革开放以后,许许多多的企业家在把握时代的脉搏,带领中国企业开始走向世界。

担当、服务社会的人,是具有奉献精神的人(王方华,2018)。从本质上来说,追求利润和积累个人财富是企业家的天性,但真正拥有企业家精神的企业领军者,都明白唯有为他人、为社会奉献得越多,自己的个人梦想才能够获得更广泛的社会认同与尊重,个人财富才能获得更高的合法地位。

党的十八大以来,以习近平同志为核心的党中央高度重视企业家精神的发展。2017年4月18日在中央全面深化改革领导小组第三十四次会议上,习近平总书记指出,"企业家是经济活动的重要主体,要深度挖掘优秀企业家精神特质和典型案例,弘扬企业家精神,发挥企业家示范作用,造就优秀企业家队伍"。2017年9月中共中央、国务院发布的《关于营造企业家健康成长环境弘扬优秀企业家精神更好发挥企业家作用的意见》高度肯定企业家对改革开放和发展的重要贡献,强调了营造企业家健康成长环境,弘扬优秀企业家精神,更好发挥企业家作用的重要意义。《意见》着重倡导弘扬三大企业家精神:弘扬企业家敬业遵纪守法艰苦奋斗的精神;弘扬企业家创新发展专注品质追求卓越的精神;弘扬企业家履行责任敢于担当服务社会的精神。这是中央首次发文明确企业家精神的地位和价值,并赋予了企业家精神全新的时代内涵,对企业家提出了全新要求。《意见》的出台,肯定和认可了企业家的价值,极大地鼓舞了企业家的信心,坚定了企业家的信念,让躁动不安的企业家安心、放心地发展企业,积极参与并融入实现中国梦的伟大进程之中。

党的十九大报告提出"激发和保护企业家精神,鼓励更多社会主体投身创新创业"的要求。2020年7月21日,习近平总书记主持召开企业家座谈会并发表重要讲话时指出,"企业家要带领企业战胜当前的困难,走向更辉煌的未来,就要在爱国、创新、诚信、社会责任和国际视野等方面不断提升自己,努力成为新时代构建新发展格局、建设现代化经济体系、推动高质量发展的生力军"。

企业家是促进经济增长的重要因素,是支撑经济增长的微观基础[①]。企业家有四个核心职能:第一,企业家是市场的发现者和创造者。企业家通过创造新产品来开辟市场,而不仅仅是通过满足客观上预先存在的需求。智能手机的出现并非源自消费者的直接需求,而是由乔布斯创造的。第二,企业家创造了分工。以微信和苹果智能手机为例,它们的出现造就了一批利用自己的平台致富的人,这是新市场带来的新的分工和市场机遇。第三,技术进步主要是企业家创新的结果。熊彼特认为,创新就是实现生产要素的"新组合",包括创造新产品、开发新的生产技术、开发新的市场、发现新的原材料和实现新的组织方式。第四,提升了人们的收入水平,使需求结构发生变化。如何将新财富转化为新市场,使市场规模不断扩大,主要取决于企业家的创新能力。

企业家是一个国家和经济社会的宝贵资源,企业家精神是企业和企业文化的灵魂,是实现民族复兴的社会支柱和精神支撑。企业家所激发和创造出的巨大力量,推动着经济和社会的发展进步。但总体而言,我国社会中确实存在一种倾向,表现为在一定程度的急功近利心态、金钱至上观念以及人心浮躁等心态,导致企业家创新思想、冒险意识的淡薄,担当精神与开拓精神的缺失。在这个充满机遇与挑战的伟大时代,中国必将产生伟大的企业、伟大的企业家和伟大的企业家精神。

新时代呼唤企业家弘扬报国精神。企业营销无国界,企业家有祖

---

① 中国经济进入高质量增长阶段,更多地需要依靠提升全要素生产率(TFP)来实现,TFP是由于技术进步、制度创新以及结构优化等三大因素贡献的增长率,企业家在这一过程中发挥着微观支撑作用。

第四章 情绪资本对企业家管理模式的影响效应

国,爱国是近代以来我国优秀企业家的光荣传统,爱国情怀是企业家应有的价值追求。企业家一定要在政治上、行动上做爱国爱党的榜样,自觉以国家富强、民族复兴为己任,做产业报国、实业强国的模范,要把个人的成功、企业的发展、财富的积累融入实现国家高质量发展之中。

新时代呼唤企业家弘扬开拓精神。大视野就是要有国际视野,预判分析未来国际国内政治经济走势、技术发展方向和行业发展趋势,感知未来世界变化的方向、速度和力度,提升发展能力和风险防范能力。应时刻保持学习的敏锐性,紧跟新时代,迅速吸收新知识、新技术与新技能,精准把握并运用各种规律,以明确企业的战略导向,培育核心竞争力。

新时代呼唤企业家弘扬创新精神。创新是企业家的灵魂,是企业家精神的核心。要看清中国经济长期向好的基本面不会动摇、中国市场改革的方向不会改变、中国扩大开放的形势不会变的大势,必将形成新一轮高水平改革开放,这为创新精神的深耕细作提供了土壤。要通过思维创新做大企业、通过系统创新做强企业、通过路径创新做精企业,让创新成为企业持续发展的不竭动力。

新时代呼唤企业家弘扬实干精神。当前国内外经济形势错综复杂,动能转换、结构调整、转型升级、提质增效任务艰巨,这正是弘扬企业家精神的时候,是最需要发挥企业家作用的时期,也是最能体现企业家担当精神的时代。要激发创业勇气,勇当改革开放的探路者和实践者,同时也要发扬工匠精神,把产品和服务做精做细,以工匠精神保证质量、效用和信誉,提升企业核心竞争力。

中国经济能否转型成功,很大程度上取决于企业家的魄力和勇气、决心和信心。所以,重塑企业家精神,对中国经济实现第二次腾飞十分重要和关键。企业家被视为企业发展的核心动力,其创新力、影响力、控制力最终应该转化为一种创新机制和创新文化,从而影响整个企业的发展方向。达则兼济天下,企业家要通过自我超越,与国家、社会和人民大众利益融为一体,这样不仅能把企业做得更大,也能行得更远。企业家要把社会的认同作为人生追求的最高价值所在,积极承担起作为公众人物的社会责任,勤俭节约,抵制享乐主义,不负时代机遇。

新时代的企业家要站在战略高度,把握发展大局和方向,具备全球观和未来观,为中国经济发展作出更大的贡献。企业家要以国际视野和全球思维谋划企业发展,打造全球企业利益共同体、发展共同体和命运共同体。一是打造国际一流企业。中国日益走近世界舞台中央,必须打造世界一流企业和世界一流产品参与全球竞争,进一步提升中国企业利用国内国际两种资源、两个市场的能力,提高企业把握国际市场动向和需求特点的能力,加强全球产业链、供应链协同合作。大企业努力发展成为全球产业链的链主、供应链的纽带、价值链的枢纽、创新链的"领头羊",中小企业努力做到"专精特新",提高中国企业在国际上的影响力和控制力。二是打造时代引领企业。百年未有之大变局,也是百年未有之大机遇,每个企业最终都是时代的产物,企业家应主动适应时代浪潮、抓住时代机遇,将企业发展与国家繁荣和民族兴盛放在同一场域、同一频道共振共生,顺应时代发展大势,善于从"势"中谋划,敢于从"变"中把握,抢抓发展机遇。放眼当今世界,新一轮产业革命浪潮汹涌而至,那些占据全球产业链和价值链高端的优秀企业,无一不是依靠强大的科技研发实力在所处行业建立起牢固的核心竞争优势,并通过科技创新催生新产业、培育新业态,带动社会进步。技术创新、产业升级也必将是未来中国企业的主题,谁能够敏锐地洞察这一趋势、顺应天时,谁就能够成功抓住未来。

（二）企业家精神的内涵和层次

法国经济学家坎蒂隆（Cantillon，1755）最早将"企业家"的概念引入经济学研究，几百年来，"企业家"历经了众多的角色变迁和地位沉浮。"企业家精神"一词最早出现在法国经济学家萨伊的著作，萨伊认为："企业家是能把资源从生产力和产出较低的领域转移到较高的领域，并敢于承担一切相关风险和责任的人。"企业家精神体现为企业家所展现出来的战略前瞻性、市场敏感性和团队领导力[①]。

1. 企业家精神的内涵

企业家精神是一种精神品质，一种思想形式，一种驱动智慧运思的意识形态。企业家精神表明企业家这个特殊群体所具有的共同特征，是他们所具有的独特的个人素质、价值取向以及思维模式的抽象表达，是对企业家理性和非理性逻辑结构的一种超越和升华。从一定意义上说，企业家效能是企业家精神的外在表现。企业家效能有多方面的表现，每个方面的表现，如创新精神、冒险精神、敬业精神等，都可称之为企业家精神[②]。

企业家作为企业经营活动的设计者和企业内部资源配置的指挥者，决定了企业的发展方向和战略目标，也决定了企业的经营效率，是企业生存与发展的决定性因素。企业家在社会经济活动中发挥着重要作用，企业家作为一个特殊群体，企业家精神是其发挥社会作用所必备

---

① 麦当劳快餐连锁的创立证明了企业家精神的作用和价值。20世纪50年代，克洛克是一个小商人，他在销售奶昔制造机时发现一家位于加利福尼亚的汉堡店购买了数倍于其正常需要的奶昔制造机。经探访他发现这家名为麦当劳的餐厅通过对快餐加工流程的创新，大大提高了汉堡的质量和供应速度。克洛克敏锐地嗅到了商机，于1961年，他用270万美元买下了麦当劳兄弟的汉堡连锁店。将其发展为全球快餐巨头。克洛克是一位"把资源从生产力和产出较低的领域转移到较高的领域，并敢于承担一切相关风险和责任的人"。正是企业家精神让克洛克比麦当劳兄弟走得更远。

② 熊彼特认为，企业家真正追求的不是利润，而是成功的事业。他们受到三种非金钱动机的驱使：建立私人王国；征服对手，证明自己比别人优越；对创造性的享受。

的共同特征,是其价值取向、知识体系和素质能力的集中体现。企业家是开拓者,将科学技术发明引入经济生活全新的领域,提升社会物质文化生活水平;企业家是创新者,带领企业不断进行技术创新和管理创新,提高资源配置效率,为社会生产提供新的动力;企业家是服务者,其所有工作的核心都需要围绕客户来进行,服务好客户是企业生存的根本,是社会物质文化需求得以满足的核心渠道;企业家是合作者,在重大决策及其实施过程中,企业家需要整合企业内外部资源,团结一切可以团结的力量,实现企业的跨越式成长,推动社会进步;企业家是学习者,在残酷的商业竞争环境中,成功的企业家带领整个企业持续学习、全员学习、团队学习和终身学习,从而促进了整个社会理念、知识和技术的传播,加速了整个社会的进步。

创新是企业家精神的内核和灵魂。熊彼特(Schumpeter,1934)关于企业家是从事"创造性破坏(creative destruction)"的创新者观点,凸显了企业家精神的实质和特征。一个企业最大的隐患是创新精神的消亡。20世纪经济学大师熊彼特在其代表著作《经济发展理论》中明确提出,企业家精神是产品创新的驱动力,是企业推动改革进程的关键引擎。熊彼特引入"创造性破坏"的概念,最早强调了企业家精神在经济增长中的重要性。他认为"创造性破坏"是企业家精神的内核,由"创造性破坏"来调整产业结构,通过知识外溢、竞争溢出、多样性三种效应推动经济持续发展。奈特的理论对熊彼特的创新理论进行了有力的补充。德鲁克(Drucker,1985)继承并发扬了熊彼特的思想,他将企业家精神明确界定为社会首创精神,是一种寻找、开发并创造出新产品或新服务的行为过程。在这一过程中,新产品或新服务的机会被确认、被创造,最后被开发出来,产生新的财富创造能力。创新精神是企业家的本能、本性,他们对经济社会发展变化有前瞻性认识,且身上具有永不熄

第四章 情绪资本对企业家管理模式的影响效应

灭的创新激情和强烈的创新意识,永远保持自信和乐观,能够把企业打造成一个高通量的创新机器,不断有新的投入、有新的产出,引领企业持续创造价值和创新发展。但创新不是"天才的闪烁",而是企业家艰苦工作的结果。创新是企业家活动的典型特征,从产品创新到技术创新、市场创新、组织创新等,都凝结着企业家精神。创新精神的实质是做不同的事,而不是将已经做过的事做得更好一些。所以,具有创新精神的企业家更像一位充满激情的艺术家。

冒险是企业家精神的天性。坎蒂隆(Cantillon,1755)和奈特(Knight,1921)将企业家精神与风险承担联系在一起,认为企业家精神是一种处理经济中存在的不确定性和风险的能力,没有敢冒风险和承担风险的能力,就不可能成为企业家,企业家就是在极不确定的环境中作出决策的人。尽管企业家的成长环境、背景和创业机缘各不相同,但他们无一例外都是在条件极不成熟和外部环境极不明晰的情况下,勇于率先行动,敢于开创先河。企业家要具备冒险精神,正所谓商场如战场,企业家始终面临着一个变幻莫测的世界,他们要不断地摆脱旧环境的束缚,向未知的领域进发,兴办新事业,推出新产品,开拓新市场。大多数人是风险规避者和厌恶者,他们更愿意接受固定的、可预期的回报,只有少数人(也就是企业家)是风险偏好者,他们喜欢变化,愿意承担不确定性,通过捕捉变化中蕴藏的机会来获得利润。

合作是企业家精神的精华。真正的企业家具有宽容之心,厚德载物,其实质是擅长合作。企业家的合作行为,是企业家和其他经济行为主体之间交换和传递资源的过程,通过合作来整合扩大知识和信息的资源规模,提升效率,且合作行为要扩展到企业内部的各个员工和社会层面的各个部门,不断扩大合作网络,最终打破企业组织边界。在重大决策及其实施过程中,企业家需要实行"集体行为",充分整合内外部资源,创新合作方式,团结一切可以团结的力量,通过共生共赢获取商业生态价值,实现企业跨越式成长、智慧型发展。艾伯特·赫希曼认为,企业家在重大决策中实行集体行为而非个人行为。尽管伟大的企业家表面上常常是一个人的表演(One-Man Show),但真正的企业家其实是擅长合作的,而且这种合作精神会扩展到企业的每个员工。合作的本质是通过整合各种资源和能力,创造社会资本,协调企业运营流程,实现协同效应和互利共赢。企业家不仅要重视企业内部的合作,更要重视企业外部的合作,通过合作调动更多的资源来助力企业发展。

敬业是企业家精神的动力。敬业精神体现了企业家职业操守的品质,精益求精是企业家敬业之魂。财富只是成功的标志之一,对事业的忠诚和责任才是企业家的"顶峰体验"。有了敬业精神,企业家才会有将全身心投入企业中的不竭动力,才能够把创新当作自己的使命,才能使产品和企业拥有竞争力。作为企业家,必须突破"小富即安"的精神幻觉,把企业生存发展的战略方向时刻铭记在心,永远追求出类拔萃、全身心地专注于塑造企业的物质文明和精神文明,形成企业前进的强大推动力。敬业精神是新时代企业家的精神支柱,是企业家不可或缺的组成部分。它体现了对产品的精雕细琢和精益求精的态度,也表现为杜绝任何细节缺陷的"匠人精神"[①]。

诚信是企业家精神的基石。诚信是企业家的立身之本,在企业家修炼领导艺术的所有原则中,诚信是绝对不能摒弃的原则。孔子说"民无信无以立",韩非子说"巧诈不如拙诚",管子说"诚信者,天下之结也",都极言诚信之重要。诚信是经商之魂,意味着内外兼修,言行一

[①] 工匠精神是工匠对自己的产品精雕细琢、精益求精的精神理念,也包括杜绝浪费、节约资源、创造极致产品、服务和价值的精神理念。中国目前产能过剩,这是数量的过剩,品质依然不够,品质从0到1靠创新,从1到N靠工匠精神。所以,创新精神与工匠精神是企业的核心竞争力。

致,知行合一。没有诚信的商业社会,将充满极大的道德风险,显著提高交易成本,造成社会资源的巨大浪费。凡勃伦在其名著《企业论》中指出,有远见的企业家非常重视包括诚信在内的商誉。企业家的契约精神包括诚信、守法等内容。市场经济是法治经济和契约经济,企业家的作用在于发现对交易双方都有利的商业机会,并作为中间人参与其中,发挥推动市场过程的作用。在不完全信息的市场条件下,企业家如果缺乏契约精神,将会面临极大的道德风险,同时增加交易成本,浪费社会资源(Kirzner,1973)。对于企业家来说,诚信不仅是一种优良品质,更是一种责任担当;不仅是一种价值取向,更是创业准则;不仅是一种社会声誉,更是无法量化的竞争资源[①]。

2. 企业家精神的层次性

企业家精神可以渗透到个体层面、公司组织层面和整个社会层面,从而对社会方方面面产生重大而深远的影响。企业家是创新风险的承担者,是长期经济增长的微观组织者,企业家精神促使企业家不断追求技术创新与持续创业[②]。

个体层面的企业家精神是指个体企业家所具有的区别于一般个体的特质。个体层面的企业家精神是以企业家个人特质为出发点,能够使企业家的行为出现"变异性"和"跃迁性",促进企业家的创造性活动,实现企业家资源禀赋的放大和扩张。个体层面的企业家精神研究主要集中于回答谁能成为企业家及其原因的问题。关于"谁是创业者"的研

[①] 正如费里曼(Freeman,1984)所言,"企业家只有一个责任,就是在符合游戏规则的条件下,运用生产资源从事利润的活动,即须从事公开和自由的竞争,不能有欺瞒和诈骗"。

[②] 企业家精神是发生在多个层面上的复杂现象,在现有企业家精神领域各层次的大部分研究中,普遍采用单个层面的分析方法。但单个层面分析方法存在两个明显的假定——其他层次因素同质且独立,只针对某一特定层面企业家精神的研究结论无法解释具有跨层面的企业家精神现象,从而限制了企业家精神理论的发展和应用,因此,企业家精神的研究需要跨层面的研究和分析。

究主要是从个体的个性、心理和行为因素、人口统计特征(如性别和年龄、教育程度、工作经验与专长家庭背景和社会特征等)方面探讨企业家与一般人的差异。麦克莱兰(McClelland)认为,企业家的个人特征和心理特征(如成功需求、风险偏好、具有活力等)影响创业后果。比德(Bhide)认为,企业家创建有前途的新企业需要一些特殊品质,起决定作用的有创业倾向、适应性调整能力、获取资源的能力,而承担风险、领袖气质、管理才能等则是次要的品质。因此,个体层面的企业家精神是以企业家自身特有的个人素质为基础、以创新精神为核心的一种综合精神品质,包含经营哲学、个人特色和领导魅力等,其中经营哲学是一个企业家精神中最本质的东西。

组织层面的企业家精神是指一个企业所具有的创新、进取、合作等价值观和理念,是个体层面企业家精神在组织层面的延伸和体现。组织层面的企业家精神是以合作共赢为基础的决策与执行系统,是指团队成员通过分享认知、合作进取等方式,依托内外资源整合创造性地发展与利用新机会,以实现企业创新性成长,推动企业核心竞争力提升(Segerlind, 2009)。与个体层面企业家精神相比,组织层面企业家精神更加注重系统决策和管理配置,通过对内部成员角色定位与技能搭配、团队制度的约定、特有文化的形成和信息共享渠道的建设来实现目标。卡姆(Kamm)等认为,任何一种创业活动的顺利进行,绝大多数都是基于一个创业团队而并非一个单独的创业个体,50%以上的企业是由创业团队创建。戴维森(Davidson)和威克伦德(Wiklund)指出,关于企业家精神的研究一直忽视了组织层面企业家精神的存在,随着团队创业现象的普遍化,企业家精神研究的焦点也逐渐从个体层面转向团队层面,主要集中于研究团队人口特征变量、团队构成、团队运行过程、权变因素、团队异质性、专业背景、受教育程度和团队规模等因素对新创企业绩效的影响。组织层面企业家精神的作用在于启发企业自觉地创建具有企业家精神特质的企业文化,进而使之成为指导企业可持续发展的精神力量。

社会层面的企业家精神是指引导社区、国家乃至整个社会创建具有企业家精神特征的文化,其作用在于最大限度地激发整个社会的创新创业热情,进而使企业家精神成为推动社会经济增长的动力。随着创业活动的快速发展和对经济增长的巨大贡献,企业家精神研究也得以在更广泛的环境(如经济、宗教、政治、法律和教育等)下进行,并出现了许多跨地域、跨文化和跨国家的研究成果。国家和社会层面的研究主要集中于企业家如何在变化的环境中发现和利用机会,考察宏观制度和文化环境对企业家精神的影响。由于知识扩散和人力资本存在地域差异,行业之间存在着不同的竞争和进入条件,区域地理条件和行业特征在企业家精神的培育方面起着一定的作用(高波,2007)。企业家精神在很大程度上是一种区域性现象,区域和行业层面企业家精神的研究主要集中于探讨区域创业文化、传统因素和政策环境对企业家精神的影响。企业家精神是技术创新的驱动力、产业结构变迁的原动力、社会就业的创造者和制度变迁的推动力[①]。企业家精神所带来的经济效益是不可估量的,企业家精神不仅推动了整个社会的进步,而且还带动企业绩效的提高,创造巨量的社会财富,促进经济的发展。

---

① 企业家精神是技术创新的重要驱动力,源于企业家独特的个人能力,如敏锐的洞察力、丰富的信息知识等。企业家在整个企业技术创新阶段起着倡导、激励、协调和组织实施的重要作用。企业家精神是产业结构变迁的原动力。企业家能够把握市场机会,有长远的眼光和创新才能,推动技术创新成果产业化,促进产业集群发展和产业结构转型升级。同时,企业家精神创造社会就业,通过创新、创业精神创造出满足人们需要的各种新事物和新的市场需求,同时也创造出大量的新兴企业。从而创造出各种发展机会,包括大量的就业机会。企业家精神是制度变迁的推动力。他们主动改变环境,很多制度演进的动力机制就在于企业家创新或者套利活动,在于企业家基于潜在获利机会的创造或实现过程中的交互作用。

(三)中国企业家精神的现状和特征

企业家精神是一种重要的软实力,推动企业不断创新,适应市场环境,促进市场发展,实现经济繁荣。中国改革开放四十多年创造了举世罕见的奇迹,这个奇迹当然源自各方面的参与和贡献,但是中国企业、中国企业家和企业家精神的贡献肯定是至关重要、不可替代的。①

1. 中国企业家精神的现状

中国企业家群体的成长和企业家精神的形成存在一些主客观障碍。第一,市场经济环境时间短,社会整体改革过程中制度不完善,企业家成长的文化氛围不足,机制不健全,影响了企业家的成长和企业家群体的出现。第二,企业家的理论修养缺乏系统性。如果企业经营者没有理性化的思维,没有理论上的武装,整个经营决策行为就没有一些基本的理论依据,只能成为立意站位不高,格局不大,"瓦匠""木匠"一样的管理者,只是重复日常工作。第三,思想的力量不够强大,文化自觉的水平与时代要求差距大。每位在企业中担任领导角色的个体,不仅局限于董事长或总经理,而是指由董事长、总经理等组成的企业家群体,都应当具备企业家精神②。

在通过创业、创新等取得成功以后,一部分企业家奋斗的动力开始

---

① 一个地方经济是否活跃取决于两个层次:一是宏观因素构成的营商环境,主要包括:制度环境(决定了合法性空间及其法治水平、规范程度);基础设施环境(决定了物理、信息的流通的效率和成本、各种资源的获取成本);社会环境(人们是支持、赞许还是反对经商创业)。二是企业家。除了外部环境的助力之外,他们主要凭借着自己的强大的"创新精神"在商业世界中创造属于自己的成功。

② 企业家和管理者之间的差别在于制定决策所基于的知识不一样。企业家主要靠软知识,管理者主要靠硬知识。如果能用数据预测出未来,就不需要企业家,只需要管理者。企业家对未来的预测是基于自己的心智、想象力、警觉性、自信心、判断和勇气。经济学和管理学中讲的决策,是基于数据和计算的科学决策,最优选择是唯一的;而企业家决策是基于直觉、想象力和判断,没有标准答案。企业家决策不是在给定约束条件下求解,而是改变约束条件本身,把不可能变成可能。对于真实世界的企业家来说,不仅资源、技术和消费者偏好不是给定的,甚至游戏规则也是可以改变的。没有能力改变约束条件的人,不可能成为一个成功的企业家(张维迎,2022)。

第四章 情绪资本对企业家管理模式的影响效应

衰退,奋斗的精神开始丧失,特别从房地产等虚拟领域轻而易举地获得远超过实体产业的利益后,更是把创业、创新等看成"智障"、是不适应时代发展的要求。[1] 相当一部分企业家开始安于现状、不思进取,甚至贪图享受,更有一部分企业家放弃了创业、创新、创造、开拓、进取、奋斗的"法宝",而专注于投机取巧、不劳而获,甚至欺诈、欺骗和违法违规。这些年,房地产市场的投机行为横行、地下金融行为泛滥、各种爆炒事件频发,就是最好的例证。

我国有不少企业都存在比较严重的"战略缺损现象",成功主要可以归之于"机遇性成功",是以"老板为驱动力",依靠某些特定个人和人脉关系而获得的成功。这是不会长久的,迟早有一天会出现危机。企业要持续发展,还得依靠"战略性成功",要依靠制度、盈利模式与战略体系才能获得持续的繁荣。[2]

在转型与不确定时期,中国企业家群体似乎陷入了集体焦虑与不安的困扰。这种焦虑和不安,一方面来自急速变化的世界,让企业家普遍感到方向迷失,价值迷惘,难以适应;更深层次的一方面,是来自中国企业与企业家所处的社会文化与市场竞争环境(子瑜,2013)。企业家作为社会财富的创造者,理应受到社会尊重,但社会的认知偏差,使许多企业家心态灰暗,承受巨大的心理压力。

---

[1] 过去的温州因一大批敢作敢为的企业家及特有的企业家精神而引人注目。如今,90%以上的企业涉足房地产,面临债务危机和信用危机,创业、创新的精神出现了衰退。市场经济的不断发展,使温州民营企业的发展速度减缓,活力不足,企业家精神也出现了一定程度的流失。民营企业家创业热情的降低和创新精神的衰退。尤其是随着国内房地产泡沫危机导致温州中小民营企业资金链断裂,多家民营企业倒闭破产,企业家纷纷跑路。原因包括经济环境、社会环境及内在企业家精神的颓丧,导致民营企业家丧失斗志,创新精神和社会责任感颓废,追求生活享受、财富聚集。

[2] 企业衰败有六条原因:第一衰于顺境。顺境易使人骄狂,目中无人,从而招致众多敌意与隐患。第二毁于情谊。过分看重亲情、友情,忽视企业盈利与原则,是企业衰败之源。第三亡于冒进。盲目扩张,不顾后果,前功尽弃。第四没于政治。官商联姻,违法乱纪,终将自食恶果。第五弱于媒体。或是由媒体爆发经营危机而声誉尽毁,或是过度宣传导致企业资源枯竭。第六败于资本。成也资本败也资本,资本像一条巨大的无形的鞭子抽打着企业,常常会使企业偏离正常的"航线"。

企业家精神是企业成长的灵魂。企业家精神的缺失,是企业成长和中国经济转型成长的最大瓶颈,企业家精神的缺失主要表现在以下方面:(1)无信念和理想追求,人生价值迷惘,没有超越利益之上的追求,愿景领导力短缺。发财致富以后不知自己要什么,想干什么,沉溺于享乐,缺乏信仰。(2)事业激情衰竭,小富即安,安于现状,享乐至上,追求奢靡生活,不愿持续艰苦奋斗,不再为企业的发展竭尽全力。(3)机会导向,热衷于赌机会,捞快钱,不敢为未来发展做长期投入,在人才、技术、管理、品牌等软实力上舍不得投入,不关注企业内在核心能力建设。(4)追求低质低价,甚至制假卖假;逐名、尚虚,不专注品质,缺乏追求卓越的工匠精神。(5)不守法经营,善钻法律与制度空子,偷税漏税,不愿付出规则成本,将不安全、不环保的产品推向市场,丧失道德底线,逃避社会责任。(6)言行不一,对顾客与合作伙伴海口承诺,不以客户为中心,不信守承诺,商品交易中不讲信用,坑蒙拐骗。(7)创新动力与活力不足,懒于创新,不鼓励、不支持、不包容创新;心胸狭窄,对创新及有能力的人才求全责备,不宽容;思维保守,缺乏全视野与全球化领导力,领导方式方法陈旧[①]。(8)个人不关注组织能力建设,个人能力大于组织能力;利益独占,不分享;不务实,不深入一线,不接地气,不贴近员工与客户,不关心、不培养人才,不带队伍。(9)对外部环境变化漠视,自我感觉良好,自大狂妄;没有危机感,不愿拥抱变化,不敢承担变革风险与责任;不学习,缺乏自我批判精神,不能自我超越。

2. 中国企业家精神的特征

企业家精神是一种创新意识,催生新思路、新策略、新产品、新市

[①] 我们的文化是不鼓励冒险的,中庸是刻在中国人骨子里的气质,无论是家庭还是学校,整个社会环境都不提倡冒险。人们习惯性从事低风险行业,如为欧美日韩企业加工贴牌,尽管低风险意味着低收入,仍然不愿涉足技术创新或新产品开发,因为这些业务大都结果难料。

场、新模式、新发展;企业家精神是一种责任,提升敬业、诚信、合作、学习的能力;企业家精神是一种品格,崇尚冒险精神、准确判断、果断决策,坚韧执着;企业家精神是一种价值观,鼓励创造利润,奉献爱心,回报社会;企业家精神是一种文化修养,孕育广博的知识,高尚的道德情操,丰富的想象力。企业家精神包括企业家的能力要素、创新精神、竞争优势。

(1) 企业家精神蕴含的核心能力

能力要素是企业家精神理论的核心内容。它作为一种资源要素,本质上是知识和技能的集合体,具体体现为四种能力:对市场机会的洞察能力,对不确定性的驾驭能力,对各种资源的组合能力以及为客户和股东创造价值的能力。作为一个完整的企业家能力要素概念,四种能力的高低程度及其相互耦合程度决定了企业家能力要素的丰富程度。

具备洞察市场机会的能力。企业家总是能够敏锐地捕捉到市场中未被满足的顾客需求,正是以这种能力为基础,萨伊才说"企业家能把经济资源从生产率和产出较低的地方转移到较高的地方"。而基尔兹纳(Kirzner,1997)提出了"企业家预警"(Entrepreneurial Alertness)的概念来反映企业家发现市场机会存在与否或者是否具有价值的能力。当某个人对某种资源的价值具有洞察力而其他人没有时,预警就已经出现了。

驾驭不确定性的能力。不确定性(uncertainty)主要起源于企业外部环境包括宏观环境、竞争环境和消费需求等因素的变化和波动。无法衡量且无法量化的风险被称为不确定性,对驾驭不确定性的企业家的一种回报是利润(Knight,1921)。面对各种各样的不确定性,企业家需要做出"判断",这种判断包含着极大的风险。企业家在特定领域具有超过他人的判断力,才得以承担超过他人承担能力的风险,从而获取他人无法获取的"超额利润"。企业家对不确定性的驾驭往往是基于直观判断的逻辑,这种逻辑在复杂的商业环境中明显是有效的。

多种资源的组合和调配能力。企业家的沟通协调过程体现着其对各种资源的组合能力。这里的资源包括人员、资金、原料等各种有形资源和技术知识、品牌商标、专利、信息等各种无形资源。从企业知识论的角度看,企业家对各种资源的组合过程是企业家所拥有的综合知识对专家拥有的各种专业知识的协调,是用企业形式对各种隐性的专业知识的一体化。在整合各种资源的过程中,企业家的织网意识和织网能力推动企业网络保持动态发展,且呈现较强的网络外部性。随着网络密度的提升和网络规模的扩大,企业家的"织网"能力将得到进一步强化,并最终形成企业独特的、可持续的竞争优势。

创造价值的能力。企业家真正的竞争力应该是其创造价值的能力,主要是通过收入增长、商业利润、股价等财务指标反映出来的。企业家精神不仅可以激活其他要素,还可以通过对其他要素进行连接、集成、整合和配置,使其他要素发挥体系化作用,使要素整体效能大于部分之和,从而创造更大的价值。企业家精神不仅是推动企业持续发展的重要条件,也是整合各种生产要素实现创新的一种极其稀缺的无形资源。企业家精神所特有的创造性、稀缺性、主导性和不可替代性,使其成为一种能够对因素高效整合和有效运用的"高维要素",在释放各类要素本身效能的同时,赋能其他各类生产要素,使其他生产要素及其组合效能倍增。

(2) 企业家精神的外在表现和本质特征

创新是引领发展的第一动力,企业家的创新活动是推动企业创新发展的关键。① 因为简单的模仿不可能带来企业组织的成长，只有在模仿的基础上进行创造性学习才能促进组织的成长；企业扩张和增值的目标在一个同质的竞争环境中是不可能实现的。企业家只有通过创新手段才能打破同质的竞争环境，才能为自己赢得一个扩张和增值的空间。创新活动是企业家精神的本质特征和外在表现形式，企业家是打破现有秩序和市场均衡的颠覆者，要做创新发展的探索者、组织者和引领者。

企业家要成为创新发展的探索者。创新经济学之父熊彼特把创新定义为"建立一种新的生产函数"，即"生产要素的重新组合"，并认为企业家的核心职能就是创新。要成为一个合格的企业家，就需要勇于探索一种前所未有的生产要素"新组合"，并把这种"新组合"引入到生产体系中，不断夯实企业创新发展的基石。创新就要敢于承担风险，企业家只有敢于探索、持续探索，才能找到创新发展的成功路径。

企业家要做创新发展的组织者。创新是一项复杂的系统工程，是一个从创新设想开始，经过创新项目建议、创新项目评估、创新项目决策、创新项目实施的动态过程，这个过程中的每一个环节都离不开企业家的有力组织。创新活动本身是开放的，需要有效统筹和组织内外部创新资源，企业家作为企业的领导者，需要在充分分析内外部环境的基础上，组织和整合各种力量，推动实施创新活动。

企业家要做创新发展的引领者。企业家是企业的灵魂，也是企业创新发展的引领者。企业家在创新中起着决定性的作用，企业创新的发展之路离不开企业家的引领。企业家需要引领企业打造激励创新的

---

① 战略大师迈克尔·波特曾把经济发展分为三个阶段：要素驱动、效率驱动和创新驱动。在发展的这三个阶段中，企业家精神的重要性是逐次递增的。这是因为，企业家精神的核心就是创新。

企业文化，将创新融入员工的日常行为中，充分激发和调动员工的创造力，为企业发展注入创新基因。同时，企业家还需要制定企业创新战略，谋划好企业未来的创新路径，为企业的创新发展引领方向。

(3) 企业家精神的重要目标

企业竞争优势代表企业无法被竞争对手模仿和替代的能力，是企业在市场竞争中获得生存和发展空间的前提。企业家精神所具有的独特性、竞争的有限性、要素的不完全流动性等特征，使其成为企业家个人专用性资产，决定了企业家对新的商业机会的探索能力和为风险活动整合资源的能力，成为企业竞争优势的重要来源（刘志彪，2004）。

企业家最终追求的目标是企业能持续获得竞争优势。企业竞争优势是指企业在产出规模、组织结构、劳动效率、品牌、产品质量、信誉等方面所具有的各种有利条件，是企业竞争力形成的基础和前提。竞争优势来自思想，把思想物化成体系。要想打造卓越的体系，企业家必须具备大历史观、大未来观、大格局观、大全球观和大系统观。企业家精神是动态复杂环境下企业谋求竞争优势的重要途径，通过将企业家精神所蕴含的创新、冒险、洞察等内涵延伸融合到企业战略管理活动中，企业能获得持续性竞争优势。

企业资源理论认为，企业是一个资源的集合体，企业拥有的战略性资源是企业竞争优势的根源，其中企业家精神是一种异质性的人力资本资源。[①] 一些企业由盛而衰的末路也说明一个企业如果没有企业家

[①] 企业家精神与文化具有密切的关系。例如，以色列企业家的创新精神与其文化、宗教、社会和历史传统密切相关。德国企业家缺乏创新型企业家，但也有非常优秀的实业家，他们可以使汽车、设备和化工产品成为世界第一，但缺乏创新型企业家。美国人不能生产奔驰或宝马，而德国人做不到特斯拉，这与文化和历史密不可分。由文化决定的人们的心态和思想，影响着企业家精神。德国众多优秀的中小企业手中掌握着独特的技术，在市场竞争中屹立数百年。他们只是一个小商店、一个小作坊，致力于前进，引领世界的一项技术。他们认为做好这件小事很有价值，他们会为自己的小作坊感到骄傲。

精神的提高和道德力量的约束，绝不可能成为一个真正强大的企业。

企业家精神要素的异质性主要体现在它的价值性、稀缺性和不可替代性三个方面，因而企业家精神要素是一种战略性资源。企业家精神要素具有内在扩张动力和增值特性，拥有企业家精神的企业家一刻也不会放弃对利润的追逐和对成长的渴望。而物质资本、组织资本等资源价值的创造与实现，必须依赖于这种异质性的精神资本。企业家精神要素下的每种能力都是独特的，其形成过程具有独特的路径依赖性和自学习性，没有其他的要素或能力能取代它。由于企业家精神这种异质的存量资源的存在，企业家可以获得"李嘉图垄断租金"，从而为企业获得竞争优势奠定基础。同时，由于创新投资的动力作用，企业家精神要素得到不断积累和扩散，从而使企业能够不断获得超额利润。

3. 企业家精神功能的发挥

企业家精神是经济社会发展的重要推动力量，是企业持续创新发展的不竭动力，是技术创新的重要驱动力，是产业结构变迁的原动力，是制度变迁的推动力。能否发挥企业家精神的作用，取决于文化和制度等社会条件，正是这些社会条件决定了企业家采取各种行动所面临的激励和约束。

文化塑造人们的世界观和价值观，从而决定每个人对世界和社会的感知，这从总体上限定了企业家所能利用的机会。企业家精神是一种复杂的社会文化现象，对其培育离不开社会文化背景。在一定程度上，企业家精神不是被管理和设计出来的，而是被文化孕育出来的，具有包容性的社会文化生态能够鼓励个体充分发挥个性和特长，激活人文精神和创业热情，形成创新的文化基因，进而启发创业思维，塑造创业品格。中世纪以后欧洲的启蒙运动使其世界观发生了重大的转变，即人类社会不再是神秘莫测、亘古不变的，而是通过理性可以认知和改造,从而实现不断进步。这为企业家精神的兴盛创造了条件。因为在一个一成不变的社会中,人与人之间的互动只能是零和博弈,企业家行为也必然是非生产性和分配性的,只会扰乱正常秩序,引发社会动荡,因而创新和企业家精神受到普遍抑制。[①] 从这个角度看,也许我们就能够理解为何东西方传统文化都会贬抑经商活动,将其斥之为不正当、不道德的行为,这显然低估了企业家的社会回报。在一个秉承进步主义世界观的社会中,创新和创造被视为增长和进步之源,企业家成为社会推崇的偶像和英雄,这必然会激励企业家精神的蓬勃发展。因此,要在全社会范围内营造尊重创造、鼓励创新、包容失败的文化氛围,树立尊重企业家创新活动、珍视企业家社会价值的价值观念,才能更好地从社会层面激发企业家的创新精神和创业热情。

　　发挥企业家精神还需要一系列的制度支撑,其中最重要的是切实有效的产权保护。如果对于财产未来的使用和收益缺乏信心,人们就会失去投资的动力,同样也没有动力去施展自己的企业家才能。通过法治来有效地约束政府被视为保障产权和促进增长的重要条件之一。这并不意味着政府应采取完全自由放任或者无为而治的态度,恰恰相反,为企业家精神创造一系列必要的社会条件,都需要政府积极而有效地作为。如果没有一个良好的法治环境,产权(包括知识产权)不能得到有效保护,企业家往往会缺乏创新积极性。只有逐渐创造出适合创新的制度生态,才能激励企业家从事创新活动。

---

① 企业家精神是一种社会文化现象。如果整个社会没有一种崇尚企业家精神的文化氛围,创新就难以成为主导进步的力量。至近代之前,无论西方还是东方,企业家都不受尊重。这反映了商业文明与传统农业文明之间的冲突。企业家追求的是变化和新奇,而农业文明崇尚的是稳定和墨守成规。商业文明讲究平等和契约精神,而传统社会以等级为基础,讲的是服从命令。在市场经济下,财富的源泉是知识和个人创造力;而在传统的农业经济下,土地才被看作财富之母。因此,在传统农业文明看来,企业家的财富一定是巧取豪夺得来的,企业家的创新是社会的破坏性力量。

第四章 情绪资本对企业家管理模式的影响效应

为了创造一个有利于企业家创新的制度生态,除了产权保护和法治,还有必要清除一些具体的法律和政策给创新设置的障碍,如果这些障碍不清除,企业家创新的潜力就很难发挥出来。营造良好的经商环境,应厘清政府和市场的边界,让市场在资源配置中起决定性作用,同时更好发挥政府作用。政府应进一步简政放权,减少对微观经济的干预,营造各类企业权利平等、机会平等、规则平等的市场环境,废除对非公有制经济各种形式的不合理规定,消除各种隐性壁垒,保证各种所有制经济依法平等使用生产要素、公平参与市场竞争、同等受到法律保护、共同履行社会责任。

可以从金融体制、政府监管、反垄断法、产业政策、国有企业体制和宏观经济政策等方面,持续改进企业发展环境,从而激发企业家精神。第一,建立专利保护制度。缺乏有效的专利保护,必然导致"山寨"成风,甚至形成一种混乱的文化氛围,降低创新者获得的经济回报和非物质回报。通过构建专利保护制度,不仅促进知识和技术的传播,而且为企业家的创新活动提供必要的激励。第二,金融体系。企业家的创新活动需要通过金融体系调动大量的资源,也需要金融体系为各种交易活动提供便利。一个灵活有效的金融体系肩负着挑选真正创新者的重任。商业银行主导的金融体制并不利于推动创新,因为商业银行最重要的是风险控制,充其量只能支持微创新和改良式的创新,不可能支持颠覆性创新。创新需要的私人资本只能来自天使投资、风险资本、股权基金(PE)、私募,或IPO(首次公开募股),而不可能来自债权融资。通过完善金融体系,将更多的资源配置给那些富有企业家精神的群体,社会整体才会更具活力与更高的效率,创新和增长的速度也才会更快。第三,软硬件基础设施。企业家精神的发挥,需要具备一定的软硬件环境,包括人才资源、信息资源、基础设施等。企业家的各种创新活动需要人才作为支撑,因此公共教育体系的发展和进步至关重要。而且,不同发展阶段有不同类型的创新活动,需要的人才特质也会有所区别。同时,道路交通和信息交流等基础设施同样重要,有助于降低企业运营成本,提高运营效率。第四,放松监管。政府监管通常是希望保护消费者利益、维护市场秩序,但结果可能是保护既得利益者,而不是消费者。创新,意味着用新产品代替老产品,新产业代替老产业,新企业代替老企业,一定会动既得利益者的"奶酪"。既得利益者就会呼吁政府出来保护他们的私利,美其名曰是为了保护消费者。为了鼓励企业家创新,政府必须继续大幅度放松管制,特别是要实行市场的自由准入[①]。

总之,经济增长模式的转型依赖于创新型企业家群体的出现,创新型企业家群体的出现,则植根于文化和制度的土壤之中。这意味着中国必须在思想观念、经济体制和法律制度等多方面深化改革,清除创新的体制障碍和政策障碍[②],建立崇尚企业家精神的价值观念。

(四)企业家精神的重塑:情绪资本革命

企业家精神是一个社会最宝贵、最稀缺的财富,企业家对自我超越的追求是企业创新成长永不衰竭的源泉。企业家精英的成长首重情绪资本,培育企业家心胸、格局和志向,提高高度与能力,企业的许多问题自然可以得到顺利解决。企业家精神重塑要重视企业家的身、心、灵等多方面因素。企业面临着内外环境的系统变化,企业家精神需要面对

[①] 垄断当然要反对,但真正要反对的是"法定垄断"和"行政垄断",而不是企业在市场竞争中形成的优势地位。反对市场竞争中形成的优势地位,其实就是反创新,因为所有创新都会形成垄断,而且越大的创新、越有商业价值的创新,垄断程度就越高。

[②] 中国正处于由需求侧向供给侧的转变,由投资导向向创新导向的转变,正在努力化解矛盾积累和"滞胀""中等收入陷阱""福利陷阱"和"塔西佗陷阱"等风险,为此,中国目前围绕激发和保护企业家精神,一个完整的顶层设计和政策框架已经初具雏形,具体包括:产权保护、简政放权、减税降费、放开市场准入等。但是仅仅依靠顶层设计是不够的,发自内心的对企业家精神的认同、对创新失败的包容、坚持价值导向的评价观念等也不可或缺。

这种变化,有所取舍,找好定位,不断创新,实施在新系统基础上的自我完善,让现代企业家重塑自己的精神品格。

精神是身心健康基础上衍生出来的高级意识,体现了一个人的志向、格局、心胸、世界观、人生观和价值观,是一个人内在本性、思维方式和人文底蕴的综合体现。精神系统是一个企业家的核心竞争力,决定着企业家的人生命运和事业发展高度,只有掌握好精神因素才能更好地控制事业的长度、宽度和深度。用企业家精神整合经济资源,转化为凝聚力、吸引力、竞争力,从而产生强大的经济推动力。企业家时时处在市场的风口浪尖上,唯有勇于进取、奋力搏击、身体力行,才能成就事业。这是一种务实创新精神,也是一种企业家的实践哲学。事业做得越大,各方面的压力往往也越大,包括同行业竞争压力、资金压力、心理压力、舆论压力、家庭压力等。因此,企业家需要具备拼搏精神、创业精神、创新精神、专业精神、进取精神、追求卓越的精神,以及顽强奋斗的实践意志和强大的心力,去战胜困难、成就长远的事业。

企业家精神体现企业家的自信力,发挥着对企业系统的整合、凝聚、润滑和推动作用,通过不断地潜移默化,实现健康、有序、和谐、可持续发展。企业家要塑造积极向上的世界观、人生观、价值观、国家观、法治观、事业观、财富观,去争做爱国敬业、守法经营、创业创新、回报社会的典范榜样。优秀的企业家应该把追求事业的成功和奉献社会相结合,努力做到义利并举、义利兼顾、以义为先,自觉涵养强烈的家国情怀,增强社会责任感。

培育企业家精神要基于中国情境,立足本土优秀传统文化,融入中国社会元素,弘扬新时代理念,培育具有中国特色、中国风格、中国气派、符合新时代要求的企业家精神。因此,要从专注碎片化核心能力的培育,转向系统性竞争优势的构建,多层面打造新时代企业家精神的生态系统。

其一,爱国主义精神。企业营销无国界,但企业家有祖国。优秀企业家要把自己的理想同祖国的前途、把自己的人生同民族的命运紧密联系在一起,敢于同一切风险挑战作斗争,发挥企业家的聪明才智,努力办好一流企业,主动为国担当、为民分忧。将企业的生产力凝聚起来融入全体人民的整体合力,关键在企业家和企业家精神的引领。以爱国为要义的企业家精神,通过共同的精神纽带将企业家团结凝聚在一起,以自己的方式践行爱国理念,带领企业奋力拼搏、力争一流,实现质量更好、效益更高、竞争力更强、影响力更大的发展,切实将企业的生产力转化为实现中国梦的强大推动力。国家是企业发展壮大的支撑,社会是企业家施展才华的舞台,国家和社会成就了企业和企业家。因此,企业家的爱国情怀和责任意识,需要从两个层面得以展现,一是通过引领企业的组织行为和工商实践,力争在社会主义现代化进程中发挥更大作用,并与国家同呼吸、共命运,展现共克时艰的信念与行动;二是企业家个人还应充分展现正面示范的社会责任,十分珍视和维护好自身社会形象,在爱国敬业、守法经营、创业创新、回报社会等方面发挥重要示范作用。

其二,创新创造精神。企业家要善于危中寻机,敢于做创新创造的探索者、组织者、引领者,勇于推动生产创新、技术创新、市场创新,重视技术研发和人力资本投入,有效调动员工创造力,集思广益,以独有的智慧和超常的手法战胜风险挑战,实现高质量发展。伴随"数智化"时代到来,从互联网到物联网,从万物互联到万物智能,从物联网到智联网,从弱人工智能到强人工智能,从强人工智能到超人工智能,不稳定、不确定、复杂化将成为常态。所有固化的东西在变局时代势必无法生存,只有善于挖掘变局中蕴含的发展机遇,于危机中育新机,于变局中开新局,充分调动社会各界积极性和创造力,激发全社会巨大的增长潜能,才能有力应对变局挑战。企业家在创业之初,面对的是高度不确定性的环境,唯一恒定不变的便是持续不断的变革。在企业发展过程中,面临市场环境、体制机制、技术路线、用户选择等多方面的不确定性,企业家必须跟上时代发展,以创新应万变。企业家要对动态变化迅速做出反应,准确识变、科学应变、主动求变,通过资源整合把握和利用机会,以变制变、变中求胜,不断适应新变化、新环境、新形势、新挑战。企业家具备对"机会"的洞察力和把握力,能够洞察先机、抓住时机,进入新产业,创造新产品,塑造新业态,打造新模式,进而推动产业转型和产业升级。

其三,诚信精神。诚信是构成一个企业立足社会、回报社会的无形资产,也是企业赢得口碑、长足发展的金字招牌。企业家要同方方面面打交道,调动人、财、物等各种资源,没有诚信可谓寸步难行。社会主义市场经济条件下,企业家要同方方面面打交道,调动人、财、物等各种资源,没有诚信寸步难行,各类企业都要把守法诚信作为安身立命之本。要进一步营造促进企业家公平竞争、诚信经营的市场环境,完善守信激励和失信惩戒机制,充分发挥优秀企业家典型案例的示范带动作用,开展常态化法治宣传和警示教育,筑牢依法合规经营底线,倡导重信誉、守信用、讲信义的社会风气,督促企业家自觉诚信守法、以信立业,依法合规生产经营。企业家要增强自律意识,将法治意识、契约精神、守约观念融入骨子里,严格规范自身言行,讲正气、走正道,做到聚精会神办企业、遵纪守法搞经营、依法治企、依法维权,主动抵制逃税漏税、走私贩私、制假贩假、污染环境、侵犯知识产权等违法行为,不做偷工减料、缺斤短两、以次充好等亏心事。

其四,自信精神。自信是通往成功未来的一张必不可少的通行证。

自信不仅是一种积极乐观的态度,也是科学创造之源泉。企业家要牢固树立起相信自我的勇气,发扬永不言败的精神,不断提升自己,努力成为构建新发展格局、建设现代化经济体系、推动高质量发展的生力军。企业家在战略决策和管理方面,必须有能力,相信自己的决策适合企业发展。特别是在投资决策上,差之毫厘,失之千里。经营是没有规矩的,要透过现象看本质,随着环境变化来做决策。自信是根魔法棒,一旦拥有它,将发现整个人生都会显示出一种吸引人的气质,就会更大地发挥潜能。真正的自信,不会随着物质财富的多少、事业规模的大小而"水涨船高",它是一个人由内而外散发的无与伦比的力量。企业家只有具有自信才能为成功插上翅膀,早日达到成功的巅峰。企业家通过树立强大的自信精神,洞见未来和引领创新。

其五,具有胸怀世界的精神。眼界决定胸怀,胸怀成就事业。当前,世界正经历百年未有之大变局,中国正处于实现中华民族伟大复兴的关键时期。在经济全球化浪潮中,中国企业更广更深参与国际市场已成为历史必然,中国企业家更需要具有技术敏感性、国际秩序规则意识和多元文化自觉性。这需要中国企业家引领企业在新一轮科技革命和产业变革中占据优势地位,积极推动建立健全公正合理的国际经济秩序。而如何基于各国各具特色的历史与传统文化根基,将国际经济秩序在不同文化主体间进行沟通、约束与推广,也是考验当代中国企业家国际视野的重要维度。这就要求企业家开拓国际视野,以长远的战略眼光和规划布局拓展国际市场,在更高水平的对外开放中实现更好的发展。企业家要有胸怀世界的大眼界、大格局,用全面、辩证、长远的眼光看待国外形势变化,认清规律和识变应变。要积极开拓国际市场,研判市场的需求和特点,瞄准国际标准提高生产和服务水平,不断增强防范国际市场风险的能力,为促进中国产业迈向全球价值链中高端地位作出更大贡献。

二、能力层面：情绪资本增强企业家核心能力

企业家精英的成长应首重情绪资本,培育企业家心胸、格局和志向,企业的许多问题自然会得以顺利解决。企业家不能只注重管理技巧和操作流程,更重要的是从根本上入手,提升情绪资本和综合素养,成为真正的商业精英。情绪资本影响着企业家精神,并对企业家行为产生潜移默化和基础性影响。企业的价值观、发展战略、运营模式,以及管理思想和手段,无不渗透着企业家的情绪资本。

(一)情绪资本提升企业家的战略思维能力

企业家要成为商界领袖,成为商场上叱咤风云的商业王者,必须在情绪资本上完善自己。一个没有博大智慧的企业家,成一时之功易,成一世之功难。当企业发展到一定阶段之后,企业家的情绪资本将成为阻碍企业发展最重要的因素。提升企业家情绪资本,可以从根本上培育企业家的掌控能力和操盘能力,改善企业家浮躁和急功近利的心态,助推企业基业长青。

企业家的情绪资本决定着其综合素养,影响着企业发展格局和经营成败。企业家的情绪资本直接决定了企业的经营哲学和理念,而经营哲学是企业的核心支柱,因为经营哲学影响和培育着企业文化和员工心态,渗透到企业的士气之中(叶志锋和郭丽丽,2021)。心胸有多大,事业就有多大,而企业家的情绪资本决定了其心胸和志向,影响着事业的大小。企业家如果站位在较高的平台上,就可以有更广阔的视野,在企业运营中就可以游刃有余,否则就会感到吃力和疲惫。因此,企业家应该具有奉献天下的心胸。

企业家情绪资本的境界可以分为三个层次：(1)为赚取利润而活。为个人和家族利益而活,拼命赚钱,大量的家族中小企业家都处于这一层次。这个层次的企业家非常辛苦和劳累,每天在奔波忙碌中,成为"救火队"队长。这类企业也难以吸引优秀人才,更留不住人才,人才十分匮乏。最终的结果是视野比较狭窄,企业难以做大。(2)为事业和社会而活。这个层次的企业家把企业当作一番事业来做,将企业发展放在最重要的位置上,而把金钱利益放到第二位。他们立志做一番有利于社会的事业,然后再考虑赚钱。这些企业容易吸引优秀的人才加盟,可以实现快速扩张,企业家具有事业成就感。(3)为天下人而活。具有奉献天下的精神,拥有巨大的包容性,做企业的目的就是奉献社会。这个层次的企业家具有开阔的心胸和眼界,能够包容天下。同时,企业的发展靠经营哲学、制度、人才共同促进,从而实现百年老店和基业长青。

企业家要想成为商界精英,需要在情绪资本上获得突破,拥有包容、坚定、静气等情绪资本,从而提升企业家的综合素养和境界。

第一,包容宇宙之心。根据企业家的不同境界,要成为一流的企业家,必须培养内心强大并且具有包容宇宙的高端情绪资本。包容心是企业家情绪资本的第一要素,是繁荣企业和提升企业发展格局最重要的力量。

第二,坚定不移之志。企业家应该拥有坚定不移的志向,确定目标之后,要求全力以赴努力实现。同时,要不受周围负面环境和情绪的影响,不被困难吓倒,始终是企业发展过程中的定海神针。

第三,怡然不动之气。企业家要拥有遇大事必有静气的心态,始终保持内心的波澜不惊。弱者普遍易怒,而且容易暴怒。强者通常平静如水,并且相对平和。内心不平静的人,处处是风浪,即使是再小的事情,也会被无限放大。一个内心不强大的人,永远缺乏安全感。不够强大意味着很容易受到外界的影响,通常表现为特别在意别人的看法,活在他人的眼目口舌之中,从而失去独立的判断能力,变得摇摆不定和坐立不安。一个真正的成功人士一定是胸怀宽广、志向远大、事业家庭相得益彰、合理安排作息、遇事从容淡定之人。

通过高端情绪资本的培育,提升企业家的战略掌控能力和快速反应能力,掌握商道谋略,增强认识的全局性、根本性、系统性、前瞻性和创新性。在此基础上,实现宽广胸怀、良好性格、增强耐力、行事通达,培育叱咤风云之气度,成为具有全球视野的商界领袖。

战略思维注重全局性思考、未来前瞻性思考、彻底全方位性思考、重要因素关联性思考、成败得失辩证性思考(Teece et al., 1997)。这对于企业家自我人生管理以及企业管理都非常重要。一个具备整体性战略思维的企业家能够对未来正确预判,提前做好充分的准备,运筹帷幄,从容淡定,自然也就避免了每天处理突发事件的焦虑。战略思维是实现计划和变革以及适应市场竞争环境的有力武器。

企业家情绪资本提升的目标是实现上述状态和能力,提高洞察力、协调力、执行力和掌控力。洞察力就是具有洞若观火的能力,识时代、识行业、识人。协调力是调配各种资源和关系的能力,确定企业在社会网络中的定位,促进各种资源转换。掌控力是控局的能力,善于把机遇转化为成果,把握未来方向和控制风险。

战略思维是对企业这个综合系统长期、全面、系统的观察和思维,是对整个系统的内外部资源和利益相关者全面理解的一种思维方式。只有具备了战略思维能力,方能在制定与执行企业战略规划的过程中,能够全面、系统地洞察企业的内外部环境,准确把握企业的愿景与目标,充分理解企业所处的竞争环境和地位,从而正确提出实现目标和愿景的措施。

以商问道，注重襟怀和志向，需要企业家有百年树人的战略定力，为万世开太平的战略雄心，将企业培养成百年企业。前瞻性和战略性思维是优秀企业家的精神体现，这使得企业家总是先于其他人觉察出未来发展的契机，从而明确企业发展方向，提前布局。企业家战略思维具有动态的资源转化和配置机制，其通过创新、公司风险活动和战略更新，不断根据环境变化把企业的内外部资源转化为独特的竞争优势。

企业家的核心价值观、精神和信念在企业发展中始终起着核心引领作用，是企业的灵魂。用战略思维方法可以把制定企业战略规划简单归纳为"由外、到内、再到外"的战略思维应用。第一步"由外"，是从宏观战略的角度，以高屋建瓴的方法去观察分析企业的外部环境和企业的整体问题，然后明确企业的使命、愿景和发展目标。第二步"到内"，分析企业内部的环境和问题，包括整体和局部问题，提出具体的战略措施，采取行动全面贯彻落实战略规划。第三步"再到外"，和第一步类似，仍以高屋建瓴的方式，从外部去检查评估企业战略的落实和效果，特别是客户和利益相关者的看法和评价，关键标准是客户价值是否得到提升，社会价值是否得到体现。

古往今来，凡成大事者，必有战略大格局。何为格局？格局是心理空间，是精神结构，是生命容量，更是综合素养。[①] 常言道：再大的饼也大不过烙它的锅。对企业家来说，如果事业是饼，格局就是烙饼的锅。因此，可以从以下维度来提高企业家的战略思维能力。

一是境界的高度。人的境界有高有低。有的人，自己就是世界，世

[①] 目前，中国企业家群体最为显著的特征是以金钱来衡量企业成功与否。企业家在决策时缺乏战略格局思维，在选择行业或主要经营业务时，盲目跟风现象严重，什么生意赚钱快就一窝蜂进入，造成产能过剩，以及企业之间的恶性竞争。战略格局的高低决定了事业格局的大小，不少企业家急功近利，满足于金钱的追求，而忽略了对战略格局的培育，在这种动机的驱使下，企业无心在创新研发方面投入，或为了抢占市场，进行简单的模仿创新。因此，企业无法实现可持续发展。

界就是自己,他们只为自己活着,谋的是一己之私,这种人局限于"自我"的羁绊。有的人,世界就是"圈子",而"圈子"就是世界,他们只为小团体活着,谋的是少数人的利益,这种人跳不出"小我"的束缚。有的人,世界就是他人,他人就是世界,他们为众人而活着,满怀济世为民之志,谋的是大众的利益,这种人达到了"无我"的境界。可见,格局的核心是"为了谁",大格局必有大觉悟。

二是胸怀的广度。胸怀的大小可以"量化"。有的人是"坑量",他们的心胸像水坑一样小,逢水则盈,遇旱则干,心里装不下别人,或者自我封闭,自以为是,容不下不同意见,或者患得患失,睚眦必报,让别人过得不痛快,自己也活得很辛苦。有的人是"湖量",他们的心胸虽有一定容量,但局限于某时、某地、某人、某事,只是有选择地部分开放,盛不下社会的风风雨雨和人生的潮起潮落,做不到宠辱不惊、从容淡定。有的人是"海量",他们的心胸像大海一样广阔,有兼容并蓄之德,吞吐天地之量;善于汇众人之智,集各方之力;能忍世人难忍之苦,能容天下难容之事;顺境时不张狂,逆境时不失落。可见,格局的尺度是"装多少",大格局必有大度量。

三是眼界的宽度。眼界取决于观察的角度。有的人用"直角",看到的是世界的一个扇面,或者事物的一个侧面。有的人用"广角",看到的虽非世界的全部,但也精彩。有的人用"全角",他们眼观六路,耳听八方,通晓古今,视野宏阔,看到的是完整的世界。可见,格局的前提是"看多宽",大格局必有大视野。

四是思想的深度。思想层次决定思维质量。有的人,思想浮于"表层",他们知识储备匮乏,理论功底浅薄,思维能力欠缺,往往随波逐流、人云亦云,缺乏独立的见解。有的人,思想触及"浅层",他们不乏小聪明、小智慧,但思想深度不够,面对千变万化的世界,常常自满自足、浅尝辄止。有的人,思想抵达"通透层",他们具有历史思维、战略思维、辩证思维和底线思维,能够抓住事物的要害、把握事物的规律,在充满多变性、复杂性、模糊性和不确定性的世界中找准方位、辨明是非、正确决断。可见,格局的本质是"想多深",大格局必有大智慧。

五是执行的力度。纸上得来终觉浅,绝知此事要躬行。境界虽高、胸怀虽广、眼界虽宽、思想虽深,最终还得落于实处。有的人只会"纸上谈兵"。言辞浮夸,云里雾里,停留于空想空谈,到头来只落得个"空对空"。有的人习惯于"花拳绣腿",他们流于形式,得过且过,满足于浅尝辄止、浮于表面,工作不深入,落实不到位。而另有一群人,他们能做到"知行合一",务实肯干,有坚定的意志力和超常的执行力,善于以理论指导实践,将思想化为行动,既能察实情、出实招,又会办实事、求实效。

(二)情绪资本影响企业家的战略执行能力

情绪资本影响着企业家的综合素养,是决定企业家职业生涯和生命历程的核心底层因素,企业家的思想和行为都可以从情绪资本中找到来源和根据。

情绪资本直接影响着企业家的性格和心智,进而影响着企业家的心胸、志向和格局。而这些看似虚无缥缈的因素,却造就了企业家的个体差异性和特质,它们决定着企业家的掌控力、协调力和洞察力。这三种能力在企业经营过程中发挥着不可替代的作用,可以说,这三种能力的强弱,决定着企业规模的大小、盈利能力的高低和经营过程的顺畅与否。

情绪资本对企业家的成功具有重要的作用。正向的情绪资本具有积极向上的综合魅力,能够带给周围的人一种有益的吸引力和影响力,帮助企业家获取成功。而负面的情绪资本使人精神萎靡不振、灰头土脸、垂头丧气，必然会对企业家的人生和命运带来不好的影响。压力会让人的情绪紊乱。因此，一个可以始终临危不乱、淡定自若的人，其情绪资本是非常强大的。塑造情绪资本的根本，是塑造自己的内心。积极的情绪资本类似彩虹的七彩光芒，非常绚烂夺目。长期保持一种积极或消极的情绪状态，将会对一个人人生轨迹产生重大的影响。

企业家情绪资本对企业家的心态会产生非常大的影响，不同的情绪资本状态决定着企业家管理的三个阶段：举轻若重、举重若轻、信手拈来。企业家的人生境遇正是按照这三个阶段来演化和升华，无法实现脱胎换骨和升华者，将会停滞、徘徊和沉沦。

对于举轻若重者而言，凡事焦虑，必亲躬细事，事事抓在自己手上，不敢放权，乃至"形疲神困，英年早逝"。如乔布斯，凭一人之力支撑起苹果公司的辉煌，如日中天，却透支了心血，留下了巨大的遗憾。此为举轻若重，然世人往往沉湎于此阶段难以自拔，一遇困难、面对挫折，便非常焦虑，或自卑和自傲交织。所以，举轻若重者是将才。

对于举重若轻者而言，他们不仅具备举重的实力，更具备站在大格局上审视事物的眼界，有充分的自信和永不枯竭的正能量。成功的企业家往往能领悟这一点，正因如此，他们才能成就不平凡的创业人生。所以，举重若轻者是帅才。

对于信手拈来者而言，在事未发之前便能预见，在事中能保持宁静致远的心态，每临大事能从容面对，拥有信手拈来的大从容。这一阶段的企业家能够胸怀天下，具有极强的协调力、掌控力和洞察力，能够在不知不觉中取得成功（王娟和刘伟，2019）。例如，华为掌舵人任正非凭借着国家的坚实后盾，带领华为集团与美国对抗，并引领5G时代的信息技术，展示出了超凡的自信和从容。

博大精深的中国文化，能够为企业家的情绪资本塑造提供丰富的养分,增强企业家"冻死不弯腰,饿死迎风站"的风骨和底气,可以快速培养企业家从"举轻若重"、走向"举重若轻",并最后达到"信手拈来"的境界。

未来企业的竞争主要体现在企业家的竞争,核心在于企业家综合素质和能力的较量。当今企业家,除了必须具备专业知识、组织能力外,还必须通过情绪资本的提升来培育人格魅力,提高战略思维和掌控能力,从而凝聚人心、引领潮流、创造未来、驰骋风云商界、笑傲春秋人生。

(三)情绪资本影响企业家的风险应对能力

企业家成功的关键在于以睿智且豁达的心胸进行合理的事业定位和业务布局。情绪资本可以把资源转变成企业发展的有效动力,通过各种资源的配置来助推企业发展,并规避各种风险。要根据各种因素和条件对企业的战略布局进行准确定位,并制定可行的战略实施计划,使企业发展按照步骤有序进行。

企业家是企业发展目标的决策者和发展方向的牵引人,同时也是决定整个企业命运的核心人物和掌舵者。在企业创建和发展的过程中,企业家的情绪修养是创建优秀企业文化的根基,喜欢大发脾气或优柔寡断、逃避、幻想、自卑、傲慢的企业家无法带领企业员工创建优秀企业文化,只有那些善于在问题面前控制和调节情绪的企业家才能创建健康向上的企业文化。

提升企业家的情绪修养能够帮助企业家准确制定企业的战略。精准的市场定位是企业竞争取胜的关键,而企业家是准确定位企业战略的核心人物。在这个过程中,企业需要一位面对瞬息万变的市场环境能够做到临危不乱,能够准确而迅速的决策,能够树立威信带领员工战

第四章 情绪资本对企业家管理模式的影响效应

胜困难取得胜利的企业家,而不是一位遇到不顺心意时情绪到处宣泄,不能有效得到调节和控制从而影响工作效果的企业家。[1]

在企业发展过程中,情绪资本发挥着塑造企业家精英的作用,良好的情绪资本可以培育顶级的企业家。特别是在企业处于上升期阶段,情绪资本不仅可以帮助企业家综合权衡外部资源要素,而且可以极大提升谋略、掌控力和操盘能力,以从容自如的心态来建立事业大格局。

中国文化是企业家情绪资本培育的源泉和土壤,博大精深的文化资源将促使企业家情绪资本、性格特征和人格魅力的养成,使企业家能够成为商界领袖。如果没有中国文化的加持,企业家的情绪资本很难转化为人格魅力和管理风格,也就制约了企业的发展和成功之路。中国文化提倡,"以正治国、以奇用兵,以无事取天下""真英雄视世界为无物""谁能招三千水,我欲临万里风",大气磅礴和奔放豪迈的情怀,从而成就企业家的人生之路和经商之路。

企业家情绪资本如果得不到提升,将会制约企业的发展和转型,从而丧失良机,甚至失败。温州作为出口产业基地,温州商人凭借节俭和勤奋创造了"温州模式"。但是,温州商人作为一个群体,没有在情绪资本上进一步升华,企业家精神一直处于低层次徘徊,不能提升企业家的格局和志向,从而丧失了进一步嵌入全球高端价值链的机遇。温州商人在遇到商机时只知进,不知稳,在遇到危机时只知逃,不知守,从而使温州商人的桂冠在追逐投机中凋零。在 2008 年金融危机之后,温州商人更多采取投机的策略,对各种低端资源进行炒作从而赚取短期暴利,催生泡沫,偏离主业,扭曲经济。当然,危机也蕴藏着无限商机。企业

---

[1] 有些企业家在情绪的掌控下会做出冲动的决策,情绪使他们心绪不宁、误诊信息,从而给员工前后不一、动荡不安的印象;有些企业家会把不良情绪转移给别人,到处找人发泄、乱发脾气,从而使其领导力大打折扣,这些都是情绪不成熟的表现,历史上因情绪失控而失去事业的企业家多不胜数。

家要善于从危机中抓住商机,善于把危机转化为商机。正是因为金融危机的压力,促使全球产业大重组、大升级、大转型,现在全球经济已经转向智能产业和高端制造,也为中国企业提供了弯道超车的机会,催生了一大批优秀的企业和企业家(李诗和等,2016)。而在这一波大调整中,温州商人的身影渐渐稀疏,"温州模式"也渐渐淡出人们的视野,从而失去了往日的光环。造成这一结局的核心因素,在于温州企业家群体没有及时提升企业家情绪资本。

情绪资本可以从四个方面塑造企业家精英:一是创新意识,即不断探索新模式的思变意识。二是冒险意识,即勇于承担风险的果敢意识。三是机会敏锐性,善于抓住市场出现的每一个新机会。四是挑战意识,即主动与对手展开竞争的意识。

未来有担当的企业家,要不断提升和完善自己的综合素养,通过经商来洞察商业规律、社会规律和人生规律。企业家精英要有胆识、有魄力,具有指点江山的胸襟和气魄,才能在商场上立于不败之地。

三、行为层面:情绪资本提升企业家管理效率

情绪资本是企业家一切行为的基础,对企业家管理行为具有全面的影响力。情绪资本塑造着企业的性格,影响着企业家的管理风格,堪称企业家成功的情绪密码。

(一)情绪资本塑造企业性格

企业家情绪资本体现了企业家的人生哲学或人生智慧,是企业家在经营过程中形成的精神内化状态,包括企业家的人生态度、创新精神、战略思维和沟通技能等方面,企业家对人生目的和人生意义的认知决定了企业家内部创业实践的原动力(Fry et al.,2011)。展现自我特

质的人生、活出人生精彩、自我规划专业生涯、领略超越个人的信仰力量、给予社会和他人正向影响、强调生命的社会价值,是具有高端情绪资本企业家终极人生观的体现。

能决定命运的除了情绪和性格外还有很多因素,如知识、习惯、心态、观念、细节,甚至机遇等,但是在众多能够影响命运的因素中,情绪和性格则是最原始、最根本的因素。对于企业来说,同样存在"性格"因素(Ayranc and Semercioz,2011)。而这类反映在企业文化中的"企业性格",往往是由上而下贯穿在企业行为中的。所谓由上而下,是指它主要是企业创业初期所具有的特质,创业者(大多是企业掌门人)的性格因素,基本上会被潜移默化到企业文化中。

企业性格,是企业独具特色之传统、作风、习俗与价值观的共同心理体现,构成了鲜明的企业形象,属于企业文化的范畴。企业文化是企业价值观念和行为准则的总和,这些观念和准则的特点可以通过企业及其员工的日常行为体现出来。文化对企业经营业绩以及发展战略的影响主要体现在三个基本功能上:导向功能、激励功能以及协调功能。导向功能是指共同接受的价值观引导着企业员工,特别是企业的战略管理者自觉地选择符合企业长期利益的决策,并在决策的组织实施过程中自觉地表现出符合企业利益的日常行为;协调功能是指在相同的价值观和行为准则的引导下企业各层次和部门员工选择的行为,不仅符合企业的长期或短期利益,而且必然是相互协调的;激励功能是指员工在日常经营活动中自觉地根据企业文化所倡导的价值观念和行为准则的要求,调整自己的行为(余菁,2018)。企业文化的功能影响着企业员工,特别是影响着企业高层管理者的战略选择,从而影响着企业战略性资源的选择、企业能力的培养与各种资产、技能、资源与能力的整合。

企业家所具有的情绪资本和性格特质,必然会与企业的"性格"有千丝万缕的关联。这主要体现在：企业领军者的性格特征会渗透至其周围的高层管理人员，这些高层管理者随后又将这些特质传达给中层管理人员，进而一步步扩散到全体员工中，并形成一定的价值观、工作风格、工作习惯等。企业家往往会在无意识中将个人情绪资本转变成企业文化，而企业文化也必然凝聚了企业家情绪资本的精髓。企业家由于其人格特质和理想追求，会形成某种考虑问题和解决问题的模式，并持之以恒，形成自己的习惯思路。在企业里面，企业家占据主导地位，他的思路很容易成为企业的发展思路，企业家在创业过程中，不断取得的胜利强化了企业家的权威，致使企业沿着企业家的思路前进，并以某种方式沉淀下来，形成企业"秘籍"。基于此，也就形成了最终的企业文化。更重要的是，企业家的目标可以作用于企业的目标，并在一定程度上形成企业行为，而企业目标与行为是企业文化的内涵。因此，企业文化在一定程度上体现企业家的特点，表现出企业家的性格，实现企业家的愿望和价值。这是企业文化的形成过程，也是企业家对企业的人格化塑造过程。

企业性格往往是由企业家的情绪资本决定的。情绪资本是一个企业家最为宝贵的财富，一个老板胸怀有多大，他的事业就会有多成功。张瑞敏与海尔集团便是绝佳例证。通过融合本地与西方管理经验，海尔从一个区域品牌走向世界。但海尔给人的印象就像张瑞敏本人，忠诚、坚韧、富有远见，但体制缺乏灵性。企业家情绪资本创造企业性格，并推动企业发展，企业性格则是企业从品牌、产品、服务、流程、特性到商誉的内驱力。将企业家情绪资本上升为企业文化将是未来中国大部分本土企业所追求的目标。

企业家的核心价值在于具有创新精神，这种创新精神不仅表现为以决断力和胆识赢得市场、创造利润，同样体现为以自己的理想、信念、价值观引导他人,塑造出特有的群体文化,为企业的可持续发展提供精神动力。企业家对于企业成员的强大影响力,源自两个方面:一是由职位和资历构成的权力影响力,它使员工产生敬畏感和服从感;二是由品格和才能构成的人格影响力,它使员工产生信赖感和敬重感。

企业性格的形成是企业家对企业人格化的塑造过程。这包含两个方面的含义:一是指企业家把自己的人格特征赋予企业,二是指企业在企业家引领下产生了人格特征。企业性格作为企业发展的非经济因素之一,对企业管理心理活动和组织行为产生重大影响和制约。

企业家怎样才能有效地促使企业人格化呢?首先是确立企业的动机,赋予企业使命。这个使命应该体现企业家的价值判断和理想观点,既要远大高尚,又要简洁有力,能够激发人心,同时需兼具实际可行性并超越竞争对手。其次,企业的人格化过程是求同存异的过程,企业家要识别出和自己志趣相同的成员,把大家团结在自己周围,成为推动企业人格化的核心力量。最后,要将企业使命稳定下来,使之成为可操作的阶段性任务,通过行为规则的固定化和制度化加以落实,使关于企业使命的追求,潜移默化成为企业成员的共同理念。

因此,由企业家情绪资本决定的企业家行为,会渗透到企业战略决策和日常管理过程中,转化成企业性格。企业家的思维模式和管理思想往往决定着他们对企业文化的认识程度、企业文化的类型和企业文化建设的水平,成为企业性格的源泉。现在,当人们提起华为,就会想到任正非,联想到华为文化;提起腾讯,就会想起马化腾,联想到腾讯文化;提起福耀玻璃,就会想起曹德旺,联想到福耀文化。可见,成功企业的背后无不是企业家情绪资本在起着基础性的推动作用。

（二）情绪资本强化企业家的管理风格

情绪资本直接影响着企业家的管理风格，性格中的优点和缺点都会内化到企业具体的管理行为中。情绪资本作为一种"整合型"资源，能够激发企业家去帮助员工，从而让员工感受到自己是组织的一分子，最终融入组织，创造绩效。"物以类聚、人以群分"，许多企业的管理团队都成了与企业家气质相近的人的聚合，也就进一步强化了情绪资本对企业管理行为的影响。

企业家情绪资本作为企业家所具有的一种有价值的、稀缺的、难以模仿的异质性资本，是企业重要的核心竞争力。拥有情绪资本的企业家将自身的信仰、价值观、道德愿景融入组织，从而对员工产生积极的影响，并在工作过程中不断产生增值，最终带来效益。员工在企业家情绪资本的影响下，改变对工作、人生意义和财富的认知，能够形成一种和谐向上、奋发进取的企业文化。企业家富有使命感、责任感和远大人生目标，就会改变成本和收益计算的方式，以长远的眼光追求资源效益最大化，基于社会责任和伦理道德做出决策，修正交易和管理过程中个人行为的偏差，努力提高资源配置效益，主动面对企业发展的困境，积极应对发展中的危机。

企业家管理风格一般指习惯化的管理方式所表现出的特点。习惯化的管理方式是在长期的个人经历、管理实践中逐步形成的，并在管理实践中自觉或不自觉地起着作用，具有较强的个性化色彩。每一位管理者都有其与工作环境、经历和个性相联系的与其他管理者相区别的风格，从而形成独特的管理模式。情绪资本对企业管理风格具有深刻的影响，是决定企业家管理风格的基础性因素。

急躁型企业家，在性格上表现为性急、冲动、直爽、活跃、实在。他们敢于冒险投资，用强有力的营销攻势快速占领市场，不惜一切代价去

第四章 情绪资本对企业家管理模式的影响效应

压倒对手。在管理上有主观武断、粗心大意的缺点,处理员工问题易简单化和专制化,导致员工的流动性很大。这类企业家或许是冲锋陷阵的开拓者,却不是理想的守业者。

灵活型企业家,在性格上表现为敏捷、热情、兴趣广泛、善于交际。这类企业家对流行时尚及市场变化非常敏感,创新意识最强,学得快、用得快、变得快,对市场注重随机应变,喜欢采用别具一格的经营方式,与员工关系比较亲和。

稳重型企业家,在性格上表现为沉稳、谨慎、理智、忍耐。他们在经营上往往按部就班、循序渐进、稳扎稳打。他们注重品牌形象树立,有永续经营的理念,喜欢用人性化的管理方式,重视做人做事的原则,这类企业家深谋远虑、后发制人,做事常能做到举重若轻。希望集团董事长刘永行回顾自己一生经历时,经常感叹"稳"的重要性。三全集团董事长陈泽民也认为,自己一生秉持的谨慎行事态度与对专业的精益求精,是推动三全最终领跑速冻食品行业的主要原因之一。

华为公司掌门人任正非,凭借坚强刚毅的性格,缔造了引领全球5G时代的顶级企业。任正非的行为和语言准确地勾画了一个完美主义者的生动形象:这是一个追求完美,原则性强、不易妥协、黑白分明、喜欢制定标准的人。华为公司在任正非的领导下,成功地探索出IT企业的价值观体系、战略管理体系、研发管理体系、市场营销体系、干部管理体系、人力资源管理体系、财务管控体系、供应链体系等,制定了《华为公司基本法》,使之成为改革开放以来第一部企业宪章,克服了中国企业"头痛医头、脚痛医脚"式的管理共性。任正非展示了一个为观念而战斗的硬汉形象,"华为即任正非,任正非即华为",以至被员工当作精神偶像。

值得提醒的是,鲜明的企业家性格是一把"双刃剑"。一方面它有助于打造企业家个人品牌,提升个人和企业形象;另一方面,不加限制的性格张扬,可能会造成领导力危机,也意味着人格的不饱满或性格其他方面的缺失。如果一个人天天狂吃一种补品而不注意其他搭配,那么,他的身体迟早会出现问题。

情绪资本是一个企业家最为宝贵的财富,但也可能成为企业家最致命的"毒药"。一个企业家的胸怀有多大,他的事业就会有多成功。企业家必须广纳各种气质的人才,打造一个复合型的团队,取人之长,补己之短,避免自身无法弥补的"出身"缺陷。

(三)情绪资本影响企业家的经营行为

企业家要想取得成功,不仅需要足够的知识和能力,还需要有超人的眼光、魄力和担当,奉献精神,以及经营理念和哲学。在此基础上,创造与时俱进的商业模式、合理的架构、高效的管理体系,为社会提供真正有价值的产品或服务。在一个竞争越来越充分的时代,所有的模式和技巧,都会变得越来越没有门槛,资本越来越无处落脚。无论市场瞬息万变,唯有做最好的自己,才能以敏锐的嗅觉、犀利的眼光、独到的见解和迅速的执行力在激烈的竞争中脱颖而出,而这背后隐藏的企业家情绪资本是成功的密码。

企业家的情绪资本可以外化为言谈举止、管理流程和制度体系等诸多方面,是企业文化生根发芽的土壤。企业家的行动是企业文化最初呈现的外部表象,企业家的言语向所有员工传达了他的经营理念,在企业经营过程中,企业家的思考体系升华为经营哲学,言行升华为道德修养的外现,感染无数员工,企业文化也因此才得以升华。随着与新员工、新环境、新视野的碰撞,企业文化也逐步成熟,跳出了企业家个人价值观的框架,通过时代机遇和风险的洗礼和重塑,成为独立存在和自发变革的群体文化,为企业的基业长青奠定文化基础。

企业家的成功跟情绪资本具有极为密切的关系,情绪资本方面的成功是企业家成功的核心。情绪资本在积累和增值过程中,有利于企业家促进自身身心健康,使企业家不易被眼前利益麻痹,能抵制诱惑,追求更高层次的自我价值。成功企业家的心理模式和行为模式应该具备如下特征:

1. 坚定意志

为实现既定目标,要能吃常人难以忍受之大苦,耐常人不曾经历之大劳,并且百折不挠。甚至不惜自我羞辱、自我逼迫,主动挑战困难。前一个目标实现,新的目标就会更加高远。这种情景,一般出现在创业初期和财富积累阶段。这种不达目的决不罢休的气概,想不成功都难。而那些小富即安,腰包刚刚鼓起来,就开始显富摆阔、玩物丧志、贪图安逸等,大业未成,毛病缠身。这种胸无大志的人,如何能够成功?

2. 果断执行

想到就立即行动,只要去做就必须做成,并且只要对实现自己的目标有利,什么样的办法和手段都使得出来(违法犯罪当然除外)。怕得罪人、抹不开面子、怕丢人现眼、这种手段使不出来等,在实现既定目标面前,都统统不值得丝毫顾虑和犹豫。

采取霹雳手段,发现问题,彻底弄清,查明原因,拿出解决办法,作出处理决定,完善制度流程。就是发现问题、解决问题一气呵成,不存在以后再处理、下不为例、明天再说这些可能。对违反规矩、影响公司发展前程、阻碍业务开展的行为,坚决处理,不留任何情面。

3. 居安思危

在成功者看来,经济低迷正是寻找时机、重点出击的大好时机,他们一定会在逆势中找到突破点。当经济重新开始复苏,一般人开始考虑重新起步时,这些先知先觉者们,早已经大刀阔斧地走在了前列。改变命运只能靠自己的拼搏和奋斗。

企业家眼里永远无小事,抓小事严于抓大事。企业家对重大事项做出及时准确的决策是非常重要的,他们会把小事情与公司的长远愿景等大事情联系起来,并且要求员工无论事情大小都必须做好,最终达到所有小事情的圆满促成大事情的顺利,积小胜为大胜。

4. 自控力强

生活追求简单,拒绝歪门邪道。失败的企业家往往随着财富的积累,放松自我约束或放松生活原则,最终因疏于管理和分散精力而走向失败。而成功的企业家,一般都是自制力很强,工作生活严谨,从不放松自我约束,永远保持工作和奋斗的激情的人。

第五章　情绪资本对企业战略价值的影响效应

- 情绪资本对企业战略格局的影响
- 情绪资本对企业战略要素的影响
- 情绪资本对企业战略价值的影响

当今时代,企业家面临的最大问题是市场变幻莫测,充满风险和挑战,这对企业战略运营提出更高的要求,考验着企业家的智慧。企业的成功必须建立在战略布局、企业家素养和核心团队三种因素高度有序结合的基础上。作为企业核心领导力量的企业家是企业发展方向的决策者,企业家的情绪资本不仅影响着企业的业务运营和核心团队打造,而且影响着企业的管理风格和企业性格,决定着企业的生死存亡。企业家情绪资本是企业的核心战略资源,影响着企业家的领导力,并进一步决定着企业家的整合力,对企业战略价值具有深远影响。因此,要提升企业家的决策力和掌控力,从整体上设计战略布局和事业格局,并明确战略实施方案、操盘计划和运营团队建设模式,实现运筹帷幄而决胜千里。

一、情绪资本对企业战略格局的影响

企业家是企业的掌舵者,在企业战略运营中具有不可替代的作用,是企业经营成败的核心力量。情绪资本是决定企业家性格、管理风格、掌控力、洞察力和协调力的核心因素,并最终影响到企业的发展战略和运营绩效。企业家发自内心的情绪素养会影响他的言语、行为,以及为人处世的原则,小则影响他在利益与奉献之间的取舍,大则影响他的人生道路是荆棘坎坷还是一片坦途。因此,企业家情绪资本是企业战略价值的底层决定力量。

(一)情绪资本决定企业家的战略掌控力

构建全球性企业的核心要素在于企业家的掌控力,掌控力是商界领袖统领行业和雄踞世界的根本力量。企业家的掌控力是创造企业持续竞争优势的重要资源,其核心功能是确定企业战略发展方向和目标,整合和配置各种资源,形成具有竞争力的价值链和业务体系,从而促进企业成长。

对于一个企业来说,企业家是企业战略资源中最重要的资源之一,是企业战略行为的主导者,掌控力是决定企业经营成败的关键因素。当企业发展到一定阶段,若企业家的掌控力不足将会成为阻碍企业进一步发展的重大障碍,在这种情况下无论在管理方法和手段上再如何改进,也不能改变企业平庸的状态(Karakas,2010)。如果不从根本上提升企业家的掌控力,企业将难以实现基业长青,企业家成为叱咤风云商界领袖的梦想也将成为泡影。因此,卓越的企业家掌控力有利于整合和调配各种资源要素,从而提升企业的核心竞争力,促进企业健康快速成长。

企业家情绪资本是企业的核心竞争力,决定着企业家的掌控力。具有较强掌控力的企业家,心中需有大格局,遇事处变不惊,沉着应对,不慌不乱。依托情绪资本的提升,企业家可以成为领驭时代的商界领袖,逐步建立企业格局、事业格局、人生格局,助推企业跳跃式发展。

掌控力是指胜任领导工作的胆识谋略、方法手段、措施技巧等主观条件,包括领导者辨才用人、战略思维、运筹谋划、果敢决断、随机应变、开拓创新、组织指挥、协调沟通、凝聚激励等本领,它是一种综合能力,是一种统筹兼顾的能力。掌控力是作为领导者所独具的一种内在素质,是领导者的本色,也是引领企业走向成功的根本因素(图 5-1)。

1. 战略驾驭能力

掌控力是企业家统领行业、雄踞商界的根本力量。企业家居于全局的统帅地位,必须具有广阔的视野和统筹全局的能力,善于把握和驾驭全局的发展规律,能够顾及整体的各个过程。大凡有远见卓识者都

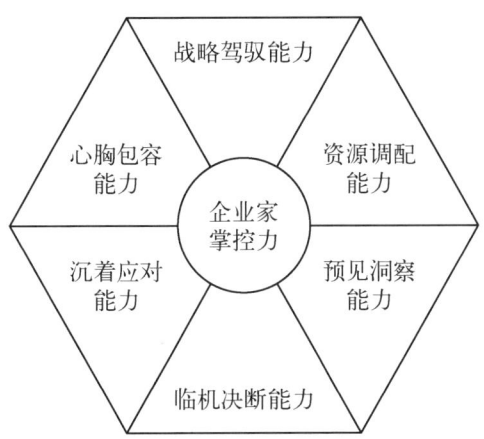

图 5-1 企业家掌控力的核心要素构成

善于从全局观察和处理问题,在身处特定环境下审时度势和科学揣度,不生搬硬套经验或原来的做法。

企业家要驾驭整体发展趋势,必须把工作对象作为多方面联系、多要素构成的动态体系来看待。企业家要善于进行系统思维,实际上就是要使自己的思想符合客观实际,做到眼观六路,耳听八方,视野开阔,思虑周密。企业家的思维如果呈线式思维、点状思维和片面思维,既不会拐弯也不会扩散辐射,只局限于某一点,就难免会出现决策失误(张维迎和盛斌,2014)。企业家要树立全局眼光,抓重点,找中心,正确处理各种矛盾,协调、平衡各方面的关系。胸怀宽广、视野开阔、具备战略思维、能够统筹全局、善于驾驭全局的能力是杰出企业家必备的基本素质。

2. 资源调配能力

企业家掌控力的关键在于对资源的有效掌控与调配,要实现政府资源、市场资源、社会资源的综合运用和优化配置。通过高效地配置各种资源,出奇制胜,形成独特的事业布局、战略体系和产业链结构,打造企业的核心竞争力。

根据企业的发展阶段和地域范围,企业家调配资源的能力和侧重点也存在差异性。对于地方性企业而言,企业家主要依靠政府资源和人脉关系来支撑企业发展。一旦政府资源出现变动,企业将面临巨大风险,因此企业应该进化到区域性发展阶段。对于区域性企业而言,企业家面临更大的发展空间,主要通过合理平衡各种资源来促进企业成长,提高企业应对风险的能力。而对于全球性企业而言,企业家主要通过市场资源来获得发展机会,提高调动政府资源和与政府谈判的能力,以减少对政府资源的过度依赖。因此,企业家应该成为调动和配置各种资源的高手,促进资源在不同成长阶段的优化配置,实现企业快速稳步成长。

3. 预见洞察能力

企业家高瞻远瞩的本质就是科学预见未来,跨越时光的栅栏,提前做好准备或采取措施。"企业的发展超不出老板的视野""立意决定企业成就"等提法都说明了企业家战略预见力的重要性。

就涉及面而言,他们的预见虽然可以分为战略性与战术性,但要达到"远见于未萌,避危于无形"的境界,却都要具备正确的思维方式与指导思想。企业家要善于进行超前思维,见微知著,对未来的预兆具有敏感性和洞察力,从现在与未来的联系中寻找认识未来的途径。预见不是毫无根基的幻想、遐思,它必须遵循实际,从现实出发,推断未来。未来是现实的延续和发展,只有认识现实事物所存在的多种发展趋势和状态,才能达到洞察未来的目的,把握各种可能出现的趋势和状态。企业家只有统观全局,对各种问题了然于胸,才能更加周全、冷静地考虑与把握,从而达到"眼中形势胸中策,缓步徐行静不哗"。因此,企业家必须具有较强的预测洞察力,能够比较准确、科学地预测到未来发展的

第五章　情绪资本对企业战略价值的影响效应

大趋势,把握时代的脉搏,为企业发展确定正确的方向。

4. 临机决断能力

临机决断能力是企业家自觉适应客观形势变化而巧妙有效地处置问题的能力。时机是指事物在其发展过程中最容易变化的一个关键点,企业家在这时采取行动最容易实现预定目标。在市场经济的海洋里,潮涨潮落,变化频繁,顺潮流,善变者生,逆潮流,不善变者亡,市场风云变幻莫测,强手如林各显神通。在商场上,时机总是稍纵即逝,一去不复返的。对于一个企业家来说,在关键节点把握时机并制定正确的决策,往往决定一个企业的成败。因此,企业家要善于把握千变万化的市场机会,以变应变,先谋后战,才能在商海中劈风浪,绕暗礁,获取胜利。

在现今社会,社会节奏不断加快,科技、经济发展瞬息万变,很多问题的解决有赖于企业家的临机决断能力。时机一旦出现,企业家必须及时作出反应,果断利用,才能取得成功。临机决断能力实际上是一种根据不断发生变化的主客观条件,随时调整企业家行为的创新能力。

5. 沉着应对能力

世界经济变幻莫测,市场竞争愈演愈烈,发展和变革是永远的主题。企业家在进行重大决策时要沉着冷静,对问题进行全面的思考、分析和判断,在遇到关键大事时要更加沉稳。优秀的企业家应每临大事保持一颗宁静之心,临危不乱,处变不惊,闲看庭前花开花落,漫随天外云卷云舒。"静"乃是一种坚强与勇敢,这是具有超强掌控力的企业家自身特有的气质。

企业家在逆境中应审时度势,仔细掂量失败的代价与成功的概率,以极大的勇气和卓越的智慧果断做出抉择。置身于这样的时刻,具有掌控力的企业家一定能够有条不紊、心平气和地进行控制和指挥,展示商业领袖风采。因此,优秀的企业家应该具有遇大事而泰然自若的境界,"万里风沙不掩日升月落,满天云雾不入心头灵明",即使泰山崩于眼前也不改色。企业家沉着冷静的基础在于内心的自信,这份自信是企业家对不确定未来时所展现出的无畏勇气与王者风范。

6. 心胸包容能力

胸襟开阔是中华民族的优良传统,不仅是古代贤君的治国策略,也是当代成功企业家必备的素质。尽管企业家之间的智商差异往往并不显著,但在胸怀的广度上却存在着惊人的差距。小成靠德才,大成靠胸怀,企业家最终的竞争,是胸怀的竞争。当企业发展到一定阶段,推动其持续前行的往往不再是单纯的物质积累或是技术实力,而是"虚"的因素让你走得更远。心胸有多大,事业就有多大,心有多远,未来就有多远。

优秀企业家不仅要做到温不增华,寒不改弃,贯四季而不衰,历坎险而益固,不以物喜,不以己悲,做到胜不骄、败不馁。胸怀的本质是层次、是站位、是境界,优秀的企业家应该拥有与天地和海洋一样宽广的胸怀。海纳百川,有容乃大;壁立千仞,无欲则刚。三国时的曹植说:"天称其高者,以无不覆;地称其广者,以无不载;日月称其明者,以无不照;江海称其大者,以无不容。"企业家应该保持"万物不为我所有,万物皆为我所用"的襟怀,只有心中无敌,才能无敌于天下。

(二)情绪资本影响企业的发展战略

情绪资本决定着企业家的境界和格局,影响着企业的战略价值。情绪资本是一个人宇宙观、世界观、人生观、价值观、财富观、荣辱观、健康观、生死观等的综合表现,是一个人内心世界对外部世界的高度反映,这种反映一旦形成将直接影响一个人对外部世界的态度。因此,情绪资本是决定企业家综合素养的底层基因,是人的内在涵养、气度、素质的综合体现。

企业家作为领导者,必须提升情绪资本,树立大心胸、大格局、大志向。处在领导者的位置,并不是要把自己架到这个位置上,摆出领导者的姿态,必定是因为自己的心胸、格局和才华,被大势推着走。所以,企业家的成功必须建立在情绪资本之上,依靠情绪资本的支撑。

情绪资本往往影响乃至决定一个企业家能走多远、行多稳,能干多大的事、挑多重的担。正所谓眼界决定境界,格局决定结局。格局是胸襟、眼界等情绪资本因素的反映,是一个人的格调和情操的折射(何文剑等,2019)。企业所能到达的高度,往往就是企业家在心理上为自己选定的高度。如果一个人心中从来没想过成为商界领袖,那么,他也就永远不会获此殊荣。

情绪资本直接影响着企业家的行为风格和管理习惯。格局狭隘的人,难以讲出豪迈之语。缺乏使命感的人,讲不出有责任感的话。境界浅薄的人,讲不出高格调的话。一个心胸狭窄的人,难以表达包容之意。一个内心肤浅的人,则无法阐述深刻见解。知识是学来的,能力是练出来的,人的德行、境界、格局是修出来的。在现实中,受制于情绪资本的缺失,一些企业家难以在瞬息万变的商场上保持足够大的格局。有的不愿"仰望星空",对瞬息万变的大势不敏锐,对已然变化的时机不在意,习惯于独处一隅、自弹自唱;有的心里少"一盘棋",只顾眼前不顾长远,只算小账不算大账,固守狭小的利益藩篱,患得患失;还有的人格渺小、人品卑微,说一套做一套,口言善身行恶……这些种种表现,往往都是格局狭小、境界低下的直接反映。

情绪资本进一步决定着未来事业的发展空间,甚至影响到企业经营的成败。有这样一句谚语:再大的饼也大不过烙它的锅。这句话的哲理是：你可以烙出大饼来，但是你烙出的饼再大，它也得受烙它的那口锅的限制。我们所希望的未来就好像这张大饼一样，能否烙出满意的"大饼"，完全取决于烙它的那口"锅"。小肚鸡肠的人、睚眦必报的人、锱铢必较的人，都难有大格局。格局太小将导致目光短浅，影响认知深度，总被眼前利益迷茫双眼，导致因小失大。

情绪资本决定了企业家战胜挫折的能力。人在顺境时或许感觉不到情绪资本的重要性，但遭遇逆境，情绪资本的差异就立马显现。格局小的人很容易被困难和挫折击倒，因为他们心里只装着眼前的得失。相反，内心格局大的人，眼光长远，他们把困难和挫折当成生命中的一部分，在战胜困难的征途上，他们越挫越勇，变得更加强大。

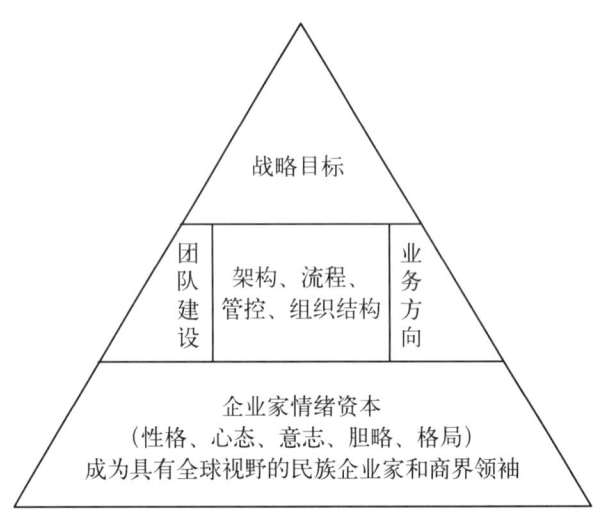

图 5-2　企业家情绪资本与企业发展战略

企业家的情绪决定了他们的性格，情绪是各种认知和情感的综合体现，而性格是情绪的外在表现。情绪资本直接决定和影响着企业家的性格，并最终影响企业的风格。有什么样的老总，就有什么样的企业。一家公司的风格和气场，往往是由老板的性格决定的。性格是一个企业家最为宝贵的财富,一个老板胸怀有多大,他的事业就会有多成功。通过改变心理和情绪格局,就可以改变市场格局、事业格局和人生格局。可是,许多人本来可以做大事、立大业,但他们理想的种子只栽在一个小花盆中,格局太小,没有远大的理想。没有大的格局,就只会满足眼前,不思进取,更不会想怎样改变自己,让自己变得优秀和卓越。一个有大格局的企业家,不会只关注市场和行业的涨跌起伏,更会关注国家经济发展的大趋势,修炼成为一个与国家共赢共荣的人。

情绪资本直接影响着企业家的综合素养,决定着企业家的心态和管理风格,因此企业经营的成功在很大程度上取决于企业家的情绪资本。首先,树立无敌的思想。企业经营的最高境界是无敌,心中无敌才能无敌于天下。通过做大行业规模来实现企业共赢,围绕产业链进行合作。其次,进退攻守自如。善守者藏于九地之下,善攻者动于九天之上,运筹帷幄,决胜千里。根据外在环境的变化,适时进行动态调整,才能从容应对不确定的外在环境,保持王者之风。第三,发千古未有之奇想。形成独特的事业布局和战略体系,围绕战略定位制定高效率的战略执行方案和操盘计划,使企业的发展按照步骤有序进行。

二、情绪资本对企业战略要素的影响

"综合素养"是指以情绪资本为核心的人的总体素养和内涵。未来企业的竞争主要体现在企业家的竞争,核心在于企业家掌控能力、综合素质、识人用人能力、快速反应能力的较量,而这些素养的提升都须建立在企业家情绪资本之上。如果没有情绪资本的完善和支撑,要提升企业家综合素养,简直类似于纸上谈兵(孙飘,2014)。必须从根本上培育情绪资本,进一步提升企业家的综合素养,优化企业战略布局,促进企业快速成长。在中国企业开创东方管理模式和走向全球的过程中,需要重视企业家情绪资本和综合素养的提升,在此基础上才能形成具有竞争力的产业格局和业务架构体系,并最终缔造一批全球顶级的国际性企业。

(一)情绪资本助力塑造顶级商界领袖

顶级企业家的素养集中体现在情绪资本上,拥有较高的情绪资本是成为商界领袖的基础①。目前世界缺失的不是钱,商业社会缺失的是企业家的精神、梦想和价值观,应该呼唤企业家的梦想、理想和价值观。管理者还称不上企业家,二者之间一个很大的区别在于:管理者关注的只是一个具体的系统,他们把所有的精力都集中在这个领域,比如,生产效率提高或是降低成本;而企业家不同,他们需要关注整个经济环境、政治动荡以及人们的内心需求,他们站得更高,看得也更远。

企业家首先是一名战略家,应该具有高屋建瓴的胆识和气魄,以及广阔的胸襟与驾驭全局的能力,方能傲视群雄、独领风骚。针对企业的战略管理,制定出奇制胜的战略定位和实施计划,高效整合和配置各种政府资源、社会资源和市场资源,使企业明确未来发展方向,面向全球进行事业布局。

企业家还表现在他的自信和果敢的决策能力。企业家要成为一个决策者,必须在企业运营过程中,能够从错综复杂的现象中发现事物的本质,找出存在的真正问题,并正确处理问题(Verter,2003)。据数据显示,在全球1 000家破产倒闭的大企业中,居然有85%是由于决策失误造成的,即便是世界500强企业中也不乏因此原因而破产的案例。

---

① 领导者不一定有较高的学历和智力,业务水平也未必有其下属高,但能受到拥戴和尊重。其个人魅力和领导风范源于他们善于驾驭自己的情绪,善于揣摩他人的情绪,善于与他人建立良好的人际关系。可以说,高情商是领导者的一种涵养,一种性格素质。

这些企业失败倒闭的原因,很多都是属于战略性决策失误。在中国有很多企业的失败源于盲目的扩张,比如巨人集团、亚细亚集团、三株集团、恒大集团等,这些企业的衰败无不是盲目扩张造成的决策失误。

企业家又是一个战术家,能够在激烈的商战中匠心独运,出奇制胜,使企业在市场竞争中不断发展壮大;同时还必须是一个实干家,善于把战略落地,稳打稳扎,带领企业进入强手之林,方能使企业立于不败之地,基业长青。

顶级企业家在心胸、志向、格局、谋略、气势、思辨、品质、性格与毅力等方面具有极高的素养,形成较高的战略掌控能力、快速反应能力,具有王者风范,并且在整合团队资源、发现潜在商业机会、处理外部关系等方面表现出极高的水平。善于控制自己情绪的人有时会被看成冷血动物,觉得他们缺乏激情。那些脾气火爆的人往往被视为"典型"的领导者,他们的情绪发作被视为领袖魅力和权威的标志(水木然,2017)。然而,这些人在晋升到高位后,却常常栽在自己的情绪冲动上,过度宣泄负面情绪从来无助于出色领导力的发挥。顶级企业家就是商界领袖,他们具有全球视野,能够洞察未来和引领商业发展方向。

顶级企业家具有全方位的文化底蕴和人文素养,个人思想境界与修为极高。他们不断提升自己与环境相处的能力,塑造自我魅力,提升管理实践,从而实现以德服人和以魅力感人。不断提升企业家战略思维的宏观视野与缜密程度,使企业家在思维、表达、沟通、商务谈判等方面的综合素养得以全面提升,培育宏大的人生格局和高远的志向(谭长春,2022)。通过修身、修心、修为,提升企业家的综合素质和视野,实现修身养性、商道发用、胸怀天下和吞吐天地的宏图伟业。

宋代大文豪苏轼说:"古之成大事者,不惟有超世之才,亦必有坚韧不拔之志。"有志者事竟成,无志者无以生智慧,智慧源于梦想,智慧来自追求。无志者只感千难万险,有志者自有千方百计。

　　企业领袖能够永远对世界充满好奇心,不甘于平淡。企业家固然需要在激烈竞争的市场中锻炼自己,提升正确解决问题和矛盾的能力。但更重要的是要保持一颗好奇心,因为只有好奇心才会让你有求知欲望,让你了解宇宙万物,看清事物本质,探求人生之道。创业道路上必然会经历千山万水,千难万险,好奇心、决策力、学习力、洞察力都将决定成功的程度(李倩等,2019)。企业家既要埋头拉车,还要学会抬头看路,更要学会抬头说话,因为所有商业领袖都是成功的演说家,好的口才是商业领袖最优秀的品质。

　　在企业家情绪资本因素的影响下,企业家个人发展战略应该关注三个方面:

　　第一,企业家需要健康、养生与延长寿命。企业家首先要重视自己的健康和生命,不能以牺牲健康和透支生命来换取企业的成功,甚至也不一定能换来成功。同时,企业家的健康对社会也是一种财富。

　　第二,企业家的掌控力、影响力和事业格局。企业家的事业定位要明确,具有大格局、大视野,能够支撑未来发展。掌握阴阳和谐的事物运动规律,进退自如,张弛有度,可以提升企业家的感性思维能力,增强企业决策的前瞻性。

　　第三,搭建企业家高端商务交流平台。企业家需要一个交流平台,整合各种资源,形成合作关系。使管理者更透彻地了解社会,更准确地把握人生,帮助企业促进市场扩张和发展战略目标,实现事业的辉煌。

　　随着经济全球化的加速,中国已进入全面竞争的新经济时代,越来越多的成长挑战和发展瓶颈摆在企业面前。如何使企业在激烈的市场竞争中立于不败之地?除了不断提高产品质量、服务质量,以及管理水平以外,企业家如何向传统文化领域借力,用东方智慧来提升战略掌控力、团队竞争力和业务整合力？事实上,具备领先意识的企业家已捷足先登,并取得了相当的成功。

未来企业竞争的核心在于企业家情绪资本的较量,企业家除必须具备专业知识、组织能力、管理技巧外,还必须具备较高的情绪资本。当今企业家必须具有驾驭整个企业的心胸和魄力,并不断提高和培育企业家的思维方式、人生视野、操盘能力,才能真正成为叱咤风云的商界领袖。

根据中国独特的社会环境和企业家的特点,企业家的培养模式应该深入革新,运用东方智慧来开启企业家培养模式的新纪元。中国企业家不必一味地跟随和学习西方的管理思想和工具,完全可以通过研习中国民族文化来获得经商的大智慧(童泽林等,2015)。中国企业家唯有将中华五千年博大精深的太极智慧与现代管理工具进行有效地结合,才能在瞬息万变的商场上应对自如。

孙子曰：昔之善战者,先为不可胜,以待敌之可胜。不可胜在己,可胜在敌。故善战者,能为不可胜,不使敌之必可胜。因此,勿求必胜,先求不败,所谓善战者无智名,无勇功,先立于不败之地。胜者之战民也,若决积水于千仞之溪者,形也。此乃企业必修之法。而企业家往往忽视了这一根本点。在企业发展诸多要素中,包括强体、固本、寻商机、善营运、公关、服务等,但强体固本为首、为先、为核心、为根基。

企业家情绪资本的提升可以从经营理念、综合素养和凝聚力三个方面来实施(图 5-4)。经营理念代表企业家的价值观、经营哲学和企业文化,是企业家情绪资本在管理中的体现。企业家如果只靠敏捷的思维和强力的手腕,即便能取得一时的成就,也是十分脆弱的空中楼阁,难逃"盛极则衰"的命运。因此,企业家要提升以情绪资本为支撑的综合素养,从而实现内圣外王,支撑企业更好地发展。

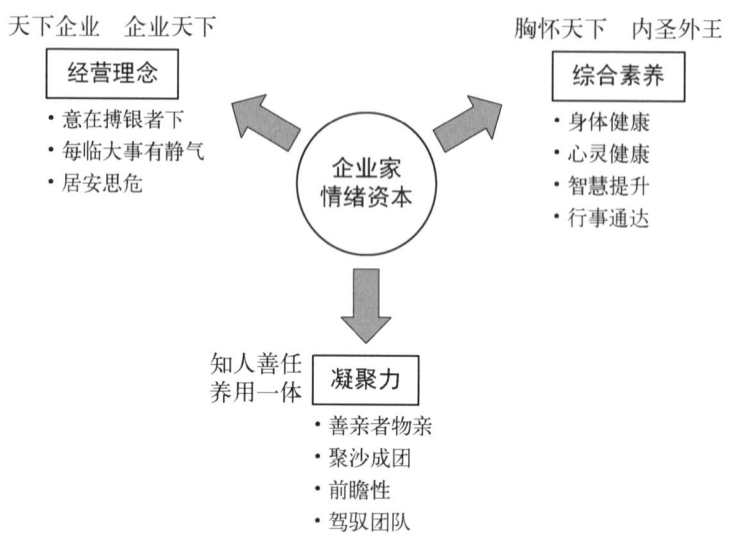

图 5-3　企业家情绪资本的提升模式

（二）情绪资本助力打造企业精英团队

凝聚力是企业家的人格魅力和吸引力，是情绪资本的集中体现。情绪资本能够吸聚各种资源，提升人才凝聚力，为企业发展聚集合力。在《孙子兵法》中，开篇第一章就指出，"道者，令民与上同意也"，阐述了上下齐心，团结一体，不畏生死的经商之"道"。"江山易改，本性难移"，一个领导者再优秀、再卓越也不可能完美，所以需要团队协作（盛琼芳和宋宇，2006）。领导力最核心的一部分就是要能洞悉人性，能把他们吸引过来，为你所用，不管是员工还是合伙人。因此，团队建设在企业运营中具有举足轻重的地位，如何营造和驾驭团队，是企业家精英必备的能力和素养。

独立虽已能支，建势仍需合局。尽管企业家作为领军人物和商业精英，具有超强的影响力，但一个人的时间和精力是有限的，仍然需要

第五章 情绪资本对企业战略价值的影响效应

建立高效的团队来共同推进企业发展。企业家是一个掌舵者,开动企业大船需要全体员工的共同努力,因此,建立精英团队对企业发展至关重要。企业家就像阿拉伯有效数字的1,后边的人就是0,有一个0就变成10,两个0就是100,三个0就是1 000,没有前面的1你就什么都不是。而当今中国本土企业的现状就是"1"将其他的"0"远远地甩在后面,仅仅依靠自身的价值观、管理模式和资源等一股脑地冲在前面。在这种情况下,"1"永远都是"1",而不能联合身后的众多个"0",从而形成一个巨大的数字。企业的发展与竞争归根到底不外乎人才的竞争,优秀的人才引进培养机制是当今企业管理的重中之重,如何聚人、识人、用人是当今企业家的必修课之一。

高效的团队是企业家事业成功的关键因素,如果没有具有高度凝聚力的团队,企业的战略定位将成为纸上空谈[1]。"窝里斗"是中国企业发展过程中普遍存在的现象,这种现象使企业走向衰败。"窝里斗"会导致企业内部或企业之间相互干扰、相互冲突、相互抑制,致使企业内部或企业之间的资源和能量相互削减和抵消,不少企业由于卷入无休止的"窝里斗",变得伤痕累累、两败俱伤。天时不如地利,地利不如人和。任何组织要取得成功就必须打造一支专业、智慧、忠诚的运营团队,并进行有效管理,经营团队的培育与管理是企业获取竞争优势的根本。

人是有主观能动性的,如何让员工自发产生对公司的忠诚感和归属感,是值得许多企业掌舵人深深思索的问题。现代人事管理中,常用奖惩、激励等方法以力求获得员工归属感和高忠诚度。重赏之下确有

---

[1] 中国企业组织能力建设面临的首要问题在于领导集体缺乏凝聚力,干部队伍形如散沙,各部门各自为营,难以协同,各种力量不能统一于共同目标,就难以实现从机会成长到组织成长的转型,难以真正做大做强,提升全球竞争力。

勇夫。然而有调查显示：涨薪令员工满意度的提高,但在涨薪后一个月中下降明显,3.5 个月后其对工作满意度的影响接近于零。可见,团队建设并不仅仅只是薪酬的问题。

企业家培育高效经营团队的策略主要包括：(1) 通过企业家的魅力来吸引团队。遵循"善亲者物亲,不善亲者亲物"的理念,企业家要通过个人的魅力和事业目标来吸引高素质的志同道合之人,凝聚人心,使加入团队的人从内心深处甘愿为企业付出努力。(2) 聚沙成团。企业家要使单个员工凝聚在一起,成为具有战斗力的经营团队。团队利益高于个人利益,强调整体作战能力。大海与水滴,个人敌不过团队。(3) 知人善任,养用一体。企业家要具有掌控人心和拨动人心的能力,深入了解人心,牢记"得人心者得天下,失人心者失天下"。同时,要在实践中培养员工的能力,实现养用一体。(4) 前瞻性。企业团队要具有前瞻性和预判能力,能够把控不确定的未来,具有随机应变的能力,无往而不胜,培育团队的气势和执行力。(5) 培养团队驾驭能力。领导者用人之道在于"用其长而养其短",为师之道在于"用其短而养其长",两者融会贯通。

团队是不断发展的,企业家必须明确团队目标、成长模式和未来出路,使团队具有更强的凝聚力。首先,制定清晰的团队目标和发展计划,为成员提供努力的方向和动力。其次,建立学习型组织和成长平台,避免组织僵化,保持先进性和活力。不仅培养运营团队的业务能力和专业素养,更注重提升人员的品格、心胸、气势和忠诚度,使运营团队成为助推企业实现超常规发展的秘密武器。真正能够活学活用,提升团队的预知能力,培育出真正的社会精英。第三,制定团队发展路线图,包括事业规模、团队素质等,促进团队战斗力的极大提升。企业家要从根本上提升运营精英团队的素质和能力,使运营团队在思维、表达、沟通、商务谈判能力等方面的综合素养得以全面提升,具备较高的智慧、志向、格局、自信、毅力、谋略,成为驰骋商场的精英。

团队的组建要素:(1)团队根基。依靠企业家的个人魅力,包括理想、视野、智慧、掌控力等,凝聚人心。(2)团队的忠诚度。物以类聚,人以群分,具有共同理想和事业目标的人会聚集到一起。(3)团队功能。掌控企业和自己的命运,使企业和个人形成利益共同体。(4)团队执行力。培育团队的操作能力和应变危机的能力,真正做到活学活用,让团队更具效率。

团队的层次:(1)团队结构。优秀的核心层、精英,互补的成员类型,形成团队的合力。百溪虽在,不汇海而失其归宿,涓溪自然,无发源即失之久长。(2)团队晋升和培养机制。使团队看到希望,获得收益,促进个人成长。合抱之木生于毫末,九层之台起于累土,千里之行始于足下。(3)激励与考核。建立团队的激励机制和考核体系。财富的创造都是你与合作人共同完成的,所以一定要学会分配利益,特别是长期利益。唯有提供充分的利益激励,方能成功吸引人才并凝聚人心,倾财足以聚人。组织内部的团结,根植于成员间的无私奉献与相互成就,即通过组织创造价值来获得成员的认可与回报,这是组织成员彼此长期合作的基础。

天下无独夫之业,聚人用人既是一种胆略,更是一种胸怀。在成大事的道路上,一个人孤军奋战是不行的,必须要有志同道合的朋友。那些优秀的成功者,历来都在用人的眼界、魄力与气度上高人一筹。譬如战国七雄只有秦国一统天下,关键在于秦国始终坚持海纳百川的用人谋略,使其成为重要人才的汇聚地。倘若无识才的慧眼、爱才的诚意、用才的胆识、容才的雅量、聚才的良方,未能广开进贤之路,在发现和遴选人才问题上存在制度性壁垒,那么人才何以汇聚?唯以此为重大命题而悉心破解之,方能开阔眼界、打开思路、破除壁障。

当今世界,各个行业和领域的竞争,归根结底还是人才的竞争。要想赢得竞争,赢得未来,关键在于汇聚并善用人才,营造一种氛围:达致人人渴望成才、人人努力成才、人人皆可成才、人人尽展其才的境界。在带团队过程中,企业家应以海纳百川的胸怀,坚信下属都是优秀的,要摒弃烦躁焦躁心态,进行心理指导,真正帮助团队成员成长,积极向上,看到对方的优点,包容缺点和不足。

三、情绪资本对企业战略价值的影响

战略是贯穿生命体发展始终的核心议题,企业作为社会组织亦不例外,企业家是战略家。企业战略是企业思想最核心的转化,在把握宏观趋势、周边环境和自身资源的前提下,构建立足未来的顶层设计。战略首先需要思考的是战略目标规划,然后匹配组织设计,最后是搭建团队。战略的本质是持续优化组织体的结构体系,实现合理化业务布局,使其永葆生命力,处于优势状态。企业的战略价值深刻受到企业家情绪资本的影响。

(一)企业战略价值的核心要素

当今进入"战略制胜"时代,战略布局是企业成功的第一要素,指引着企业的发展方向。企业战略是企业为谋求长期生存和发展,在分析研究外部环境和内部条件的基础上,对企业使命、目标、经营方向、重大经营方针、策略和实施步骤所作出的长期、系统、全面的谋划。这类策划的思路如果不清晰,企业就会进入盲目经营的困局,从而使企业失去众多发展良机。战略思维就是要从本质、全局和长远上认知事物发展的根本特性和总体趋势,去思考和处理问题,从系统和要素的关系上把握事物的关联性、协同性和整体性(Neubert et al.,2017)。因此,企业家必须如同国家的五年计划一样,为企业做出一定时期的战略规划,并制定详细的执行方案。

战略价值是指企业实施战略管理给企业和利益相关者所创造的价值,其具有长远性、整体性和协同性三大特征,体现了公司的核心竞争力。孙子曰:"兵者,国之大事,死生之地,存亡之道,不可不察也。"对于一个国家来说,战争是国家的头等大事,关系到国家的生死存亡,是不能不慎重周密地观察、分析、研究的。只要内系统平稳有序地运转,外在环境再恶劣也能够应对自如,即所谓自强不息。对一个企业来说,战略部署则是企业的灵魂,是引领企业未来发展的主心轴,对孕育并带动企业发展起着至关重要的作用。(1) 长远性。企业战略主要涉及企业的长期发展方向和竞争范围选择问题,因此,战略价值体现为企业长远目标和长期利益的最大化[1]。(2) 整体性。成功的企业战略管理是将企业视为一个不可分割的整体来加以管理,其目的是提高企业整体的优化程度,为企业创造长远的、持续的总体战略价值[2]。总体战略价值是通过企业战略各构成部分来实现的,企业战略包括总体战略、经营战略和职能战略三个层次,这些战略的实施为企业创造出总体战略价值。(3) 协同性。协同性是指若干要素有机地结合在一起的一种属性,形成功能互补,从而发挥超过它们机械相加的综合效果。战略价值的协同性是指处于不同层次的战略互相作用所产生的综合效益[3]。

---

[1] 在现实中,一些企业由于缺乏战略思维,其决策和行为存在着很大的随意性和短期性,往往为了实现短期经济增长指标,而不惜以牺牲长期发展潜力和市场机会为代价,对研究和开发投入不足,以致失去长期发展的后劲。

[2] 企业战略管理不是强调企业某一个战略单位或某一个职能部门的重要性,而是通过制定企业的宗旨、目标、政策来协调各部门、各单位的活动,使之形成合力,为企业创造总体战略价值。

[3] 不同层面上的企业战略联合起来所产生的价值要大于单一战略所产生的价值,即产生"1+1>2"的效果。

企业战略价值的实现需要一个系统。在企业战略定位和价值实现之间,存在着业务系统、关键资源能力、盈利模式、现金流结构等关键要素。只有中间这些要素在战略定位的指引下更好地发挥作用,才能最终实现企业战略价值(图5-3)。(1)业务系统。业务系统是指企业为实现战略定位所需要的业务环节、各合作方扮演的角色,以及利益相关者之间合作方式。企业围绕其战略定位构建的业务系统将形成一个价值网络,明确客户、供应商及其他合作方在通过该商业模式获得价值过程中所起的作用。(2)关键资源能力。关键资源能力是指业务系统运转所需要的重要资源和能力,任何商业模式构建的重点工作之一就是了解业务系统所需要的重要资源和能力有哪些,如何分布,以及如何获取和建立。不是所有的资源和能力都同等珍贵,也不是每一种资源和能力都是企业所需要的,只有和战略定位、业务系统、盈利模式、现金流结构相契合,并能互相强化的资源和能力,才是企业真正需要的。(3)盈利模式(何洋,2008)。盈利模式是指企业获得收入、分配成本和赚取利润的方式[①]。盈利模式是在给定业务系统价值链所有权和价值链结构的前提下,相关方之间利益的分配方式。良好的盈利模式不仅能够为企业带来利益,还能为企业编织一张稳定和共赢的价值网[②]。(4)现金流结构。现金流结构是指企业经营过程中产生的现金收入扣除现金投资后的状况。不同的现金流结构反映了企业在战略定位、业

[①] 商业模式侧重点是战略实施体系,它从战略制定结果出发,着重于研究战略实施体系,分析其各种内在逻辑,特别是价值创造逻辑,将不同的内在逻辑解析为不同的商业模式。传统商业模式围绕提供产品和服务,通过为最终用户创造价值获得收益,体现的是价值链的单向流动。互联网时代的平台商业模式,着眼双边或多边市场的用户需求,体现的是网状价值链上的双向流动。

[②] 传统盈利模式的成本结构往往和收入结构一一对应,但现代盈利模式中的成本结构和收入结构则不一定完全匹配。同样是制造和销售手机,那些通过专卖店、零售终端销售手机的企业,其销售成本结构主要包括销售部门的管理费用、销售人员的人工成本等,然而,通过与运营商提供的服务捆绑、直接给用户送手机的制造商,其销售成本结构则完全不一样,尤其是在当今的移动互联网时代,"羊毛出在狗身上,猪来买单"的例子屡见不鲜。

务系统和关键资源能力,以及盈利模式方面的差异,决定了企业投资价值的高低、投资价值递增的速度,以及受资本市场青睐的程度。

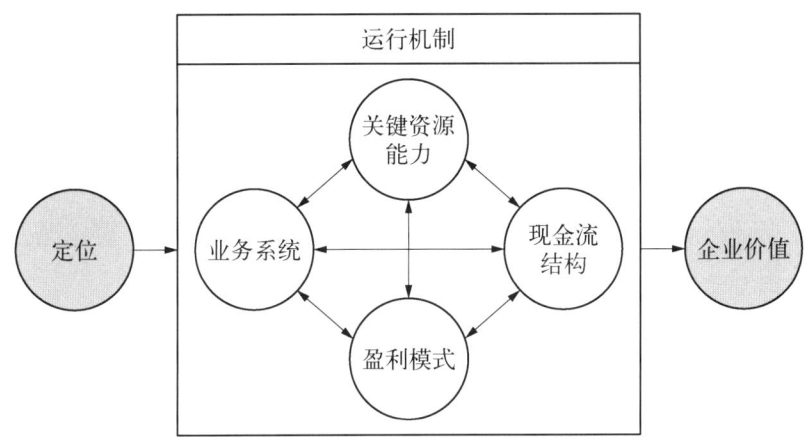

图 5-4 战略价值实现的要素

《孙子兵法》指出,"故经之以五事,校之以计而索其情:一曰道,二曰天,三曰地,四曰将,五曰法。"这段话,非常准确地概括了战略价值系统的结构:经营理念、想象空间、资源要素、人力资本和制度体系。这五个逻辑结构层相互衔接,互相影响,构成每个战略系统的内在结构。

1. 经营理念

第一,经营哲学。包括企业理念、企业风格、经营哲学,以及可被触摸和感知的企业文化价值。

第二,战略思维。企业领导层要用长远的、全局的、辩证的眼光,抓整体、抓全局,从纷繁复乱的万物万象中发现重点和枢纽。

2. 想象空间

第一,战略想象力。主要包括对企业发展前景、发展理念、发展空间的构想,提出未来的发展概念,引领未来发展趋势。还包括企业的国际视野、国际眼光和参与世界治理的能力。

第二,行业价值。企业所在行业的成长空间和发展潜力,企业是否具备行业竞争优势,是否具有创新与科技发展空间。

3. 资源要素

资源要素包括企业内部要素和外部要素。企业内部要素主要包括:第一,业务价值。企业业务所具备的现实价值。第二,财务健康度。企业的财务张力、财务弹性、财务稳健性,以及应对财务风险的能力。

企业外部要素包括政治资源、市场资源和社会资源,主要体现为企业对外部资源的整合力和掌控力,以及各种要素的协同价值(季昌仁,2021)。此外,外部要素还包括资本运作能力,即利用资本市场的功能提升实体经济的价值。通过广泛整合和优化配置各种资源,企业可以实现以小博大,以弱胜强,发挥"四两拨千斤"的效果①。

4. 人力资本

第一,人力资源价值。人是最重要的资产,每个人都应该成为价值的创造者,企业应该成为知识管理、分享和支持价值创造的平台。

第二,企业家价值。企业家的格局、眼光、境界以及领军人物效应和人格魅力对企业发展至关重要。情绪资本涵养决策者个人素质,决定着决策者的经营哲学和理念高度,是企业战略价值的核心支柱,决定企业的发展规模和事业成败。

5. 制度体系

第一,治理效率。主要包括企业的治理结构及其运作效率。特别是公司的实际控制人背景,董事会的运营效率以及高管层的授权和管理等。

---

① 所谓整合力,对内而言,就是消除个体在意识、情绪、行为等方面存在的内耗现象,让自己全身心地聚焦在特定的目标上。对外而言,则意味着超越个人专业的限制,从全局层面统一各种外部资源,进而完成具有更高价值的任务。

第二，管控制度。主要包括企业的管理制度、运营模式和管控体系，具体包括企业架构、流程、管控、组织结构、人力资源、执行文化、信息报告系统和内部控制机制等，这些要素共同集合在一起形成的合力，支撑企业高效运作。

（二）情绪资本驱动企业战略价值增长

企业家情绪资本是企业战略价值的关键驱动因素。企业不仅仅是由数据和图表组成的商业实体，即使是最冷漠的企业也都有自己的性格，其原因就在于它是由人所构成的，人是企业的命脉。能够成功地赢得员工心灵和意志的企业，就一定能塑造出充满热情、执着和激情的企业文化，这对于顾客具有强大的号召力。领导者的情商水平在企业的情绪资本中占据首位，只有具备高情商的领导者，企业才能形成优良的情绪资本，并激发高情商的团队士气，从而实现高效率的工作（Kinjerski and Skrypnek，2006）。情绪资本决定着企业家的综合能力，而在企业家的综合能力中，掌控力与企业战略格局的关系尤为密切，因此，情绪资本可以通过影响企业家的掌控力来影响企业战略价值。

1. 情绪资本对企业战略价值的核心作用

企业经营应首重战略布局。企业家情绪资本不仅体现在对市场机会的洞察，制定准确的市场定位和业务体系，而且能够高效地实施战略规划。

企业家在制定战略时应遵循"以正治国，以奇用兵，以无事取天下"[①]的理念，依据行业发展趋势、企业运营情况和人力资源等条件，为企业制定战略规划和战略实施计划。围绕企业核心能力做出布局和取

---

① 战略定位应该是企业最机密的信息，只有少数核心高层人员才能知晓。

舍,或进或退,建立完整的产品、服务和信息流体系(徐超和池仁勇,2016)。同时,围绕战略定位制定高效率的操盘计划,使企业发展按照步骤有序进行,促进企业发展周而复始,螺旋上升。

企业的战略路线图包括创业期、布局期和合局期,使企业获得持续健康发展。(1)创业期,企业需从零开始转变到非稳定非有序状态,该阶段以保证稳定的现金流为主要目标,使企业得以存活下来。企业家的心态应"处卑污而大尊贵,居幽暗而极高明"。(2)布局期,企业需从非稳定非有序的状态走向亚稳定亚有序状态,建立格局,形成合理的发展方向和业务体系。企业家的心态应是举重若轻的从容,正如"无边海涌浪,有界地砌山"。(3)合局期,企业业务体系不断拓展,运营活动走向高度有序状态,达到了"无为而治,无所不为"的境界让系统自运转。在这一阶段,企业家的心态是拈重若轻,勇于任用比自己更为出色的人,繁简由心,进退自如,纯任自然。

根据企业的发展阶段(创业期、布局期和合局期),中国的企业家可以分为三个层次,每个层次企业家的心态存在很大区别。(1)在创业期,经营者就是"救火队",出了问题立即解决问题,盘活资产,使企业良性运营。该阶段企业家的特点是"忍",个人魅力占主导,独木能支,但有傲气,贵我贱彼的心态,注重外在表象和外在的物质积累,不知道如何提高或忽略了内心的提升(黄莹莹,2020)。以生存为主、以打败天下无对手为最高境界。团队成员以用为主,经营者在信人和疑人两者之间徘徊,难以吸引优秀人才。(2)在布局期,企业家是决策者,设立目标,勇敢拼搏,使企业不断发展。企业家的特点是"容",傲气内敛成傲骨,循机而动,注重自身修养和企业战略布局的有序性、完整性。通过建立企业格局和发展布局,以制度和绩效或者系统来激励和规范团队。懂得心胸决定命运,习惯改变性格。(3)在合局期,企业家是具有全球视野的商界领袖,明确方向,合理布局,胸怀天下。为实现"天下企业"和"企业天下"而体悟人生真谛。进退攻守自如,如行云流水,动则动于九天之上,藏则藏于九地之下。内圣外王,无敌无我存在。目标确立,格局、体系建立完整,系统自运转,处于无为无不为的状态,重在志同道合的培养和挖掘。

企业家在进行战略布局时,必须遵循以下理念:(1)意在搏银者下。商界最忌急功近利,过于注重眼前利益的获取,缺乏高瞻远瞩的格局,企业始终以追求经济指标为根本宗旨,不会长久。金钱并非本身关键,重要的是一个人积聚财富的能力。海纳百川,有容乃大;壁立千仞,无欲则刚。生命型企业是为了生活意义而存在和发展的,是企业家的理想和事业。而经济型企业始终以追求经济指标为根本宗旨,使企业成为"赚钱机器"。(2)每临大事有静气。越遇到大事时要越沉稳,临危不乱,处变不惊,培育叱咤风云之气度。(3)居安思危。企业家要有"生于忧患,死于安乐"的精神,时刻不忘危机。商场即战场,变化无穷,要时刻警醒,预知发展趋势,预防不测。一旦危机到来时,再多的财富都会顷刻间灰飞烟灭,这里更需要经商的大智慧。

2. 企业家情绪资本与战略格局

情绪资本深刻影响着企业家掌控力,直接影响企业战略布局,决定着企业的产业定位和业务体系结构,能够形成"势",是决定企业经营成败最核心的因素之一。

企业家情绪资本与企业战略格局紧密相关,具有较高情绪资本的企业家能够为企业创造宏大的产业体系和事业格局,支撑企业在全国乃至全球进行市场拓展。谋大事者首重战略格局,而格局大小源于企业家的情绪资本。企业家情绪资本来源于企业家的战略思维和境界,缺乏全局和整体站位的企业家难以培育出超强的掌控力,战略思维是企业家应具有的最重要的特质。经营企业就如下围棋,整体布局和最终成败完全取决于棋手的情绪状态和驾驭全局的能力、统筹全局的高度、运筹帷幄而决胜千里的方略与气势。

企业家情绪资本决定了企业未来的发展格局。企业家情绪资本是知识和智慧的综合体现,是企业家把握全局,为组织确定方向,指明道路,制定组织发展战略的本领和水平。战略布局不能空洞虚浮,企业家要认真研究国家的大政方针,分析、预测环境的变化趋势,整合各种资源,制定战略目标与长期规划,并分解出具体目标,制定中期、近期规划。中国企业最大的问题,不是资金、不是市场、不是规模,而是企业家的情绪资本和心胸志向。有多少中国企业家能把人生当作一种提升心智的过程?有多少中国企业家能够突破人生格局的困境?企业发展最大的局限就是企业领导人思考方式的刻板化、局限化、模式化,打破了这些束缚才能在商场上翱翔。

企业家情绪资本不仅有助于企业在宏观层面进行布局,而且有利于企业微观经营和具体战略的实施。企业家往往比一般人站得高、看得远、想得全,控制各种有利与不利条件,在产业布局和业务拓展方面得心应手,进退攻守自如,无往而不胜。在现今发展迅速、风云多变的时代,企业家的大局意识直接关系到企业的治乱兴衰。然而,企业家有了全局意识,紧接着就必须要处理和解决一些具体的问题,这就要求企业家要多谋善断,具备处理和解决具体问题的能力、信心和勇气,具有发散思维,智慧之泉似乎永不枯竭。在紧急或混乱的关键时刻,沉着冷静,依旧有条不紊地进行规划、组织、控制、指挥。古今中外,大凡成就伟业者,无不是一开始就从大处着眼,从内心出发,一步步构筑辉煌的人生大厦。

企业战略价值体现在产业定位和业务布局体系,是影响企业发展

第五章 情绪资本对企业战略价值的影响效应

最重要的因素之一,而企业家情绪资本是决定企业战略价值的核心因素,主要通过发现机会、整合资源、持续创新等机制来实现。

首先,企业家情绪资本体现在创造商业机会和捕捉商业信息的能力。在市场环境里,信息的不对称创造了商业机会。企业家的商业敏感性是受到机会的吸引,并能在机会出现的瞬间就抓住它。这种敏感不是对当前机会的敏锐感觉,而是针对未来机会的洞察能力和把控能力。企业家能力与其说是关于市场数据真实性知识的占有,倒不如说是敏锐的商业嗅觉。企业家能够敏锐地嗅到市场上已发生和将要发生的变化,以便把握时机,而且企业家需要能够快速应对市场的变化。企业家的独特之处在于他们具有超凡的洞察能力,能够敏锐地辨识并权衡各种利益,同时,他们还能够发现和捕捉到商业机会,创造丰厚的利润。

其次,整合和配置资源就是企业家把企业内部与外部所有资源进行整合,使得这些资源得以最有效率的利用,以期得到较高的回报。整合能力就是有效利用资源的能力,它对内表现为企业内部管理的能力,对外表现为发展及维护与企业业务相关联的个人和单位关系的能力。企业家能力的特征是权威、命令、灵活,企业家的职能在于通过权威来整合资源和灵活配置资源,从而降低交易成本。企业家的功能就是获取和组织人力与非人力资源向市场提供产品和服务,本质上就是通过将投入转化为产出来创造价值的过程。拥有较强掌控力的企业家可以对现有资源和新获取资源进行整合,从而不断地利用和转化组织的资源来构建竞争优势,使其转化为有价值的、稀缺的、集体知识式的商品和服务,以奠定企业成功的基石。

第三,企业家通过持续推动创新使企业构建起特定的产业布局和业务体系。创新本质上是对生产要素的全新组合,就是要把一种生产要素和生产条件的"新组合"引进到生产体系中去,而企业战略布局就是不断地实现这种"新组合",以最大限度地获取超额利润。创新能够催生新的资源,内容广泛,包括技术、制度、产品、市场、方法等各个方面,所以企业家要有宽阔的视野和创新意识(吕秋慧等,2016)。企业家的职能不是从技术方面实现生产过程,而是把各种生产要素集中起来投入企业,并表现出一定的开拓性和冒险性,实现新的组合和业务体系,并使企业的产品增值。企业家具备敏锐的洞察力,能够迅速识别旧事物的缺陷,准确地捕捉新事物的萌芽,及时提出新观念、新方案和新办法来实现对各种资源创造性的整合。

第四,构建社会连带关系有助于企业战略布局,从而建立起不同层次的资源获取渠道和业务体系。企业家的成长是一个能动的过程,在这个过程中,企业家自觉调动各种社会关系网络的能力是实现其职能并得以成长的重要基础(李瑾,2016)。影响企业战略格局的两类关系主要包括商业连带关系和政府连带关系,通过社会连带关系有助于企业获得丰富的社会资本和商业资源。在中国关系主导的社会体系中,企业家社会连带网络嵌入并缠结于社会关系和社会结构中,使企业与整个社会密切融为一体,形成裙带治理效应,为企业发展提供了重要的社会资本。企业家通过与各级政府、银行、供应商、客户、同行等联系,可以获得各类有助于提升企业竞争优势的必要资源。有助于企业的信息资源获取、知识资源获取与资金资源获取,促进企业创新行为、资源规模和绩效水平的提升。良好的关系网络在产品交易过程中起到润滑剂的作用,并能提高企业的竞争力。

(三)情绪资本提升企业战略实施能力

制定正确的战略固然重要,但更重要的是战略执行,能否将战略执行到位是企业成败的关键。围绕战略定位制定高效率的操盘计划,制定清晰的战略实施路线图,使企业发展按照步骤有序进行(Lee,2001)。根据外在环境的变化而适时进行动态调整,从容应对不确定的外部因素。构建战略管理支持系统,包括企业架构、流程、管控、组织结构、人力资源、执行文化、信息报告系统和内部控制机制等。情绪资本作为企业家的底层精神因素,可以外化为企业家掌控力,企业家掌控力是情绪资本的外部展现。企业家的掌控力越高,就能够强有力地控制企业的运营过程,从而带来较强的企业战略实施能力。

1. 企业家掌控力与企业资源整合

企业发展离不开对各种资源的利用和整合,包括企业内外各种有形资源和无形资源。资源依赖理论认为,任何企业都与外部环境息息相关,企业不可能拥有生存所需的所有资源,因此需要从外部获取关键性资源(Pfeffer and Salancik,1978)。资源依赖理论尤其重视对核心资源的控制,认为应将企业目标集中在资源特性和战略要素市场上,并以此形成企业竞争优势和相互差异(Lee et al.,2001)。因此,基于资源依赖关系的维系是企业存在和发展的关键。而资源基础理论强调以"资源"为企业战略决策的逻辑中心和出发点,资源异质性是引致竞争优势与绩效差异的根源(Teece et al.,1997)。该理论指出,如果资源具有价值性、难以模仿、不可复制和稀缺的特性,那么资源产生的竞争优势具有持久性,并且会提升企业长期绩效。资源基础理论为企业长远发展指明方向,企业通过获取特殊资源与特异能力,达到提升竞争优势和获取超额利润的目的。根据资源依赖理论和资源基础理论,资源获取和配置贯穿于企业整个运营活动中,而在这一活动中,企业家处于非常重要的核心地位。

企业家掌控力是资源整合与企业成长的契合点,企业家掌控力既要考虑到企业家自身的目标、价值观和领导能力,还要考虑企业的资源,以及外部环境的机遇与威胁等,是企业家在企业战略管理各个阶段中体现出的一种独特的实践能力(蔡皎洁,2005)。而资源整合能力是企业家掌控力的关键内容,企业家需要对资源进行整合与优化,以增强企业的竞争优势。资源在未整合之前大多是零散的,企业家只有运用科学方法将不同来源、不同效用的资源进行配置与优化,才能使资源融合起来,发挥"1+1>2"的协同效应。因此,企业家掌控力是指在整个经营过程中,企业家识别、获取、配置资源以及运用资源的动态能力,包括资源识别能力、资源获取能力、资源配置能力与资源运用能力。

企业家掌控力不仅体现在宏观层次的战略预见能力和组织协调能力,也包括微观层次的对资源的置换与配置、激活与融合能力(吉丹俊,2016)。在宏观层次上,战略预见能力是指企业家对生存环境的不确定性和发展趋势进行预测所形成的洞察力,进而有针对性地配置资源以应对各种变化的能力。较强的战略预见能力可以准确把握组织内外的变化情况,有针对性地配置资源,化解所面对的各种问题。在微观层次上,置换与配置能力是指企业发展过程中所形成的对资源的识别、获取与配置能力,表现在对资源的构建方面,包括资源数量、结构与质量等。激活与融合能力是指如何充分发挥资源效能的能力,体现在对资源的利用方式上,企业成功不在于拥有过多的资源,而是其对资源的整合方式是否高效,是否发挥了资源的效率和效能(贺小刚和李新春,2005)。企业家掌控力能让企业家对未来变化趋势进行正确预测,并有效地识别与获得、配置与利用资源来提升竞争力。

在企业的不同发展阶段,企业家掌控力对资源整合的影响效应是不同的。在战略形成阶段,确立清晰的战略意图,形成明确的企业愿景、长期目标和实现目标的基本政策和程序。企业家掌控力影响资源

第五章　情绪资本对企业战略价值的影响效应

的可获得性和资源配置结构,包括资源之间的协调、互补与杠杆关系。在战略执行阶段,使战略和资源、运营流程、组织结构之间能够协调,企业家主要通过有效管理资源、运营流程和组织结构来促进企业成长。企业家通过对资源的调配和整合,不仅为企业行为的顺利开展提供支撑,还协调着组织内部资源与能力之间的关系,促进组织资源向企业能力转化。在战略变革阶段,选择合适的战略变革模式,克服战略变革阻力,增强战略柔性,使战略变革动力持续化。科学地评估企业的机会、威胁、优势、劣势,选择适应性的战略变革模式,并形成新战略。在战略执行过程中,协调新战略和各个组织要素之间的动态一致性,增强战略柔性。

资源整合能力是企业核心竞争力的直接体现,一家企业能够在多大的范围、多高的层次、多强的密度去组织资源,决定了企业的价值创造能力和发展边界。中国大企业与世界大企业相比,最重要的差距是资源整合能力。在中国,行政性地域分割的现象还存在,全国性的要素市场还未建立起来,生产要素还不能实现国内的全流通,增加了企业整合资源的难度。在中国转型制度的背景下,对资源的整合更需要企业家具有超强的掌控力和商业智慧。

企业家对企业成长的掌控力其核心在于整合资源的过程。资源整合能力是企业的一种动态能力,能够适应外部环境的变化,从而使企业获得持续的竞争优势。企业家需要高效地利用已获取的资源,对其进行科学合理的配置,优化资源结构,以支撑企业发展。企业家具有对行业和企业整体观察的能力,总揽全局的视野,进行战略定位的能力,能够把战略构想转化为可操作的战略方案,并把完整的战略方案用最恰当的方式表现出来。

2. 企业家掌控力与战略执行

企业掌控力还体现为战略执行能力和操盘运作能力,战略执行能力的高低直接关系到企业绩效的高低,最终也将影响到企业的战略成败。没有出色有效的企业战略执行力,企业的战略目标只能是可望而不可即的"空中楼阁",再好的战略也是没有用的。执行力不是一个简单的战术概念,而是一个系统而复杂的流程,包括战略流程、人员流程和运营流程等。企业家战略执行能力就是在战略决策的基础上进行资源整合、战略设计、战略执行和评价,同时要有坚定的信心完成战略目标。

企业战略执行过程分为机会发现、判断和创新三个阶段。第一阶段为机会发现和识别过程,该过程主要强调企业家的主观性和异质性。在这个阶段,企业家需要根据市场的不确定性来寻找潜在的商业机会。而该机会为什么会被该企业家而不是别的企业家发现,这取决于企业家的异质性。第二阶段,针对创意或机会积极采取行动,并整合一系列必要的资源,如基本信息、人力资源、资金和设备等。而这些都需要企业家对资源和预期收益等进行判断和评估,拟出合适的整合资源的商业计划。第三阶段是不断创新,而这些创新是建立在对前一阶段的基础上的,实现不断超越和螺旋上升。

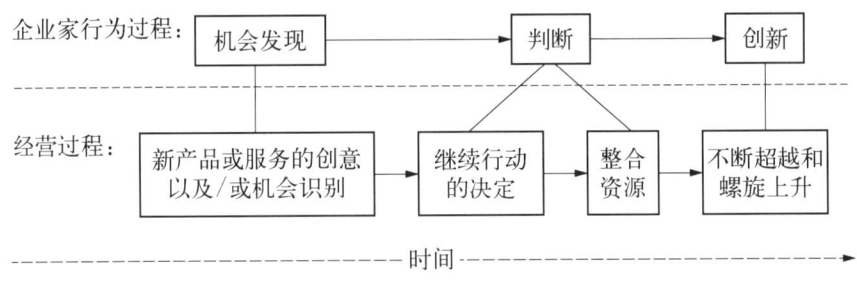

图 5-5　企业战略执行过程的主要阶段

在企业战略执行过程中,企业家掌控力体现为创新性、开创性和冒险性三个方面的有机整合,并促进企业的战略布局和成长。创新性是企业家精神与掌控力的根本,以非常规的方式配置企业资源并创造出新的生产方式,不断提高资源配置效率,使企业的产品或服务在市场上保持强劲的竞争力。冒险性也与企业家掌控力密切联系在一起,具有较强掌控力的企业家更倾向冒险和寻找新的商业机会。冒险性涉及追求机遇的意愿,而且这种机遇有可能造成巨大的业绩差异和损失,但并不意味着鲁莽做决定,会充分考虑风险的现实性。而开创性体现为企业家实施与控制新产品、新服务或新过程的态度和能力,企业家试图主动控制环境而不是对环境做出被动反应。

企业家在战略执行过程中,要懂得效益管理,要始终坚持效益最佳原则。无效益的管理是失败的管理,无效益的创业是失败的创业。效益最佳要求在创业活动中使用人、物、资金、场地、时间必须选择最佳方案进行运作。做到不闲置人员和资金、不空置设备和场地、不浪费原料和材料,使创业活动有条不紊地运转。

第六章 | 情绪资本、战略危机与企业价值提升

- 情绪资本缺失与企业战略危机
- 企业战略危机与行为异化
- 企业战略危机的根源：情绪资本视角
- 企业战略危机的本质及其影响效应
- 基于情绪资本的企业战略价值提升策略

在转型经济时代,众多企业在探索未来发展方向过程时,往往陷入盲目追随与模仿的漩涡,原创性的缺失,致使很多企业面临巨大的战略危机。追随行为的根本原因在于企业家思维模式和管理能力,没有洞察行业发展趋势的眼光,缺乏引领企业成功转型的综合能力,使企业总体创新能力丧失,表现出较强的投机性。破解追随行为的核心在于提升企业家的综合素养,使企业摆脱追随经济陷阱,突破转型发展的瓶颈,实现可持续健康的发展。揭示企业家追随行为的产生根源和造成的负面影响,有助于帮助民营企业家深刻认识所处的环境和情况,从而在未来的经营活动中更好地规避战略危机,提升企业价值。

一、情绪资本缺失与企业战略危机

当前,中国企业发展进入关键的转型时期,这种转型很多情况下是一种"被迫式"转型,特别是对处于传统行业的民营企业而言,转型的压力尤为巨大。能否顺利实现转型,能否寻找到未来发展之路,直接决定着企业的生死存亡。

自改革开放以来,中国企业发展的环境发生了深刻的变化。在改革初期,中国经济处于短缺时代,企业生产什么都可以赚钱,从而催生了大量的劳动密集型企业,这些企业只要能把产品生产出来,就能在市场上赚到丰厚的利润。在改革开放最初的四十年间,中国这个巨大的经济体一直处在高速增长的快车道上,产生了大量的商业机会,稍有用心的人随处都可以发现这些商机,因此靠勤奋发家致富的人比比皆是。即使在21世纪信息经济快速发展的初期,大量的商业机会也是满天飞,催生了大批新兴企业。中国的企业家也经历了三个阶段:体力型企业家、知识型企业家和科技创新型企业家。善于发现机会的人最简单的方式就是参照发达国家的经验,如果某个在发达国家发展成熟或正在兴起的产业在国内尚未见踪影,那么它一定会成为国内一个巨大的财富商机。如腾讯、阿里巴巴、百度等,都能够在国外找到相似的成功先例。

中国经济的快速发展,使企业生产能力急剧膨胀,形成了完善的产业体系和超强的制造能力,缔造了"世界工厂"的地位,催生了中国成为全球"第二大经济体"。企业利用中国与欧美发达国家的成本差异,积极发挥区位优势和成本优势,以及中国大规模的国内市场进行了大量的应用类创新,如今中国产品卖到了全世界,很多企业在这一过程中发展壮大。然而,中国经济发展模式也悄悄达到巅峰,传统的依靠高投入、高消耗、高污染的发展模式走向末路,面临着被动式转型(曾铖等,2015)。而且,传统模式的爆炸式发展带来了生产能力过剩,恶性竞争日趋激烈,企业生存环境不断恶化,到处是商机和做什么都能赚钱的时代宣告结束。

在商业生态环境发生变化之后,企业特别是民营企业感受到巨大的生存压力,转型成为企业的第一要务。具有创新性的优秀企业家已经先知先觉地抢到了新经济的"第一桶金",并引起了其他企业的模仿效应。然而,过剩经济时代的商业机会是非常稀缺的,并且需要企业家非凡的能力与之相配合,才能使商业机会真正转化成企业的利润。并且在移动互联和大数据支撑的平台经济时代,"赢者通吃"成为普遍的商业规律,往往使其他跟随者被无情碾压,成为行业的牺牲者。对很多企业家来说,传统发展模式限制了企业家的思维,使企业家在转型过程中表现出更多的焦虑和迷茫。

在这个过度竞争的时代,企业家都想寻求突破空间,找到促进企业发展的利器,推动企业转型升级,实现基业长青。无数的企业家,特别是立身于传统行业的企业家,迫于转型的压力,急切地向外寻求发展机遇,收购所谓的成熟项目,投资所谓的高科技产业,期望找到生存之道(邢小强和周平录,2018)。他们在看似光鲜的投资机会中辛苦穿梭和苦苦寻求,希望能找到挽救企业的"救命稻草",然而却忽视了其背后的风险和陷阱。很多企业家的探寻行为无异于"捡漏"。

中国经济进入追随时代,很多企业总是在机会被别人掠尽之后,在剩余的机会中苦苦搜寻,希望能找到企业的发展之道。大多数人都是机会主义者,希望通过好运气来获得商业机会。然而,商场犹如战场,较量凭借的是拥有商业洞察力、资源掌控力和关系协调力,真正的商机都是被那些先知先觉者获取,留下的多是"鸡肋"。而且,大多数人都是采取"跟风"策略,缺乏对行业和项目的深刻了解和把握,盲目跟从市场热点,形成"扎堆效应"或"羊群效应"。这些跟风者都是"捡漏者",殊不知所捡到的"漏网之鱼"不仅不能带来丰厚的利益,甚至可能充满巨大的风险,使企业走上危机重重之路,形成战略危机。这种经济发展模式和现象被称为"追随经济"。

追随经济现象在社会经济中广泛存在,呈现出日益泛滥之势。在企业投资领域,许多企业特别是那些在传统行业中濒临淘汰的企业,都在寻求新的生存机会。尽管商机已经丧失或被别人抢占,他们仍然在充满风险的商场上拼命搜寻,不放弃任何能挽救企业的"一丝希望"。在商场上,好的投资项目早已被别人捷足先登,剩余的投资机会则充满隐性风险,然而投资机构依然满天飞,众多的投资机构一遍一遍地在全国范围内搜索项目信息,行业内号称"不缺钱,缺的是好项目",结果导致很多投资机构因踩到"地雷"而损失惨重。同时,很多面临转型的企业多数情况下也是事与愿违,致使企业投资新项目之后深陷"泥潭",并苦苦挣扎。因良好商机的稀缺性,再加上很多企业家自身缺乏把控和创造商业机会的能力,导致了"追随经济"现象的广泛存在。

今天,在相对完善的市场经济条件下,追随模式正在变得越来越难。新经济不断兴起,深刻改变着经济的业态和模式,颠覆着传统的经济体系和运行规则。在移动互联网、物联网和大数据时代,信息的产生、存储、传输、计算能力急剧扩大,打破了时间、空间、人际的信息流通障碍,用户、流量和数据取代产品、营销等成为企业的核心竞争要素,传统产业不断被扭曲、打碎和重构,跨界产业颠覆加速(曾铖和李元旭,2017)。在商场上,企业面临着生死之争,如果不能适应市场需求,企业就会被市场淘汰。即使在某些情况下,追随行为能通过对市场机会的把握而短期获利,但一个社会如果人人想追随、人人想投机将无人踏实务实做事,将导致资源的严重错配。

在"追随经济"的背景下,有很多旨在帮助企业家走出困境的高管培训和指导,而这些培训和指导更多是基于游戏规则的玩弄,如怎么快速融资、怎么看起来合规等,却忽略了对企业家自身素质的培养。基于情绪资本的企业家综合素养才是企业能走多远、能做多大的核心决定因素。

"追随经济"对经济发展带来很大的危害,不仅抑制了创新活力,而且降低了经济健康度。在微观层面上,"追随经济"主体的盲从性,总是盲目跟风和追随投资热点,抑制了自身的模式创新,不仅无法获得期望的利益,而且可能带来巨大的风险。在宏观层面上,整个经济活动呈现出严重的扭曲效应,导致效率低下、资源错配和秩序混乱,降低经济发展质量。因此,无论从微观还是宏观来看,追随经济都将产生巨大的危害性,是企业转型和经济结构调整的大敌[①]。

---

① 三十年来,中国企业开疆辟土、迅猛发展,然而放眼全球商业舞台,我们不得不遗憾地承认,还没有哪一家中国企业真正迈进了世界卓越企业的殿堂,成为舞台上的耀眼主角;也没有哪一位中国企业家登上了商业领袖所能及的世界顶峰,引领全球财富走向。与世界级企业和企业家相比,我们面前依旧横亘着一条不小的沟壑。那么,究竟是什么原因阻碍了我们呢?

破解"追随经济"困境的关键在于提升企业家情绪资本,企业家需要从整体上扩大格局和视野,提升综合素质,改变固化的思维模式,激发创新活力和内在动力。通过企业家综合素养的提升,能够更好地把控企业发展方向,协调政治资源、社会资源和市场资源,使企业实现顺利转型和健康发展。

二、企业战略危机与行为异化

在转型时期,追随思维使企业家发展理念和价值观产生扭曲,难以踏踏实实做好企业定位和经营活动,导致企业行为发生异化,从而偏离正常轨道。

(一)经济转型升级大潮

1. 被动转型

当前,传统经济发展模式已经遇到巨大的障碍,逐渐走向衰落。过去的经济发展模式虽然创造了经济增长奇迹,但也带来巨大的问题和代价,使经济发展不可持续。受累于世界经济衰退、国内外市场疲软以及产业全球转移等因素的影响,中国的传统制造业面临严峻挑战。在中国最发达地区之一的长三角区域,近年来用工和其他成本迅速上涨,制造业形势很不乐观。传统制造业利润大幅下滑,制造业似乎成为整体经济下行的最大受力点。中小型企业生存陷入困境的呼声不绝于耳,大量中小型企业倒闭、艰难维持以及出口订单锐减的报道屡见报端。传统产业和商业模式到了必须转型升级的地步。

中国经济正在巨大压力下负重前行。过去高投入、高消耗、高污染的粗放发展模式已经走到尽头,必须转向高效率的可持续发展模式,不断提升在价值链中的高度和附加值,增强整体经济的竞争力(李杏,

2011）。在传统模式下，发展方式相对粗放、产业结构不够优化、人才集聚未成规模、平台载体内容不实等，甚至形成了新的思维定式和路径依赖。在许多地区，相似的发展模式导致恶性竞争，存在着经济发展方向单一、层次不高、结构趋同等问题。苏南几大高新技术开发区在产业定位和特色上存在雷同，大都集中在装备制造业、新材料、新能源、电子信息、生物医药、物联网等产业，缺乏产业分工和产业特色，使得园区在招商、市场开拓方面存在着内部竞争，不利于产业集群的发展。经济的高速增长，很大程度上依赖于有形且不可再生生产要素的大量投入，这导致资源环境的约束效应日益增强。

中国经济处于大转型时期，转型升级已经成为政府、企业和学界的共识。各地区都不断地探索转型发展之路，地方政府不断通过各种手段和方式为转型发展创造机会和环境，来促进企业实现根本性转型。同时，企业也在不断寻求转型的"突破口"，在发展方向和业态模式上不断寻求创新，形成新的模式来支撑地区经济的发展。因此，在新一轮经济大转型中，政府和企业凝结成利益共同体，一起推动着地方经济和产业结构的转型升级，创造着促进经济高质量发展的新模式。

中国产业结构的转型并非一帆风顺，存在很多制约因素和先天障碍，面临极大的困难。中国占据优势的是制造业，是全球的制造基地。在整个价值链中，中国企业大多局限于附加值较低的制造环节，缺乏核心竞争力。制造业中的很多企业，都处在产业链中部的产品组装环节，既未掌握核心技术，也缺乏自主品牌意识和创新能力，因此价值收益微薄，仅依靠低成本获取生存空间。以长三角地区为例，全球80%以上的笔记本电脑都在此生产制造，但该地区主要承担的是笔记本电脑的整机组装环节，所获利润极为有限。这些都充分说明了，在全球价值链中，中国企业处于全球价值链的低端，制约了企业转型升级。

总体来看,中国经济转型面临三大痛点:第一,产业之痛。民营企业多以传统工业为主,中低端占主导,中间产品多,很多企业都是配套性的,不是独树一帜的。新型服务业发展滞后,服务业内部结构不合理,新兴服务业比重偏低,特别是现代物流、金融、科技服务、电子商务等高端服务业发展尚不充分,现代服务业还没有成为提振经济的主要增长极。第二,生态之痛。制造业规模虽然很大,但大部分发展方式还较粗放,高资源投入、高环境污染、高资源消耗的产业增长过快,给区域环境带来严重威胁,人口资源环境矛盾尖锐,能源资源严重对外依赖,大气污染水污染土壤污染堪忧。第三,企业治理问题。很多企业家还是第一代,一些则是70后和80后的第二代开始接班。第一代企业家从无中生有,到做大做强,是非常不容易的,很多都具有极强的个人魅力。第二代大都有国外留学经历,视野很开阔。但总体来看,公司即使上市了,还是家族经济。

正是由于以上原因,企业的转型不是很顺利,企业缺乏转型的支撑因素,如商业机会洞察力、内部管理落后、市场竞争激烈、研发投入少等,从而使企业的转型在艰难的摸索中前行。很多企业清楚地知道,不转型就是死路一条,而转型又找不到好的方向,从而使很多企业陷入困苦的挣扎中。

2. 转型中的追随模式

在企业界,对转型的方向已经基本上形成一定共识,明确了向高端产业转型的总目标。以智能化、绿色化、服务化、高端化为引领,重点发展战略性新兴产业,如新能源、电子信息、高端制造、现代服务业等,提升在价值链中的地位和竞争力。沿着产业链向"微笑曲线"的高端环节升级,在更大的区域内谋求产业布局,促进高端产业链的形成,通过技术创新、品牌塑造、产业链集聚等不断提升在全球价值链分工中的地位,提升整体企业的竞争力。

　　但很多企业还在转型的道路上苦苦摸索,处于"山重水复疑无路"阶段,始终找不到"柳暗花明又一村"的突破口。这些企业内部的管理体制和思维模式比较僵化,创新要素奇缺,很难靠企业内部的创新来拓展未来发展空间,在生存环境非常恶劣的情况下,原有的传统业务基本处于淘汰阶段,使企业走向生死存亡的危急关头。因此,很多企业必须向外部寻求发展机会和空间,希望有新的投资机会,或者能将外部现成的业务通过并购直接纳入进来,从而实现快速转型。众多企业都在按照这种转型思路,在商场上搜寻,希望碰到"好运气",找到好的投资方向或并购项目,以帮助企业起死回生。

　　企业在搜寻转型机会的过程就像是在捡漏,表现出极大的盲目性和随机性。企业自身缺乏主导性,无法把握自身的命运,难以通过自身的创新和突破实现重生。在传统行业面临淘汰和升级转型的背景下,稍微有些发展愿望的企业,都在寻找一切机会来促进转型。很多企业都在商潮中随波逐流,在艰难中维持微薄的利润,甚至承受不可避免的亏损,有朝一日将面临破产的境地。一些企业会向外部寻求生存和转型之道,希望能借助外部的机遇为企业注入活力,拓展新的发展空间,要么投资新领域,要么并购新项目,希望为企业注入新鲜的血液。而在商场上,良好的投资机会和优质项目是非常有限的,甚至早已被先知先觉者获取,剩下的项目多是被反复挑选后的劣质项目。现在的企业,大多在剩余项目中一遍一遍地反复搜寻,只能"瘸子里挑将军",希望能够靠运气来捡到"漏网之鱼"。

　　在这种追随行为中,使企业面临巨大的风险。在追随背景下,企业转型出现迷途,找不到有效的发展方向,也是在貌似光鲜的产业概念里捡漏,更多地去尝试一些新概念,最终可能带来巨大的风险。很多中介机构看到民营企业转型的困惑,纷纷介入企业的转型发展,为其提供项目信息。然而中介机构也存在急功近利性,往往对华而不实的项目进行包装,虚夸项目的实际价值,从而误导民营企业的转型。追随本身代表企业未来发展方向的选择,一旦方向选错,将为企业带来灭顶之灾。

即使在追随之后,企业仍然面临巨大的风险。由于企业转型到新的领域和方向,原有的资源难以支撑新方向新业务的发展,常常表现为心有余而力不足,使新业务无法得到有力的支撑,发展动力不足。同时,新业务和老业务存在整合的矛盾,如何在管理模式、业务体系、团队建设等方面进行有效的整合,将是制约企业转型成功的关键因素。

转型失败的案例比比皆是,对于通过追随来推动转型升级的企业而言,将敲响警钟。苏州张家港一家上市公司正在探索转型之路,充分阐释了追随经济模式。该上市公司转型的随机性比较强,整个转型并购过程就类似于捡漏,用重资产思维经营轻资产模式,试图把撞大运和捡漏的过往机缘变成未来的发展模式。重资产企业与轻资产企业的估值模式天差地远,大健康产业的人力资源重要性比电梯行业重要得多,无形资产和表外隐性资源的重要性也大大提升。公司原来的主营业务是电梯导轨,属于传统制造业,然而,随着传统业务的萎缩和利润的缩减,公司开始四处寻求突围。企业老总凭借偶然的机遇,把目标瞄准与原有主营业务无关的大健康产业,采用并购方式收购了一家自主研发的药企。像药企这样的标的,在商场上非常多,也是被拉网式筛选之后的投资机会。对于上市公司而言,当初选择并购药企无异于捡漏,不想自己研发创新,而是希望通过并购来摘取成功的果实,对于未来的发展前景,收购者心中并没有明确规划,盲目进行并购只会使企业陷入陷阱。虽然在定增并购后,药企为上市公司带来丰厚的利润,成为收入和利润的主要增长点,替代了已经面临亏损的电梯导轨业务,但上市公司仍然面临着新模式探索、管理整合、发展战略等一系列难题。目前,上市公司过于关注并购和短期的利润,对未来的组织架构调整、人力资源战略等并没有很好的思路。其产品主要靠比较成型的抗生素等产品,其中部分产品已经通过审批几十年,新药研发匮乏,且高度依赖于少数的经销商代理。然而公司热衷于并购,对药企的研发却不愿投入,对销售渠道也没有深入开发,并对前沿的医学研究进展缺乏了解。上市公司领导人目前没有清晰的战略方向,这无异于"撞大运"。

(二)转型中焦虑迷茫的企业家:情绪资本危机

在产业转型升级大潮中,企业面临巨大的不确定性,企业家已经成为最焦虑最迷茫的群体之一。企业家是商界的精英,然而在面对经济变革大潮时,他们没有表现出淡定和从容,而更多地表现为焦虑和迷茫,这导致了追随经济行为的盛行。

新经济时代的来临,使得整个市场生态发生巨大的变化,对企业的生存带来颠覆性的影响。新经济的革命对中国传统经济模式带来深远的冲击,使企业转型升级迫在眉睫,不转型就等于坐以待毙。在中国企业界,个别企业的爆发式增长伴随着另一部分企业断崖式下降,传统企业的线性型波动融合着少数新兴企业的指数型波动(辛杰等,2017)。面对时代的大潮、市场的压力、同业的竞争,企业不转型将没有出路。

近年来,企业家群体频繁成为焦虑症的"高发地带"。商战中的智慧博弈,其精彩程度一点不亚于战场。在新经济时代,企业家发现自己和团队的能力都跟不上,得心应手的成功经验不再管用,传统的产品越来越没有竞争力,以前的营销模式的效果越来越差,甚至以前的管理模式也不再适用(王霞等,2017)。因此,企业转型、升级与创新,不仅是企业生存的必然选择,也是企业家延续和再创事业的必然选择。在转型过程中,涉及行业、产品、经营模式、人才等多个方面,因此对企业家提出了更高的要求。对于那些转型周期较长且对政府依赖度较深的实体企业而言,除了自身因急功近利导致的创新动力不足之外,它们还日益承受着高用工成本、高税负、高地价、高融资成本的沉重压力。这些多重挤压因素极易导致民营企业家焦虑症的爆发。在转型的巨大冲击和压力下,企业家对未来发展方向感到迷茫,时刻担忧自己无法跟上时代,无法掌控未来,这种心态深刻反映了企业家内心的深层焦虑。

企业家的群体焦虑有其深刻的社会经济背景。第一,粗放模式难以为继。2008年的全球金融危机之后,在世界经济和中国经济转型的大背景之下,企业原有的粗放发展路径和模式难以为继,面临被淘汰的命运,使企业经营陷入困难。随着人力成本、融资成本等外部成本的上升,企业面临着巨大的生存压力,这是广大企业家无法逃避的现实挑战。第二,找不到新的发展方向。企业家对未来发展方向缺乏深刻的洞察,新的发展机会和盈利模式没有现成参照物可以照搬和借鉴,不知道未来要转向哪里。第三,受到企业家自身能力制约。很多民营企业家的知识体系、能力结构和认知观念都有一定局限性,甚至可以说已经固化,缺乏创新精神和开拓魄力,在外部环境变革之后,面临着巨大的精神压力,战略方向模糊,不知道何去何从。在转型时期,企业家整体上呈现出焦虑状态,更加急功近利,更倾向于短期行为。

普遍焦虑正在摧毁企业家群体的能力。企业家是一个数量庞大的群体,是中国经济发展最宝贵的人力资源,对经济转型具有十分重要的意义。但很多企业家外强中干,表面硬撑着,表现得很能干、积极、乐观,这不是来自内在的自信和从容。企业家内心潜藏的焦虑正一点点毁掉他们的健康乃至生命,削弱了企业家的能力,扭曲了企业家的心态(马忠新和陶一桃,2019)。焦虑来自恐惧,焦虑极有可能会转化成忧郁、精神分裂。压力、竞争、劳累和焦虑使企业家深感身心疲惫,难以承受,面对客户挑剔的眼光,面对优胜劣汰的市场竞争,面对"社会精英"的角色期望,不少企业家往往在心理上不堪重负。在某种意义上,强势外表下的企业家们是一个弱势群体,企业家在解决了金钱、地位、名誉等问题之后,他们开始感受到对于信仰的困惑与迷失的恐慌。

在迷途中,企业家往往通过并购、投资等多种手段,寻找生存的突破口,实现从产业链低端向产业链高端的延伸。希望通过不同企业的联合和资本市场上的运作,实现企业资源要素的优化。对于国内制造类企业,尤其是中小型制造类企业来说,要想实现从"制造"到"智造"、从生产型制造向服务型制造、从高能耗高污染的生产方式向绿色低碳生产方式的转型,尚需攻克很多难关。

在焦虑和迷茫心态的支配下,企业家无法从容和冷静地思考未来发展方向,决策行为的随机性比较强。在转型的路上,企业家往往找不到方向,缺乏战略性、前瞻性,对时代、行业的发展脉搏没有准确把握。由于对快速成功的渴望,一些企业家看什么火就做什么,投机性强,没有定性,没有长线作战的毅力,结果也就不尽如人意(季昌仁,2021)。商场上充斥着良莠不齐的投资机会,这些投资项目往往被反复搜寻和筛选,真正优质的投资项目已经被别人捡走,因此,企业家更多的是凭借运气来进行投资。在这种情况下,很多企业家进入了自己不熟悉不擅长的领域,希望能够寻找到救命的一线生机,殊不知其背后可能隐藏着巨大的风险,甚至可以把原来的企业拖垮。

三、企业战略危机的根源:情绪资本视角

导致企业家追随行为的原因有很多方面,往往是多种因素交织的结果,但企业家情绪资本是内在的基础性原因。正是因为企业家情绪

资本的缺乏,使企业家在企业转型过程难以洞察未来商机,缺乏整合资源的能力,使企业只能跟随捡漏。

(一)缺乏开拓意识

中国的企业家普遍缺乏创新意识,特别是缺乏原创性的创新。对于现有的创新行为,大多集中在应用性创新,即把现有的创新成果在中国市场进行应用,如电子商务、社交网络、智能设备等,而真正原创性、颠覆性的创新较少。

企业家不能与时俱进,跟不上时代的脚步,在日新月异的巨大变化面前,他们显得力不从心。企业家容易过分依赖经验来管理,他们在之前几十年的企业经营过程中,虽然中间也有磕磕绊绊,但总体上来说还是非常成功的。这种成功,使企业家积累了丰富的行业经验,并树立了自信心(陈小燕和唐建荣,2015)。结果恰恰是这种成功的经验,成为企业转型最大的障碍,限制了企业创新行为。

昔日的辉煌和经验禁锢了企业家的创新意识,使企业家在面对新的领域时顾虑较多,缺乏探索新市场、新模式、新产品的魄力和胆略。因为有了优势,所以不求变;因为有了优势,所以缺少危机感;因为有了优势,所以思想上就产生了惰性。在民营企业界,确实有一部分人并没有长远考虑,觉得目前日子尚可以过下去,以前一年挣一千万,现在一年三百万,虽然少了点,但对生活质量并没有太大影响,这么维持下去也挺好。对企业家而言,生于忧患死于安乐的道理同样适用,人无远虑必有近忧,短视行为让企业步履维艰,企业家缺乏危机感和进取心制约着企业转型。

由于缺乏创新意识,在转型压力下,企业只能跟着市场趋势走,在各种投资机会中捡漏,而难以在新兴领域有突出的表现。

（二）思维观念固化

企业家的思维观念随着时间流逝而产生固化，固守原来的思维模式，不愿意随外部环境的发展而改变，这也印证了"江山易改，本性难移"的道理。思维观念与一个人的性格具有紧密的关系，是一个人综合经历的集中体现，是难以在短时间内撼动的。而且，这种思维观念固化还具有自我强化的机制，随着年龄的增长，企业家的思维观念越来越保守，越来越紧固，对外界新思想的接受度也在降低（吴理门，2007）。有些企业家虽然在表面上表现得很开放，愿意接受新事物，但从骨子里来看，还是非常保守的。

思维观念固化最直接的体现就是治理机制死板，企业家不愿放权，难以启用职业经理人，无法为企业注入新的活力。也有老板杞人忧天，觉得如果我不管，这个企业就会倒闭。以草根经济为特色成长起来的中国民营企业在掌握企业生死存亡的绝对权利时，也承受着企业发展的所有压力和风险。在这种情况下，企业家会紧紧掌握着企业的控制权，牢牢地把控着企业的发展方向。

一般认为，企业思维模式包含三个层次：工厂思维、企业思维和产业思维。工厂思维是一种停留在流程管理层面的简单、基础思维，而企业思维则是一种复合型的经营思维；产业思维则是一种全局的、长期的、可持续的战略思维。中国企业家的共同特征是：善于抓机遇、擅长人际关系的建立，但在企业内部往往缺乏科学分工和明细的组织结构，普遍存在做贸易心态。这导致他们急功近利，舍本逐末，缺乏市场竞争意识和创新能力，因此整体上停留在工厂思维上。工厂思维是生产型思维，其思想核心是提高生产率，它的局限性体现在片面强调提高生产率，一个典型的后果就是产能过剩。

许多企业之所以不能持续发展，看似生产问题、技术问题、营销问题、资金问题……其根本还是思维问题。因此,对企业而言,最急需的不是方法,而是方法论,必须与时俱进,进行思维模式的更新。

(三)没有战略格局

企业家通常不愿意放权给管理团队,这可能会影响企业家的战略格局。与国外企业所有者与企业经营分开不同,国内大多数情况下,民营企业所有者基本也是经营者,总经理只是一个虚职,凡事还是需要和董事长谈,所谓的总经理,离职率甚至要比普通员工还要高。企业家总是喜欢亲力亲为,哪里出了问题就去解决问题,使自己非常忙碌,成为"救火队"队长。企业家过于陷入日常管理,将影响其进行战略性思考,阻碍着企业的转型升级。

因为战略视野的缺失,企业家往往陷入过多的具体事务中,影响其对企业未来发展方向的深入思考,还削弱了他们的前瞻性洞察力,从而难以引领行业未来发展趋势(晁罡等,2016)。因此,在企业转型过程中,他们无法主动创造机会和培育新市场,反而倾向于通过碰运气到外部寻找"天上掉下来的馅饼",这种心态导致企业陷入追随行为中。

缺乏战略眼光还会影响企业家的身体和情志,使企业家遭受健康问题的困扰,影响其决策和布局。过劳导致的突然死亡事件正不断给中国的民营企业家群体敲响警钟。在家族式企业管理过程中,很多企业家充当了"掌门人"的角色,包揽一切,承担一切,自己就像一部永不停顿的"战车"。调查显示,目前有高达90.6%的企业家处于不同程度的"过劳"状态,这已经成为困扰中国当代企业家的一大难题。过劳现象的直接体现为:部分过去只有老年人才会罹患的疾病,如高血压、糖尿病、高血脂、动脉硬化、卒中等发病年龄大大提前,青壮年的身体机能严重老化、退化。企业家是受"过劳死"威胁的主要群体(吴晓波等,

2021)。目前青壮年人猝死的现象日渐增多,且多半是企业负责人,这类人群工作压力太大、作息不规律、缺乏锻炼和烟酒等应酬过多,严重透支身体。在健康受到威胁的情况下,企业家的决策行为将受到影响,制约了企业家对投资机会和项目的把握,增加了企业在追随过程中所面临的风险。

在缺乏战略格局的情况下,企业家难以精准地判断未来市场的发展趋势,找不到优质的转型方向,只能跟随市场上所谓的"热点",在各种投资项目信息纷飞的市场上捡漏,从而将自己的命运交给了别人。

(四)人治管理严重

很多企业没有建立一套高效的运行机制和管理制度,无法通过制度进行管理。在中国民营企业界,大多是人治化管理模式,更多听从企业家个人的命令和意见,权力相对集中,权威人物的影响比较大。

在企业创业初期,企业规模小,员工文化层次低、劳动密集度大、技术档次低,民企老板盛行个人式、经验式、家庭式的管理,以"人治"为主,即使有制度,也往往较为粗放。如果中国企业在初创阶段便盲目追求大公司的规模与模式,仓促引入大型企业的流程与规章制度,很可能会导致企业在这关键时期夭折。一个阶段成功的法宝往往是下一个阶段发展的障碍,随着企业的发展,这种家族式的管理就成了制约企业发展的阻力。

随着企业的发展规模的不断壮大,与此相关的管理制度和运营机制却无法同步匹配。中国企业多以"权威谋略"作为战略制定的出发点,而世界级公司则以制度和文化为战略出发点。虽然人治在企业创立早期能够发挥积极的作用,但随着企业规模的增大,管理复杂程度提升,人治的弊端和阻碍作用会逐渐凸显出来。民营企业家一般有"四随"的特征,即"随意、随性、随机、随时",企业运作毫无章法和定性,往往仅受老板个人情绪与愿意的驱动。这些都会造成机制不顺,制度形同虚设,权责不清,职业经理人无法正常行使权力和有效工作。

过多地依赖企业家个人的魅力和权威进行管理,就难以形成制度化的管理体制,在企业规模超出企业家个人能力覆盖范围之后,企业运营的疲态就将显现。老板管理粗放,高管职业化程度不高,导致上下级之间、同事之间的合作成本越来越高。在人治背景下,企业的转型缺乏制度保障,更多依赖企业家个人的资源,使企业无法集中全体的智慧来寻求未来转型的方向。个人的能力再强,也是有限的,如果不能依靠众人的智慧,企业在转型过程中只能在黑暗中盲目摸索,甚至会触碰暗礁,使企业之船搁浅。

(五)创新能力不足

中国民营企业的综合素质存在不足,缺乏适应现代企业发展所需要的洞察力、协调力和掌控力。洞察力是一种能够深入了解时代、行业、商机、风险和人的能力。从宏观来说,要识别国家政治、经济等战略;从中观来说,要了解企业所在行业的未来发展方向、关键转折点、法规政策等;从微观来说,要了解企业内部的资源和优势,最重要的是识人。协调力是确定企业在社会网络中的定位,熟谙政治资源、社会资源和市场资源三种资源转换的能力。政治资源、社会资源和市场资源在各自的维度都形成一个链,需要了解企业在每个链中的环节。掌控力是抓住机遇化为成果、把握未来方向和控制风险的能力。由于综合能力欠缺,企业家既缺乏把控商业机会的能力,也缺乏创造商业机会的能力,使企业家往往在转型过程中表现出被动的心态。

中国企业家对综合能力存在曲解。许多中国企业家内心深处蕴含着深厚的帝王情结,他们具有很强的支配欲望,喜欢研究"驭人之术",好为人师,"领导"在他们心中就是"驾驭"的意思,结果企业就演化成了一种权谋的组织形式。相比之下,世界级公司强调的是以原则为中心的领导,强调的是权利和义务对等之上的合作。中国经济持续高速发展,得益于一批具有创新精神和理想的企业家共同努力,同时,也将张瑞敏、任正非、马化腾等企业家推上了个人价值成就的巅峰。可是,仰观杰克·韦尔奇、比尔·盖茨、松下幸之助等商业领袖,中国企业家的修炼与攀登之路还远未到尽头,距离顶峰还有很长一段路途。

很多企业家通过激情口号来体现领导力,企业内部大会往往是这样的场面:领导激昂振奋,员工也如同打了"鸡血",口号震天。企业外聘的培训也是如此,不断引领员工高喊口号。激情运动一浪接着一浪,一波接着一波。要知道激情维持的时间是短暂的,真正能够支持企业竞争力不断提高的是员工的能力而非激情。激情会掩盖许多能力的不足,能力强的员工不需要动不动喊口号来表决心,而是靠真正的实力来实现自己的价值。但仅仅依靠空喊口号是不能提升企业员工能力的,企业还需要踏踏实实地培育真正的核心竞争力,在商场上去搏击风雨,才能造就一流的企业。

在企业家综合能力不足的情况下,企业创新突破的能力就弱,难以在商场上更好地调配资源,只能凭运气去捡漏。

四、企业战略危机的本质及其影响效应

当前商业界的追随行为,完全缺少"沙里淘金"的机会,因为机会早已被少数人捷足先登,剩下的大部分是"沙子"。追随经济行为的本质在于缺乏创新性和主导性,投机性强,而不是通过对经济机会的洞察力和掌控力来获取利益。

（一）追随经济的本质

1. 缺乏创新性

追随的无奈是因为缺乏创新，没有源自经济主体内部的创新动力和活力。在中国企业界，缺乏创新的氛围和环境，大家都不愿意创新，而喜欢投机。中国缺乏鼓励创新的土壤，特别是对知识产权不够尊重，致使创新者无法通过创新来获取利润，甚至无法弥补创新所产生的成本投入。在缺乏创新动力的情况下，企业家希望在商场上获取好的机会，说白了就是去"捡便宜"，通过"碰运气"来获取好的商机或项目，犹如大海捞针。

中国经济创造了前所未有的增长速度，经济总量全球瞩目，但创新成果方面却始终微乎其微。而"创新"作为中国企业集体面临的重要和长久的课题，已被"呐喊"多年，每当企业家们聚集交流，"创新乏力"的无奈便会屡见不鲜（李杨和黎赔肆，2011）。中国通信业的龙头中兴通讯，在芯片方面受制于美国，被美国点了"死穴"，充分说明中国企业在核心技术创新方面极度不足。

中国今天出现普遍创新力不足的问题，是因为中国的企业家没有很好地利用新的市场，还在延续传统的思维惯性，重复过去的生存模式。第一，获取"低垂的果实"。中国企业家已经习惯获取"低垂的果实"，就是生产其他国家已有的产品，久而久之就不会创造新的东西。所谓"低垂的果实"，就是人们总是想用最省力的办法谋求生存，那么就会首先采摘最低的果实。对于广大民营企业来说，不愿意创新的原因在于：目前，民营企业已经处于低端锁定状态，艰难支撑；缺乏资源调配和掌控力，即使看到机会也不敢全身心投入，风险承受力较弱；社会金融环境较差，难以获得足够的资金支持。第二，套利心理。中国企业家更愿意套利，因为创新面临不确定性，将承担较大的风险。如果权利得不到保障,创新成果没有确定的回报,企业家是不愿意去创新的。所以,创新型企业家对制度更为敏感,若缺乏一个健全的创新保护机制,套利型企业家便会大行其道,这将导致创新型企业家难以投入时间于创新活动之中,因为他们的创新成果容易被套利者模仿。第三,缺乏原创性创新。中国企业擅长模仿式创新,而在颠覆性的原创性创新方面极度缺乏。因为模仿创新相对容易,投入成本低,赚钱效应十分明显。国内搞得如火如荼的电子商务、社交网络、移动支付和共享经济等,都是在模仿国外商业模式的基础上进行的应用性创新,得益于中国庞大的消费市场规模。中国已经牢固确立了在消费者导向型数字技术领域的全球领导地位,已经成为全球最大的电子商务市场,在全球交易中所占份额超过40%。这种创新也类似于一种捡漏行为,把国外首创而国内没有的东西搬过来,寻找到发展空间,从而取得巨大的成功。而在国内,在一家成功之后,后面会有趋之若鹜的模仿者,在移动互联时代"赢者通吃"规律支配下,竞争之激烈导致大部分后来者遭受残酷的竞争压力,甚至面临被淘汰的境地[①]。

　　一些企业对创新缺乏系统思考和长远规划,难以有效地组织与创新有关的各种力量和资源,缺乏创新的人才和资金,没有构建有效的创新价值链。很多企业缺乏创新的内在动力源,缺乏来自企业内部的生机和活力(胡望斌等,2014)。目前,创业与创新活动主要都集中在互联网领域,尤其是App与应用程序的开发应用方面。似乎讲一个故事、拉来一些风险投资,就是互联网创新了。当然要紧紧抓住互联网创新带来的机遇,但将互联网过度神化或视为唯一的机会,那便是忽悠,就是

---

① 在移动支付领域,中国处在移动支付的前沿,有超过6亿的中国手机用户能够进行几乎免费的点对点交易,中国移动支付的交易量已经远超美国的第三方移动支付市场。但是同时有多少资本深陷其中,而真正居于支配地位的仅有微信和支付宝。

第六章 情绪资本、战略危机与企业价值提升

对创新的简单化。

2. 缺乏主导性

众多企业和企业家在商业领域中缺乏主导性,未能展现出独立自主的精神,反而是被市场牵着鼻子走。虽然很多企业家个人性格很强势,但这并不能改变企业在商场竞争中的从属地位。众多企业在市场竞争中随波逐流,靠碰运气来寻求商机,随机性强,缺乏战略思维的指引。很多人信奉前几年风靡中国的"细节决定成败"的理念,而不知道战略定位所发挥的关键性作用。

中国企业日益嵌入全球价值链体系中,但居于从属地位,话语权和盈利能力相对较低。低层次的竞争是制造的竞争,而高层次的竞争是技术和标准的竞争。在产业布局上,中国的产业主要集中在高投入、高消耗、低效率的制造环节,附加值低,在价值链中处于弱势地位。以美国为首的发达国家,在全球价值链中处于高端地位,掌控着全球价值链的发展方向,获取大部分利润,控制行业标准,而中国企业基本上属于跟随者。

在中国企业推进产业升级的过程中,由原来的重资产模式转向轻资产模式,企业家表现出较多的迷茫和急躁,用捡漏的心态和行为在商场上寻求突破点,经常被无数经过包装的光鲜的项目包围。当企业家面对各种眼花缭乱的项目时,他们往往缺乏对项目质量的辨识和甄别能力。这些所谓的"优质"项目大部分是精心包装后的产物,并非像宣传的那般诱人。同时,经过投资中介(无数的投资机构满天飞)的反复推介,真正的优质项目早已被搜罗殆尽,剩下的项目大部分徒有虚名而已。大大小小的企业家就如千姿百态的丛林,创造着千姿百态的商业形态,但又有几人真正成为商界的主宰。

很多企业在转型过程中,缺乏主导性,甚至脱离实体经济,而被资

本运作牵着鼻子走。企业家本身对眼花缭乱的资本运作套路不熟悉,以为涉及资本运作就很高大上,事实上在资本市场上从事资本运作的机构良莠不齐,存在很多忽悠式撮合,隐藏着巨大的潜在风险。很多企业在资本运作过程中,不断丧失原来的根基,深陷资本市场的迷雾中,最终招致经营的失败。

企业的经营缺乏战略眼光,很多公司只是一个形式,其实质有点像一个结构松散的项目团队,真正是有"形"而无"神"。企业家是基于现有项目和自身利益需求来决策,而不结合企业近期和远期发展来制定计划和决策,有点像把这个团队当作一次性的挣钱工具。整个企业都在做今天的事,没有人做明天的事,更没有人思考后天的事。

中国经济正在经历翻天覆地的大变革,也是造就中国杰出企业家的时代。中国正在进行的经济转型,是一场"附加值革命",推动产业结构升级,提升中国企业在全球价值链中的地位(刘刚和程熙镕,2015)。同时,中国企业必将以全球为市场,不断进行产业和资本输出,促使更多的企业军团走出去。在这场宏大的产业革命中,仅靠"捡漏"思维是无法成为企业领袖的,必将面临被淘汰的风险,更难跟上中国快速发展的"经济列车"。

3. 投机性强

追随最直接的体现就是投机心理,不喜欢踏踏实实地努力,而总希望靠运气来快速暴富。近年来,中国投机心态非常浓厚,兴起了一波又一波的炒作热潮。大家都不愿意认认真真踏踏实实地做实业,因为做实业的成本比较高,周期比较长,风险比较大,并且不一定能保证盈利。通过投机炒作可以实现完全相反的效果,因此催生了大批的资金进入炒作领域。

投机心理已经渗透到经济发展之中,很多企业都或多或少地受其影响。很多人总希望以最小的成本来博取最大的收益,一旦脱离实体经济和匠心精神,就会造成资源配置的扭曲、市场的混乱和心态的焦躁。从房地产炒作、资源炒作、煤炭炒作、大蒜炒作、绿豆炒作,到套取政府的优惠政策和财政补贴等,无不是投机心理在作祟。可笑的是,很多上市公司在业务经营方面是微利或亏损的,一旦卖掉几套房产,可以迅速扭转公司的亏损状况,使企业一夜之间扭亏为盈,充分印证了做实业不如炒房产赚钱快。大部分中国企业家没有梦想,骨子里存在严重的投机心理,投机心理已经渗透到整个经济体系中,很多企业都在一次次地寻找下一个暴富的风口,从而对经济发展质量产生非常不利的影响。

在企业并购市场上也存在严重的投机心态。当前,很多企业面临转型需求,但来自内部催动的转型比较困难,因为路径依赖和低端锁定往往使企业受到发展模式和思维观念的制约,难以主动创造出一条发展新路。在这种情况下,很多企业希望通过外部并购的方式来实现转型,为企业"大换血",淘汰低端的业态和发展模式,转向高端产业。但这种发展思路从一开始就抱着投机心态,很多情况下会为企业带来风险,难以转型成功,甚至把企业拖垮(李政,2019)。因为在选择并购标的时,企业存在较为盲目的心态,多是通过偶然的运气来促成并购,而很多情况下并购的效果并不是简单的"购买"行为,更重要的是并购后的整合。同时,市场上充斥着良莠不齐的并购标的,并且经过反复地筛选之后,剩下的优质并购标的已经不多了,而且可能存在各种隐性风险。在这种情况下,企业为了转型而选择并购标的的行为,无异于充满投机心态的捡漏行为。

资本运作的盛行进一步加剧了投机行为。近年来,"资本运作"无疑是中国经济领域越来越引人瞩目的概念,也是越来越盛行的主流经济活动。健康的金融体系无疑有助于整个经济的发展和制度的提升,但病态的金融发展则会拖累经济,使得经济发展走上错误的方向。今天的西方也通过"资本运作"来重组企业,把那些管理不善、效率低下、濒临倒闭的企业合并重组,重新有效地运作起来。但在中国,情况并非这样,甚至相反。"资本运作"的首要目标,就是资本拼命收购和炒作优质企业。前一段时间,一些巨大的金融保险机构,通过各种正当或不正当的手段强行入股或者收购优质上市公司,引发了资本市场的混乱。中国的实体经济很难抵御"资本运作"而被资本所吞并,优质企业也变成被炒作的对象。

  盲目扩张与多元化导致风险骤增,往往使企业在经营过程中漏洞百出、危机四伏。甚至像联想这样的民营大公司,也存在不折不扣的投机行为,使曾经如此辉煌的联想处于风雨飘摇中[①]。而与之形成鲜明对比的是,华为公司始终坚持主业运作,在战略上显示出超强的定力,对很多诱惑视而不见,这才成就了华为今天的辉煌。专注于内生增长让华为在产品、技术及经营管理各个领域都打下了扎实的基本功,实现了稳健、高质量的发展,后劲十足。前几年,赫赫有名的海尔集团也曾涉足金融业与房地产市场,结果却铩羽而归。很多企业目睹汽车行业的高额利润,纷纷涉足其中,结果也是未能取得预期成功。因此,短期的投机取巧可能为企业带来暂时的收益,而长期将使企业遭受不可挽回

---

① 联想集团在 2001 年之后开始多元发展,形成了包括联想电脑、神州数码、君联资本等众多业务板块并行发展的模式。遭遇到挫折后,联想开始选择走上并购之路。如 2006 年,联想集团斥资 12.5 亿美元收购 IBM PC 业务,2014 年斥资 23 亿美元并购了 IBM x86 服务器业务,同年又斥资 29 亿美元收购摩托罗拉移动业务。多元化与海外并购使联想的精力分散,联想这些年一直处于并购而忽视了产品、技术与精益化管理。并购虽然做大了规模,但很难具备较强的盈利能力。根据 IDC 数据,占联想营收近 70% 的 PC 业务,其全球第一(市场份额 22.4%)的位置开始受到极大挑战,曾被寄予厚望的联想移动已经退出了中国主流手机竞争企业的行列。联想最初所在的 IT 产业、消费电子产业是一个潜力巨大的产业,然而联想却四处出击,忽视了自身优势,投机主义才是联想的衰败之源。

的损失。

(二)追随经济的影响效应

追随经济行为已经成为十分普遍的现象,这种行为对经济活动产生潜移默化的影响,不仅造成在微观层面上企业投资行为的混乱,而且导致在宏观层面上整体资源配置效率下降,增添了整个经济体系面临的风险。

1.宏观层面的影响效应

在宏观层面上,如果追随行为变得普遍,将使整体宏观经济的风险和脆弱性激增,降低经济增长的质量,使经济体系产生"高烧"和"虚胖"现象。

第一,导致资源错配。一定时期内经济社会资源是有限的,稀缺资源应该配置到最需要的地方,实现资源配置的高效率。一旦追随行为盛行,整个经济体系中资源的流向将会出现无序化,无法保证资源配置到最需要的地方,造成资源错配现象。资源错配对整个经济而言,将带来灾难性的后果,导致很多无序无效的经济活动,资源浪费。

第二,产业体系弱化。追随行为不利于形成高竞争力的产业体系,产业无法按照发展规律实现集聚,使产业缺乏活力。无法形成高竞争力的产业链和价值链,企业在整个价值链中的地位难以提升,附加值低,将面临被淘汰或被低端锁定的风险。

第三,经济增长乏力。在追随经济模式下,经济主体多是被动地寻找投资机会,而缺乏来自内在的创新行为,难以为经济持续增长提供长期的动力,造成整体经济增长乏力。当大家都倾向于捡漏的时候,整个经济体系缺乏积极的元素,催生大量的"山寨经济"现象,不利于经济持续增长,经济发展后劲严重不足(孙红霞,2018)。

当前，由于持续不断地追随经济行为日益普遍，我国的宏观经济持续走低，产业升级步伐缓慢，与国外发达经济体之间的差距依然存在。

2. 微观层面的影响效应

在微观层面上，追随行为对企业及企业家都带来深刻的影响，不仅影响到企业的运营模式和战略方向，而且影响到企业家的思维方式和思想观念，制约了企业的健康发展。

第一，增加企业的风险。在转型过程中，企业通过追随行为来寻找投资机会，对新投资机会和项目的了解如果不够全面，对隐藏在背后的风险因素便难以准确把握，因此增加了企业的风险。特别是对于跨界转型，因为企业可能不熟悉新的市场，比较容易掉入陷阱。转型伴随着未知的风险，对一些处于衰落的传统行业中的企业来讲，可能会导致"一招不慎，满盘皆输"。

第二，企业整合面临困难。在转型过程中，企业往往进入与原来业务缺乏紧密关联的领域，对这一领域相对陌生，企业自身的条件难以适应新业务，进一步增加了不确定性。在管理方面，实现业务的整合比较困难，特别是通过并购来实现转型，并购后的整合将使传统企业面临巨大的挑战。在并购模式中，是"合并"而不是"整合"，存在"夹生饭"现象，可以实现"做大"而难以实现"做强做优"（孙黎等，2019）。并购后整合是包括从战略到资本、从文化到团队、从技术到供应链、从产品线到营销各个环节的深度融合，如果无法真正实现一体化，那么合并可能会产生"1+1<2"的效果。

第三，对企业家的能力提出挑战。对于从事传统行业的企业家而言，他们的现有能力与现代企业对企业家所提出的要求之间存在着较大的差距，能不能胜任转型后的企业管理要求，是企业家必须面对的问题（吴向鹏和高波，2007）。而且，通过追随行为而进入的领域，其本身的质量和发展前景不一定理想,可能会面临各种各样的棘手问题,能不能解决好这些问题,对企业家来说也是具有挑战性的工作。

在微观层面上,追随行为对企业及企业家的影响是巨大的,因为企业家是以整个企业的过去和未来作为赌注,一旦失败,企业将会面临灭顶之灾。值得提醒的是,在充满投机心理的捡漏背景下,企业内部容易出现人心涣散、离心离德、跑冒滴漏等负面效应,从而降低企业的市场竞争力。

五、基于情绪资本的企业战略价值提升策略

要破解企业战略决策中的追随行为,关键在于企业家情绪资本和综合素养的提升,使企业家具备在商场上识别商业机会的慧眼,并能够更好地调配各种资源,促进企业稳健可持续发展。在提升企业家情绪资本的背景下,可以采取以下策略来克服追随行为的发生。

(一)提升企业家精神

企业家是企业的核心和灵魂,是企业的领军人物,被誉为"最稀缺的经济资源",在引领企业发展中地位至关重要,作用极其突出。纵观国内外知名大企业、世界500强企业,有一个普遍规律:一流企业,一定有一流的企业家。新时代企业家精神应当包括敢为人先、全球视野、民族情怀、工匠精神、合作共赢等内涵,同时更是一份任重道远的使命,一种矢志不渝的坚守,一种励精图治的魄力,一种胸怀天下的格局,一种不忘初心的信念。

企业家精神的最高境界是服务和奉献社会,为社会的发展和大众的福利提供支撑。这种使命追求的放大,也引领企业跨越地域、行业,甚至文化差异的限制而不断拓展业务范围,为全人类的生活创造价值

(曾可昕和张小蒂,2016)。如果一个企业的发展最终是为了成就企业家个人的名利,企业注定不会走远。如果企业家经营的最终目的仅仅局限于个人或家族财富的积累,企业也注定不可能达到"受人尊重、行业领袖、长远发展"的格局。无论企业创始人是谁,企业存在的终极使命和意义需要从他人和社会的角度去定义,个体价值需要在环境中去体现。致力于服务全社会的企业,最终会吸收到社会的资源与力量,获得社会优势资源的支撑,通过为他人创造价值而获得个人价值的不断释放与超越。

使命感决定着企业家的格局,也是当前许多企业家面临的最大挑战,能否超越个人的诉求,致力于企业平台的打造和价值的创造,是决定企业战略价值的关键所在。致力于服务个人或家族的企业,往往只能在家族狭隘的范围内吸收能量,很容易遇到发展的瓶颈。真正能够长期发展、基业长青的企业,最终会创造出一个平台,通过为消费者、为社会创造价值而实现自身价值的增长,并在此过程中获得盈利,与股东、员工等利益相关者共享利益,员工也在此过程中实现自身的生命价值(黄海艳和张红彬,2018)。

真正的顶级商界领袖,应该具有深邃的思想和广阔的见识,而不是只局限于自己的小圈子;应该有着高贵的精神和富足的品质,而不是只享受奢华的生活;应该找到一种财富倍增的能量,而不是只积攒了可观的财富;应该能实现家族和财富的传承,而不是只能荣耀一时;应该是最终获得内心的充盈和生命的绽放,而不是一直为了追求财富劳碌辛苦。中国本土企业家要完成这种由富入贵的转变,需要形象气质、生活方式、精神传统、视野见识的全方位提升,不仅需要有富足的生活,还要有高贵的精神、高尚的修养、广博的知识、自觉的责任和优雅从容的生活方式。

因此,企业家要具有宏伟的志向,拥有恢宏的格局和宽广的心胸。在志向方面,企业家应具备百年树人的战略眼光和定力,怀揣为万世开太平的战略雄心,有意在搏银者下的思维深度,将企业培养成百年企业,而非一个地方性的家族企业(李海舰 等,2022)。在格局方面,企业家要突破思维的锚定效应,不因行业的暂时繁荣就盲目乐观,而应居安思危;同样,也不能因为整体经济低迷就急于抽身,反而应看到经济低迷时正是并购的好时机。突破从众心理,不盲目追赶资本市场的步伐,不盲目并购,利用好资本和政府搭建自己的产业平台。在心胸方面,企业家要具有包容开放的心态,要容得下家族以外的人才,兼容并蓄地吸收职业经理人等外部力量,为企业传承打下基础。

(二)创新战略

当今世界已经进入了一个高速发展的时代,一个追求效率的时代。作为一个企业,如何在波涛汹涌的商海中立足和发展?——创新是关键!创新是企业家精神的灵魂,企业最大的隐患,就是创新精神的消亡,创新必须成为企业家的本能和永远的追求。

创新是摆脱追随行为,迈向顶级企业的关键法宝。目前,套利机会越来越少,劳动力成本上升,模仿西方高科技的空间也日益缩小,同时产能过剩等问题陆续出现,若想继续保持成功,就需要由套利型企业家转向创新型企业家,创造一种别人没有的东西。这是中国企业目前面临的很大挑战,因为两种企业家对于制度的敏感性不一样,套利型企业家总是第一单赚大钱,以后越来越难;创新型企业家一开始总是亏损的,也许几年都不能赚钱,所以需要天使投资人的支持(刘欣,2016)。

在走向创新的路径上,首先是要有洞察能力,要洞察未来行业和科技发展的方向,投资到能满足未来竞争力需求的地方。其次,要有变革的能力,如果察觉到机会,但是团队没有足够的能力实施也无济于事,企业要善于运用一些刺激性的措施来鼓励员工创新。第三,创新的核心在于领导力。虽然创新已经成为大多数企业的共识,但创新不仅仅是技术层面的问题,能够驾驭创新的公司都是由有胆识的领导者带领的。

随着中国企业的崛起,要产生一些原创性的、能够改变世界的产品和服务体系,这将成为企业发展的新指标。在过去物质文明创造历程中,西方企业扮演了主要角色。而在未来,要培养一批世界一流的创新型企业,引导领军人才,集聚高端创新人才,力争让一批中国企业进入全球百强创新型企业之列。

进入新时期,中国企业家需要承担"设计创新路线图、构建创新价值链、强化创新动力源"这三大创新任务,以带领企业继续突破创新(李海舰等,2022)。第一,设计创新的路线图,确定创新的目标和路径,解决做什么样的创新和如何创新的问题;第二,构建创新价值链,整合各种相关的创新资源,解决调动哪些资源和与谁一起共同创新的问题;第三,强化创新的内在动力源,确保创新能得到有效激励,解决靠什么来推动创新的问题。

企业家要勇立创新发展的潮头,着力以科技创新为核心,全方位推进产品创新、产业组织创新、商业模式创新,加快构建产业生态圈,锻造核心竞争力。企业家创新的核心要素就是敢于去挑战未知,挑战不确定性,这是在未来中国企业创新发展的核心要素,其重要性超越了以往的资本、土地、劳动力等传统资源。

产业转型升级归根到底来自众多企业家整合生产要素尝试新生产活动的结果,企业家是整合内部生产要素、衔接外部战略机遇的核心要素。只有企业家才能把这两个关键环节有效衔接起来,形成新的产业支撑点和利润增长点。一个地方的企业家比较活跃,那个地方的生产要素潜力就能有效发挥,新产品、新业态就会比较活跃,产业转型升级步伐也会较快。在传统产业转型升级已上升为国家战略的大背景下,民营企业的战略转型更需要那些具有前瞻视野、敢于创新,并重新定义市场规则的"制度企业家"。

(三)引领战略

在促进企业转型的过程中,要高度重视优秀企业家的培育,更要高度重视营造企业家健康成长环境,更好地发挥优秀企业家尤其是创新型企业家的"引领"作用。企业家一定是站得高看得远,具备前瞻性的预判能力,可以走在时代前列,在他人尚未行动之际,便能先知先觉、抢占先机。站在未来的立场上看机会、看问题,不是一味地迎合市场,而是主动去引导市场,这就从根本上转变了经营模式,从小聪明转向大智慧。

在信息爆炸时代,产品过剩,竞争加剧,少数企业家开始思考品牌竞争的实质,提前布局、开发、聚焦市场潜力巨大的新品类市场,抢占消费者心智,从而摆脱红海竞争,进入蓝海品类。社会问题实则蕴藏着巨大的商业契机,民众的抱怨之中存在着巨大的消费潜力。国人对于环境污染、癌症发病率、食品安全隐患等问题的关切与不满,不一而足。未来将在环境保护、食品安全、健康产业、智能生活这几大领域产生万亿量级的巨大市场,同时产生一大批千亿级的企业。

在全球范围内配置资源,已经成为跨国公司获取和掌控资源、强化核心竞争力的重要手段。优秀的企业家必须加快融入国际分工、走向国际市场,在更大范围、更宽领域、更深层次上配置资源,从而为企业赢得发展空间、掌握主动权,逐步迈向具有国际竞争力的世界一流企业行列。中国需要形成一批在全球产业发展中具有话语权和影响力的领军企业,积极推动产业向价值链高端迈进,引领新兴产业集群化发展,推动更多的中国产业技术标准成为全球通用标准。

企业家应胸怀世界,有意识去引领全球创新,不断创造新产品、新技术、新模式。在引领未来市场趋势的过程中,企业家应该拥有国际视野,掌握核心技术,在世界市场占有相当份额,能够以产品和思想在某一个领域发挥引领作用。中国企业家身负的重任——从过去学习和模仿国外经验、先进管理模式,转为引领中国企业走向世界经济舞台的中央,向世界贡献中国式的管理理论和模式。

(四) 转型发展

随着外部环境的变化,变革已经成为企业发展的常态。企业家是变革最主要的发起者和主导者,高层活动通过层级结构的传递对企业的生产和管理活动产生重要影响。

企业家要从创业家改变为思想家、预言家和宣讲家。所谓思想家,就是把很多问题想清楚、想透彻,形成自己独到的见解和理论体系,能结合宏观经济形势和行业发展特征,梳理出企业发展的逻辑,可以自圆其说,让人信服;所谓预言家,就是从后往前看,做出前瞻性的预判,能看到别人看不到的趋势和未来,能在普通人还没有感知到的时候引领大家向前走,成为企业的引路人;所谓宣讲家,就是通过各种宣讲和沟通方式,深刻理解其背后的原因与依据,让企业里的各级管理人员和基层员工都能预见企业未来的前景,明确实现这一愿景的战略及具体途径,这样大家才会心甘情愿地追随你,努力去执行并完成。

企业转型有四个层面是最重要的:企业家转型、战略转型、管理体系转型与企业文化转型,其中管理体系转型又可细分为营销转型、研发转型、生产转型、运营转型、组织转型等。这些转型不处于同一层面,因此它们之间不是线性关系,同时它们有先后顺序和逻辑关系,所以也不是彼此孤立的。高层次的转型没有完成之前,低层次的转型也无法开始,而低层次的转型不到位,会直接影响高层次转型的效果,所以它们之间是相辅相成的一个系统。

在企业转型过程中,企业要形成核心竞争力。具有全球竞争力的跨国公司大多有一个共同的特征,就是专注和突出主业。企业若盲目扩张,不聚焦主营业务,即使在短期内能有些成效,但长期看也会缺乏后劲。因此,企业要坚守主业,推动技术、人才、资本等各类资源要素向主业集中,不断增强核心业务的资源配置效率、盈利能力和市场竞争力,从而提升资源配置能力。在转型过程中,对企业未来发展要有系统的、前瞻性的预判,要有格局观,做一个百年企业,不能撞大运。要善于利用资本但不能被资本牵着鼻子走,要善于把资源变为资本,再把资本变为资金。

(五)战略实施

战略思维需超越企业本身,站在全行业甚至全社会的角度,对企业进行宏观层面的设计和思考。像任正非、曹德旺等具有国际化视野的企业家,都已经在引领行业的发展,他们有望成为世界级的企业家。

企业家的志向和格局应该更加高远。突破思维的固化效应,消除从众心理,避免在商场上随波逐流。要将企业培养成百年企业,而非一个地方性的家族企业。企业家要以商问道,成为同行业的将帅之才。

为了实现企业的战略价值,企业家要把握好战略目标、巧妙运用战略手段、明确选择成长方式和规划战略步骤,从而将战略思维转化为企业发展的现实成果。

第一,战略目标。战略目标告诉企业什么该做,什么不该做,构建起一套完整的战略目标体系。在这个过程中,确保做正确的事远比正确地做事来得重要,因为倘若方向本身存在偏差,那么无论执行得多么标准,它始终是一个错误。

第二,战略手段。战略手段就是竞争战略,它告诉企业应该用什么手段去实现已经确立的目标。一般而言,一个目标都存在许多可以选择的实现手段,但是,手段的选择是否恰当,将极大地影响到目标是否能及时和高效地实现,选择不当甚至会使企业尚未实现目标的时候就已衰败,而所谓的长远目标就成了心中永远的遗憾。

第三,成长方式。成长方式就是规划出企业成长的途径,就是匹配竞争战略手段的具体环境和模式。选择了竞争手段,还应为如何落实这一手段选择一种相匹配的企业成长方略。因为实现目标的手段,都必须在合适的环境、合适的资源和合适的经营思路下,方能准确和有效地实施。[①]

第四,战略步骤。战略步骤就是规划出实现发展总目标的进程或节奏。目标分解成为一个目标体系后,就应该有一个先后实现的顺序和轻重缓急,将所有分解后的子目标都在同一时间实现是不可能的。同时,为了最大限度地利用企业已有资源,这些子目标还应该尽力利用现有资源来实现。

---

① 没有合适的环境,选定的竞争战略手段将无用武之地;没有合适的资源,选定的竞争手段将无法发挥应有的威力;没有合适的经营思路,选定的战略手段只会助长企业渐渐偏离既定的发展方向。

第七章 | 案例分析：企业家情绪资本与企业战略价值

- 任正非与华为的发展战略
- 曹德旺与福耀的发展战略
- 董明珠与格力的发展战略
- 张瑞敏与海尔的发展战略

企业通过追求创新、动力、专注、信念、热情、价值等积极情绪,企业可以有效挖掘情绪资本,使其与智力和专业素质等相辅相成,从而带来长远的经济效益。在国内企业与外国企业的竞争中,其焦点已经从技术差异转向综合素质的比拼。面对日益激烈的全球市场竞争,企业必须维持持续的竞争优势,才能在市场中立于不败之地。企业的竞争力分为"硬"实力和"软"实力:"硬"实力指的是在技术与新产品及服务方式上的持续领先与创新;而"软"实力则体现在卓越的管理氛围和价值观上,它能使企业快速适应变化,不断增强实力,在竞争中起着关键作用。中国企业的强大与"软"实力的提升密不可分。企业必须适应现代生产模式,充分运用情绪资本,将所有员工的努力汇聚成强大的合力,构建一个既充满人文关怀又具有独特个性的组织,才能实现最佳的社会经济效益。[①]

为了更直观地理解企业家性格和情绪资本对企业战略价值的影响,我们选择了中国四位著名的企业家进行分析,研究企业家的性格和情绪资本是如何影响企业战略价值的。从企业家的出身及经历出发,探讨企业家的性格和情绪资本特征,并追踪对企业发展的影响效应。通过这些案例分析,可以揭示企业家性格和情绪资本对企业发展战略的作用规律。

一、任正非与华为的发展战略

成功的企业家通常具备特定的性格特征,而这些特征直接影响企业管理的有效性以及发展的可持续性(刘宗劲,2006)。华为之所以成

---

① 高情商的领导者能够自我驱动、自我激励,有追求"更好"的不竭热情和动力,其内心深藏着一种对成就的渴望,对工作的热情源于一种超越金钱和社会地位的动机,性格乐观向上,并坚定不移地追求某一目标。也正是这种积极健康的心态,能给整个企业以鼓舞、信心和力量。

为中国民营企业的典范,不仅因为其在三十多年的时间里资产增长了数千倍,也不仅仅是因为其技术发展从模仿到追赶,再到如今的领先地位,更在于华为独特的企业文化,这种文化体现了企业家任正非鲜明的性格特征。

有学者这样评价任正非:在任正非的内心深处,蕴藏着比常人更深刻的思考。任正非崇尚灰度哲学,自称"我的思想是灰色的",且多次强调:"我的性格是善于妥协、善于投降,不是善于斗争的人"。然而,他的性格并非完全灰度,而是具备简单、真实、率真、直爽、诚实等鲜明的非灰度性格特点。大众对他的认知往往存在偏差,这恰恰说明,任正非是一位较难以描述的人,但又是一个棱角分明的人。

(一)特殊的人生经历

1944年,任正非出生在贵州省安顺市的一个贫困山村,祖籍是浙江省浦江县。尽管成长在农村,任正非却来自一个有着深厚文化底蕴的家庭,这样的家庭背景深刻塑造了他的性格。在中国,知识分子对知识的重视和追求是坚定不移的,即便在缺衣少食的年代,任正非的父母也竭尽所能,节省下有限的资源供孩子们接受教育。任正非依靠自己的才智、能力以及对知识的持续追求,最终进入了技术密集型行业。

19岁那年,承载着父母的期望,任正非考入了重庆建筑工程学院(后并入重庆大学)。在他临近毕业的那一年,恰好遇到社会动荡。尽管身处困难的环境中,他依然不为所动,坚持自学了电子计算机、数字技术和自动控制等课程。他与西安交通大学的一些教师建立了联系,经常能得到他们提供的油印资料。此外,他对高等数学有着深入的研究,并进一步学习了逻辑学和哲学。任正非还自学了三门外语,达到了能够阅读大学教材的水平。他的演讲中,博学和独到的见解交相辉映,

第七章　案例分析：企业家情绪资本与企业战略价值

引经据典信手拈来，直击问题要点，令人钦佩。

在随后的十多年军旅生活中，任正非培养了坚定、果断、谦逊、责任感、奉献精神、坚定信仰、自律和敬畏之心。1987年，43岁的任正非从军队退役，筹集了2.1万元资金，在深圳创建了华为技术有限公司，并于次年成为公司总裁。在接下来的三十五年里，任正非以持续的创业和创新精神，带领华为不断刷新商业纪录，并成功拓展至全球市场。如今，华为已从一家位于中国深圳的民营企业成长为年销售额超过6 300亿元人民币、跻身世界500强的企业。同时，其信息技术设备、智能终端和电信网络设备在全球170多个国家和地区得到广泛应用。

（二）任正非的性格和情绪资本特征

1. 行事低调

在低调中成就伟大事业。正如古语所说："木秀于林，风必摧之。"老子亦云："夫唯不争，故天下莫能与之争。"任正非深知这一智慧，始终保持着低调的个人风格。他对于各类采访、会议和评选活动总是保持距离，不论是对华为形象有直接帮助的宣传，还是政府组织的活动，或是吸引众多商业领袖的媒体事件，他一概婉拒。他对华为的高层明确指示："除非重要客户或合作伙伴，其他活动一律免谈，谁来游说，我就撤谁的职。"公众很少在电视上看到他的身影，也很少听到他那带有云南口音的激昂演讲。有一次，《南风窗》杂志转载了任正非在华为内刊上发表的文章，虽然读者反响热烈，但任正非并不感到高兴，反而要求公司的法务部门与《南风窗》进行沟通，退回了杂志社寄来的稿费。

任正非始终坚持"做事业，做有高度的事业"。他认为，只有内功深厚，才能在竞争中占据优势。面对外界对他低调作风的种种猜测，任正非的回答非常简单直接。他强调，第一是"静水深流"，唯有在平静的水面之下,方能悄无声息地远航,唯有务实,才能默默取得成功;第二是"树大招风",在台风面前,高耸直立的树木更容易被吹倒,而降低姿态、匍匐前进则能避免灾难。由于我们无法预知风暴何时到来,保持低调总是明智的(刘刚和程熙镕,2015)。

2. 狼性精神

"我处处都在人生的逆境。"这是任正非经常挂在嘴边的一句话。苦难,是他早期人生阶段里挥之不去的一个名词:家境贫苦、创业受骗、感情受挫……命运对任正非并不宽容。然而,历经重重苦难,他却从未被击垮,狼一般的野心促使他迎难而上,发誓不成功不罢休。在创业的早期阶段,华为面临着充满挑战的道路,生存环境极为艰难。要在竞争激烈的市场中赢得一席之地,任正非为华为制定的核心战略是:成为一群狼,一群一旦捕捉到机会就毫不犹豫地全力进攻的狼。因此,华为的企业精神常被比喻为"狼"或"土狼",这代表了一种强烈的扩张意愿和霸气。所谓的"狼性",展现了一种创新精神和坚韧不拔的斗志,在资源和环境受限的情况下寻求生存与发展的一种方式。这种精神也体现了一种主动适应自然界法则、优化团队的意识。

在很长一段时间里,任正非特别强调"狼性"文化,并对华为在"土狼"时代的精神进行了精辟的总结。他认为,成长中的企业就像一匹狼,狼有三个突出的特点:第一是敏感的嗅觉,第二是坚韧不拔、勇往直前的斗志,第三是团队协作的意识。企业若要发展,就必须具备狼的这些特质。"狼性"作为华为精神的一部分被传承下来,推动着华为不断强劲发展。

3. 军人作风

任正非的从军背景赋予了他鲜明的军事风格和强调对抗的个人特质,塑造其果断的性格,这对华为产生了深远的影响。从 1968 年参军到1982年以副团级军官身份退伍,任正非度过了十四年的军旅生涯,为他烙印下了"无坚不摧"和"严于律己"的军人精神。在任正非的理念里,没有"困难"二字:他要求下属执行任务时不得找借口,不得声称任务无法完成。在1997至1998年,他为华为设定了在中国市场上取得领导地位的目标,尽管当时少有人相信这一目标能够达成,但他最终实现了。此后,他每年设定的目标几乎都能实现。他对个人、家庭和团队成员都要求严格,不允许特权,正是这种严格公正的氛围培养了华为强大的竞争力。

任正非对毛泽东的著作情有独钟,经常在空闲时思索如何把毛泽东的战略思想应用到华为的战略发展中。在军中,他以"学毛标兵"而著称。仔细研究华为的成长历程,不难发现其市场战略、客户政策、竞争策略及内部管理等方面都深受传统战略智慧和军事哲学的影响。在华为内部的讲话和宣传资料中,军事术语频出,显示出浓厚的军事战略特色,如"农村包围城市""批评与自我批评""群众运动""建立根据地"等理念(陈春花,2019)。

4.崇尚知识

任正非出生在一个学术气息浓厚的家庭,他的父亲在贵州的一个山区专科学校担任校长,母亲是该校教师。尽管在童年和青少年时期面临贫困和动荡,但他的父亲始终秉持着"知识就是力量"的信念,不断激励他,让他即使身处逆境,也绝不放弃学习,坚持独立思考。这种对知识的重视深刻影响了任正非的成长,并使他深信知识能够驱动华为的变革。多年来,他本人不断学习,并为华为推荐优秀图书,增加培训投入,引入IBM等国际领先企业的高级培训师进行管理培训,同时坚持将至少10%的年销售额用于研发。这些举措展现了他对"知识创造财富"信念的坚持,这份坚持成为他带领华为迈向国际市场的关键动力。

任正非坚信,持续成功的一个关键要素是:"必须有一个庞大、勤奋、勇敢的奋斗团队,这个团队的特点是擅长学习。"作为终身学习的倡导者,任正非自年轻时就酷爱学习,创业之后更是不断学习,他坚信知识的力量,并认为经营企业有其内在的客观规律。《华为基本法》中提到,"资源是有限的,只有文化能够持续传承。所有工业产品都是人类智慧的结晶。华为没有依赖的自然资源,只能在人的大脑中挖掘出大油田、大森林、大煤矿……"精神可以转化为物质,"知识资本化"构成了华为的商业模式。所谓的"知识资本化",源自任正非对企业价值创造的深刻理解和把握,他深信是劳动、知识、企业家精神和资本共同创造了公司的全部价值。

5. 居安思危

在中国的企业家中,任正非是一个忧患意识较重的企业家,在华为的发展过程中,任正非浓浓的危机意识渗透在华为的经营管理中。任正非曾表示:"多年来,我一直在思考失败,对成功视而不见,没有荣誉感和自豪感,只有危机感。这可能是我们能够生存这么多年的原因。失败是不可避免的,我们必须准备迎接它,这是我坚定的信念,也是历史的必然。"他认为华为面临的挑战是"创业难,守业更难,但知难不难",并强调"华为不经历死亡,就无法重生"。在他看来,只有那些历经重重考验的企业才能称得上成功,而目前发展相对顺利的华为只能算是在成长阶段。他还提出了"灰度"理念,即企业发展并非只有绝对的黑白之分,中间的灰色区域可能是最理想的路径。

任正非的文章《北国之春》体现了他的典型危机思维。2004年10月19日,任正非访问和考察日本后,总结了此次考察的目的。在内部讲话中,"危机"是任正非提到过的频率最高的词语。任正非坦言:"历史给予华为机会,我们要防微杜渐,居安思危,才能长治久安。若我们被眼前的繁荣所蒙蔽,忽视了潜藏的风险,我们就会如同温水中的青蛙,对即将到来的危险毫无察觉,最终在困境中失去一切。"他始终保持着危机意识,并且将他的危机意识传递到公司上上下下。

(三)情绪资本对华为发展战略的影响

1. 以专业化为核心

任正非的低调体现在专注与专业之中,他始终强调华为的管理要静水潜流,华为人要专注做事。在一次内部会议上,他强调:"面对媒体,希望所有员工保持低调。我们的任务就是做好自己的工作。"从华为在中国农村市场取得突破可以看出,华为有着明确的发展战略。任正非始终保持着明确的目标方向,那就是全力以赴构建华为的核心竞争优势,并持续沿着专业化的道路前进。

自华为成立以来的很长一段时间里,公司一直秉承专业化的发展路线,没有拓展到多元化业务。华为坚定地聚焦于通信设备领域,并未进入其他行业。任正非提出,必须抵抗其他行业高回报的诱惑,不应追求短期的繁荣,而应专注于实际的业务发展。他指出,尽管多元化战略可能短期内为企业带来利益,但从长远来看,它会分散企业的资源和精力,可能会导致企业无法在任何领域实现突破,甚至可能导致企业的衰败。

1998年,《华为基本法》正式发布。在该文件中,任正非不仅设定了华为成为世界领先企业的目标,还特别强调了专业化的必要性,他明确指出"为了使华为成为世界一流的设备供应商,我们将永不进入信息服务业"。任正非之所以坚持这一方向,是因为他从贝尔实验室的实践中得到启示。他观察到贝尔实验室将研究成果直接提供给AT&T,却忽略了市场需求,导致大量研发投资未能在市场上得到相应的回报。他认为,如果华为同时涉及硬件和信息服务,就无法在激烈的市场竞争中成为顶尖的设备供应商。"只有通过保持高度的专注和有效应对竞争压力,华为才能不断提升自身,进而发展成为世界级企业,别无他途。"

2. 进军海外

任正非对狼性文化的推崇,使得这种文化一度成为华为企业文化的核心。华为并非我国最早进入通信领域的企业,与它同期起步的其他企业许多已经淡出市场,但华为凭借其狼性文化中顽强地生存和竞争能力,迅速崛起成为该行业的领军企业,并在国际市场上稳固了自己的地位(蔡程程,2024)。

任正非认为,华为公司要像狼一样富有进攻性。早在2000年,华为已在中国通信设备行业占据领先地位,但任正非意识到了国内市场的局限性。一方面,国内两大移动运营商的市场份额多被国际设备商占据,华为只能在一些边远省份获得市场份额;另一方面,华为在小灵通和CDMA市场上未能占据优势。面对国际巨头的竞争,任正非将目光转向海外市场,华为选择了拓展海外市场。华为首先将重点放在了俄罗斯和南美市场,随后逐步扩展到东南亚国家,以及中东和非洲等地区。在5G时代,截至2022年,华为已经在全球获得超过100个5G商用合同,5G基站发货量超过120万个。这显示了华为在全球5G市场中的竞争力和影响力。

3. "农村包围城市"

在华为成立初期,国内市场被阿尔卡特、朗讯、北电等国际电信巨头所主导。面对这些巨头凭借资本优势在国内市场上的激烈竞争和价格战,毛泽东的战略思想深深地影响了任正非,他实施了"农村包围城市"的市场战略。华为首先在国际巨头难以覆盖的农村市场站稳脚跟,

第七章 案例分析：企业家情绪资本与企业战略价值

然后逐步向城市市场扩张。自 1996 年起，华为将这一模式推广至全球，逐步蚕食欧美电信运营商的市场份额，不断扩大国内外市场。

在华为的国际化进程中，与思科的激烈竞争是一个重要的里程碑。思科作为全球网络解决方案的领先供应商，是华为在美国的主要竞争对手。2003 年 1 月，思科在美国对华为提起了长达 77 页的侵权诉讼，涉及 21 项专利、版权、不正当竞争和商业秘密等指控，对华为的海外扩张造成了重大打击。面对这一严峻挑战，任正非以简洁的十个字作为回应："敢打才能和，小输就是赢。"

在任正非的指导下，华为与思科之间的法律纠纷持续了一年时间。面对思科对华为侵犯知识产权的指控，任正非实施了双管齐下的策略：一方面，他在美国招募了一流的法律团队来应对诉讼；另一方面，他与思科在美国的主要竞争者 3COM 结成了联盟，并在 2003 年共同建立了合资公司。在诉讼的关键时刻，华为宣布了与 3COM 的合作，这让思科处于两难境地。虽然华为与思科的争端最终以和解告终，但华为利用这一机会，通过 3COM 的销售渠道将路由器和交换机等数据通信产品引进美国市场。到了 2003 年 12 月，思科的长期合作伙伴 EDS 也与华为签订了合作协议，在美国销售华为与 3COM 合资公司的产品。任正非领导的华为在这场没有硝烟的战争中最终取得了胜利。

4. 持续创新

对知识的尊重和持续学习的态度为任正非提供了更宽广的知识视野，他能够从华为及其他企业的成败经验中吸取教训，从而在制定战略时始终走在创新的前沿。

目前，华为持续深化在 5G 技术、通信设备、芯片开发和鸿蒙操作系统等关键领域的研究，始终以客户需求为中心，不断加强核心技术能力。公司坚持将年销售额的 10% 以上投入研发。仅在 2021 年，华为的研发支出就达到1 427亿元人民币,占全年营收的22.4%,过去十年的研发总投入超过8 450亿元人民币。在研发团队规模上,2021年华为的研发人员数量约为10.7万,占公司员工总数的54.8%。

在推动管理创新方面,任正非投入巨资聘请了多家国际顶尖咨询机构,帮助华为优化其管理体系,涉及市场体系、组织结构和人事制度等多个方面的调整。他认为,管理创新与技术创新有所区别,管理创新要求企业改变其思考模式和行为模式,这可能会在短期内遭到员工的抵触,但从长期来看,这些变革将为企业带来显著的正面影响。任正非曾说过:"革命,革自己的命才是最痛苦的。"必须经历接受、优化再到固化的过程,才能克服阻力,真正吸收和运用先进的管理知识。

5. 危机管理

任正非的危机意识和前瞻性思维让其能够经常预见华为可能面临的危机,并提前做好准备。他曾表示:"我个人没有宏伟的理想,我考虑的是未来两三年要做什么,以及如何做才能生存下去。"他具有危机感和忧患意识,认为只有那些时刻保持警惕的人才能在竞争中生存下来。

在华为2000年销售额突破220亿元之际,任正非并未沉溺于成功的喜悦。同年年底,他冷静地预测到"IT业的冬天必将到来",这一预言令许多人惊讶。他向员工发出警示:"有没有想过,如果我们有一天破产了怎么办?我们太久没有经历过动荡,和平时期提拔的干部太多,许多员工过于乐观和自满,这样下去危机很快就会到来。"他深刻汲取了20世纪90年代日本企业长达十年困境的教训,这让他始终保持警醒和准备状态。

他的预测最终被证实是正确的,那个他最不希望成真的"寒冬"在2001年降临,IT行业泡沫破裂,对华为造成了长达三年的严峻考验。公司内部出现了士气低落和员工流失,同时在外部市场上,华为也遭遇了国内外销售额的下滑。这是华为首次面临如此严重的双重挑战,应对措施尚显稚嫩,但任正非对这场危机的预见为华为提前做好了准备,帮助公司应对即将到来的考验。

任正非的未雨绸缪和危机意识,使得华为始终保持着对危机的警觉,并在行业中创造了许多传奇故事。到了2018年底,华为迎来了前所未有的真正寒冬。2019年5月15日,美国将华为加入"不可靠实体名单",限制其采购美国的芯片和关键组件,企图阻碍华为在5G技术方面的发展。然而,出乎美国意料的是,面对美国的出口管制,华为迅速启动了包括自主研发的芯片和鸿蒙操作系统在内的"备胎计划"。这个被华为保密多年、作为应急准备的"备胎计划"终于浮出水面,一朝天下闻。实际上,对于美国要对华为采取封杀,华为多年前已经有所考虑,并提前进行了布局。因此,任正非才会在此次应对美国禁售令时,表现得非常淡定和从容。这正是华为公司"危机意识"的体现,也是中华文化里面"居安思危"的精神内核。

二、曹德旺与福耀的发展战略

曹德旺被誉为"汽车玻璃大王",也是首位荣获被誉为企业界奥斯卡的"安永全球企业家大奖"的得主。通过捐资建设学校、设立奖学金、援助灾区,以及投资百亿建设福耀科技大学等慈善行为,已经成为他个人形象中的重要标志。

在中国商界领袖中,曹德旺因其独树一帜的个人风格而显得格外突出。他不追求名利、避免公众曝光、长期专注于汽车玻璃行业。他的个性中融合了看似矛盾的特质:既正直又灵活、既谨慎又果敢、既严谨又宽容、既自信又谦逊、既精于经营又慷慨解囊……他说话缓慢、面带微笑,却自带一种不怒自威的气场(卓木,2021)。

如今，福耀玻璃集团已经凭借在全球汽车玻璃销量上的领先地位，彰显了其掌门人的领导力和行业价值。然而，曹德旺本人对此却看得很淡，他认为这是因为有能力的人选择了其他行业，而自己"不够聪明"，只能坚守这一领域，"混碗饭吃"。在变幻莫测、竞争激烈的商业世界中，曹德旺以其低调而专注的态度，展现出了许多值得称赞的企业家性格特征。

《中国企业家》期刊对曹德旺的评价是这样的：不混圈子，低调内敛，多年来一直专注于一个领域，终于成就汽车玻璃全球销量第一的佳绩；做慈善时的慷慨，面对不公时怒目相向，他是各种矛盾对立统一的独特个体，不可复制，富有启迪。

（一）经历与足迹

曹德旺，福建省福清人，1946年生于上海市，是福耀玻璃集团的创立者和董事长。他在16岁时帮助父亲打理烟丝生意，20岁时转行卖水果，每天凌晨3点起床，日收入两元。1976年，他加入了刚成立的福清高山异形玻璃厂，担任采购员。1983年，曹德旺承包了这家玻璃厂，并在那一年盈利就超过20万元。1985年，玻璃厂改制为合资企业，曹德旺抵押家产入股，获得了公司一半的股份，并决心生产国产汽车玻璃。经过努力，他成功安装了生产线并开始生产，当年盈利超过70万元。

1987年，曹德旺与11位合作伙伴共同投资627万元，成立了福耀玻璃有限公司，一家中外合资企业。从1990年开始，福耀进军国际市场，业务扩展至美国、俄罗斯、东南亚、澳大利亚等地。1991年，福耀获准公开发行股票，更名为福耀玻璃工业股份有限公司，总资产增至5 719万元。1993年，公司股票在上海证券交易所挂牌，成为福建省首批上市的民营企业。如今，福耀集团已经成为国内最大的汽车玻璃生产商，技术领先,出口量最大,并获得了全球八大汽车制造商的认证,确立了其行业领导者的地位。

(二)曹德旺的性格和情绪资本特征

1. 坚韧

曹德旺能够获得今天的成绩,与其骨子里的能吃苦、坚韧不拔的性格密不可分。少年时期的曹德旺,遭遇了家道中落,十几岁就饱尝生活的艰辛。在他的记忆中,很长一段时间,家里每天只能简单地吃两顿饭,食物也很简陋,难以抵御饥饿和寒冷。在他经营水果生意期间,每天凌晨3点就从高山公社出发,与果农谈好价格后就地煮饭,中午在酷热难耐的高温下,背着300斤水果穿梭于街头巷尾,将水果全部批发给商贩。通常,他回到家已是晚上八九点,必须立刻休息,否则第二天就起不来了。尽管每天面对着极大的体力挑战,曹德旺却始终坚持不懈,从未放弃。

尽管家境贫寒,曹德旺却始终坚守着高远的志向。早年的艰辛生活让他深刻体会到了人间的冷暖,也塑造了他坚毅的性格(江梦婷,2021)。他深信勤劳可以改变人生,决心通过自己的努力让家人生活得更好。为了生计,他尝试了多种工作,包括种植白木耳,担任过水库工地厨师和修理工、知青连农技员,还销售过果树苗。到了30岁时,曹德旺通过各种商业活动积累了5万多元的"巨资",这笔钱成为他创业的初始资本。随后,他全身心投入玻璃行业,最终创建了今天的福耀集团。

2. 自信

曹德旺坚信,自信是成功的关键,缺乏自信的人难以取得成功。福耀集团能够发展成为全球最大的汽车玻璃供应商,最核心的体现就是他作为中国人的自信。

在1984年,曹德旺游览武夷山时,他注意到国内汽车维修市场上,从日本进口的汽车玻璃价格昂贵,每块竟高达一两千元人民币。这一商业现象严重触动了他的民族自尊心。同时,他意识到汽车玻璃之所以价格高昂,是因为市场被日本和欧美企业所垄断,中国缺乏一个像样的本土汽车玻璃品牌。这让曹德旺下定决心,中国人必须拥有自己的汽车玻璃品牌,他要亲自制造出来。"没有人做,我来做,我要为中国做一片自己的汽车玻璃。让所有的中国人都能用上,用得开心,用得安心。"强大的信念和信心使得曹德旺敢闯敢拼,一头扎进了陌生的汽车玻璃领域,铸就了汽车玻璃的龙头地位。

曹德旺认为,要成为一个成功的企业家,必须拥有四种自信。第一,是政治自信,意味着企业家思想应与国家政策保持一致。第二,是文化自信,企业家需要有坚定的信仰,深刻理解并实践商业道德,展现出文化上的自信。第三,是行为自信,这要求企业家勇于行动、承担责任,并确保行为不触犯法律,不引起公众不满。最后,是能力自信,企业家必须具备卓越的管理能力和决策智慧,如果决策失误频繁,就会失去威信,员工也就不会服从。具备了这些,企业家就能自然而然地展现出威严。

3. 刚正不阿

不混圈子是一种难能可贵的处世态度,也是一种能力和定力。曹德旺不喜欢圈子,他性子刚烈,也曾在公共场合点名批评过很多企业家,一点不留情面。担任福建高尔夫球协会会长的他,将打高尔夫视作自己的唯一休闲活动。与多数人将高尔夫作为社交手段不同,他总是独自一人迅速完成运动后便离开。他如同一位修行者,利用所有时间投入工作,没有休息日,每天凌晨4点就开始新的一天忙碌。他既不与其他商界人士建立私人关系,也不对政府官员阿谀奉承,他的独立和坚定在中国商界中显得格外突出。

曹德旺在处理政商关系上也有自己的原则,不随大流。他曾明确表示,自己从未给任何官员送过礼物,"连一盒月饼都没有",其清正廉洁的作风在福建是出了名的。在创业初期,有位副县长希望曹德旺能将福耀的一些项目交给自己的外甥负责,但曹德旺果断地拒绝了这一要求。在一次福建省国际龙舟邀请赛中,因组织方未遵守赞助协议,曹德旺在众多官员和媒体的注视下,直接将奖杯扔进了河里。在其公司上市时,因为公司给予自己的80万股奖励,曹德旺与福建省的高级官员及人民银行分行行长发生了激烈的争论。在出席北方某省的一个会议时,面对一些官员的傲慢态度,曹德旺也是愤然离席。他就是凭着这种直率刚烈、光明磊落的性格,带领着福耀集团一路披荆斩棘。

4. 爱学习

终身学习,知易行难。曹德旺的生涯,犹如不停翻山登高,每当他在现有的层次顺风顺水,想往上爬却碰上瓶颈时,就必须学习那些陌生的知识,了解新的游戏规则。曹德旺能从一名农村孩子成长为销售员,再成长为企业老板,最后成为世界汽车玻璃大王,终身学习的精神居功甚伟。为了突破自己,他自学了会计学、工商管理等课程,还从各种读物中汲取营养。修养和感悟是无形的,但却能决定一个人未来命运的走向。曹德旺虽不是专业学者,但善于总结的个性、爱读书的习惯和果断的魄力,都是他预先判断福耀集团金融危机、断臂求生的必要条件之一。

在繁忙的工作生活之余,曹德旺始终保持着读书习惯,无论多忙,每天必抽出两个小时读书看报。曹德旺说:"我什么书都读,而且我悟性很高,记性很好。有钱容易,有思想有境界不容易。"曹德旺认为,人们应该阅读两种书籍:一种是"有文字的书",另一种是"无字之书"。有文字的书籍包含了古今中外的故事和案例,可以作为参考,但不应盲目模仿。而没有文字的书则指的是个人的经历、技能和见识,重要的是从中提取有价值的知识,并将这些知识与自己的过去经验相结合。曹德旺在初一就辍学了,没有接受正规教育,但他对中国的传统文化却颇有心得。曹德旺在谈及小企业的成功之道时,就特别点出"仁义礼智信"的重要性,这五个字也是福耀集团的成功秘籍。

5. 慈悲

曹德旺曾说过这么一句话:"不要瞧不起乞丐,人要该进的进,该退的退。向权贵千万不要低头,向位置比我低的人,千万不要跟他们硬。众生平等,慈悲为怀。"自1983年曹德旺首次进行捐赠以来,他便开始了长期的慈善之路。2010年,在央视举办的玉树地震救援募捐活动中,共筹集到21.75亿元善款,曹德旺个人捐出的1亿元,被誉为"中国第一捐"。截至2020年,他的个人捐赠总额已累积至110亿元。他本人表示,财富过多并无实际用处,仅仅是一个象征,但如果用来帮助人,则意义非凡。他认为,行善积德越多,自己的企业也会越兴旺。并非真有神明庇护,而是佛教的修行能够净化心灵,使人在专注行善时内心获得平静与纯粹。

曹德旺写了一本书叫《心若菩提》,能看出他对佛教的笃信与践行。佛教言"以霹雳手段行菩萨心肠",要求合格的信徒既有菩萨低眉的一面,还要有金刚怒目的一面。路见不平,拔刀相助,曹德旺是这样的性格,他平时救济穷苦百姓,在力所能及的范围内造福社会,较起真来他不计成本地与对手打官司,对患病员工贪欲膨胀的父亲当头棒喝,也许正是金刚怒目的狰狞,才使得菩萨低眉的慈悲更加令人敬畏。也正是正直的三观保护他在大风大浪中屹立不倒,灵活的手段也让他在光影交错的商场中游刃有余。

(三)情绪资本对福耀发展战略的影响

1. 坚持专业化

曹德旺的坚韧性格和敢闯敢拼,使他几十年如一日地专注于汽车玻璃领域。曹德旺也曾对媒体说:"我们福耀的目标就是做一片属于中国人自己的玻璃。长期坚持做一件事情,而不为左右的利益所诱惑,我认为这才是我们的核心竞争力。"

在创业初期,福耀集团也经历过起伏与打击。最开始福耀只专注于汽车维修市场的汽车玻璃业务,并且已经占据了相当可观的市场份额,然而,在1992年、1993年、1994年,公司每年的盈利也只有两三千万元。面对日益激烈的竞争,福耀上市之后,迅速地发展出一系列新公司,有汽车玻璃公司、工业公司、装修公司、加油站、高分子公司、配件公司、香港贸易公司……看似福耀发展势头强劲,但实际上,这种盲目的多元化扩张却让公司陷入了忙乱之中,并未能带来预期的利润增长。

后来曹德旺在美国的工业博物馆看到,百年存活下来的企业只有少数几个,都是专注于某个行业的企业,这使他下定决心提升企业的段位,只做汽车玻璃。福耀将产品的市场定位从原来的国内维修市场,拓展为出口维修市场与汽车厂家的OEM(定点生产,俗称代工)。这一次战略转变,犹如凤凰涅槃一般。同时,福耀的管理水平也上了一个新的台阶,这一次改革的成功为福耀的发展奠定了坚实的基础。

福耀玻璃的核心业务始终聚焦于生产高品质汽车玻璃,以满足汽车行业的专业化需求,这种专注使得福耀集团掌握了更高效的生产工艺、强化了研发实力,并在全球设立了R&D中心。同时,公司建立了完善的产业供应链体系,原材料浮法玻璃的自给率达到80%至90%,有效降低了成本。因此,福耀玻璃的利润率和市场潜力在同行业中处于领先地位,近年来其汽车玻璃业务的营业利润率均超过19%。这种主营业务的成功和优势源自对产品专注不懈的执着追求,专注于一项业务为企业带来了规模效应,并进一步推动了福耀集团在全球市场的扩张。

2."四品一体双驱动"质量管理

曹德旺的自信充分体现在其志向的远大,"敢为天下先"的精神也深深影响福耀集团的发展战略目标。早在十几年前,曹德旺就提出:"改变中国制造的形象,必须从提高质量入手。"把一块玻璃做到极致,要为全球行业树立典范,曹德旺的质量抱负已经融入福耀人的血液,成为福耀玻璃的灵魂。

福耀玻璃秉承着"四品一体"的经营哲学,即产品、人品、品质、品位的融合,以人文驱动人品终身提升、创新驱动产品持续迭代,以"为中国人做一片属于自己的玻璃"为公司使命,专注于汽车玻璃领域,致力于提升客户价值和质量管理。公司从原材料的"一粒沙"开始,经过浮法玻璃生产,直至最终的汽车玻璃成品,实现了全价值链的覆盖和管理。同时,福耀玻璃对产品从"研发、设计、开发、制造到服务"的整个生命周期进行严格把控,力求将中国制造的玻璃产品做到极致。

凭借"四品一体双驱动"的质量管理体系,福耀玻璃达成了"高性能、高稳健、高绩效"的"三高"质量目标,实现了核心技术的完全自主控制。其产品与服务获得了宾利、奔驰、宝马、奥迪、通用、丰田、大众、福特、克莱斯勒等全球知名汽车制造商及其主要厂商的认可和选用。福耀玻璃在全球市场的份额稳步增长(国内市场份额超68%,国际市场份额超28%),引领了全球汽车玻璃行业的新趋势。福耀集团共有20项关键质量指标达到国际先进,产品质量达到5.2西格玛,先后主持或参与编制国内外标准23项,专利累计1489项,解决了国内13项"卡脖子"技术难题,核心技术100%自主可控,品牌价值达到1022亿元。

3. 独立自主的应用研发战略路线

自主学习和创新不仅是曹德旺的成功宝典,也是福耀不断提升企业能力的重要途径。曹德旺认为,"君子务本,本立而道生。质量和创新是福耀立业之本"。福耀集团自成立之日起,就坚守勤劳、朴实、学习、创新的企业核心价值,持续走独立自主的发展道路,致力于应用型研发,并坚持开放包容的战略方针。

近年来,福耀集团不断加大科技创新的力度,构建了包括国家级企业技术中心、院士工作站、博士后科研工作站、国家CNAS认证检测实验中心在内的九大科研平台。依托遍布全球的六大研发中心,福耀汇聚了世界各地的创新资源,打造了一个覆盖整个汽车玻璃产业链的自主创新体系。福耀在汽车玻璃的关键制造工艺、设备技术、玻璃天线、镀膜技术、光电技术等核心领域取得了技术进步,并主导或参与制定23项国内外行业标准。公司自主研发了多款符合汽车行业新四化(电动化、智能化、网联化、共享化)趋势的新型玻璃产品,包括轻量化超薄玻璃、AR-HUD玻璃、集成ETC RFID 5G天线的玻璃、可加热的镀膜隔热玻璃、智能全景天幕玻璃、集成化智能立柱等。这些创新产品为福耀的业绩增长注入了强大动力。

4. 反倾销策略

在世人眼中,曹德旺是铮铮铁骨的民族企业家。在美国发起的反倾销官司中,福耀玻璃坚持了长达三年的斗争。面对美国商务部、跨国企业PPG、美国国际贸易委员会等机构,曹德旺始终没有妥协。作为第一家对美国商务部提起诉讼并取得胜诉的企业,充分彰显了曹德旺坚毅不屈、坚持原则的企业家精神（昌之路，2020）。

2001年3月，福耀玻璃集团得知美国商务部对其产品发起了调查，起因是三家美国公司指控中国玻璃倾销。当时，中国企业在WTO反倾销诉讼中尚无胜诉先例。2001年4月，美国国际贸易委员会初步裁定中国部分玻璃产品对美国产业构成实质损害，导致福耀在美国的反倾销税率从9.67%增至11.8%，加拿大提高至24%，部分中国企业甚至面临124.5%的税率，几乎失去了进入北美市场的机会。面对这一局面，许多企业选择默默承受，因为在当时与美国对抗似乎并不明智。然而，曹德旺坚持认为，即使不卖玻璃，也不能容忍是非颠倒，必须积极应诉。尽管福耀在美国的业务占比不大，曹德旺却认为退出美国市场等同于退出全球市场，因此坚决不能退缩。

为了应对反倾销诉讼，福耀聘请了美国顶尖的反倾销律师事务所，并花费300万美元聘请了伟凯律师团队，这一投入在当时福耀美国子公司的注册资本426万美元中占据了相当大的比例。在诉讼过程中，福耀提交的文件堆积如山，总重量达到数百公斤，同时美国商务部扣留的保证金也接近600万美元。此外，福耀还与北京对外经贸大学合作成立了中国反倾销研究所，汇聚业界、学术界和政府官员共同探讨国际反倾销的热点议题。

经过无数次的听证与举证，2004年10月15日，美国商务部宣布了行政复审的最终裁决，取消了福耀玻璃原本11.8%的预缴反倾销税，仅对福耀征收0.13%的关税，并退还了之前多收的400万美元税款。这一胜诉案例是中国加入WTO后首次在反倾销诉讼中获胜，也成为中国企业在反倾销斗争中的典范。自此，福耀的名字在全球范围内广为人知，越来越多的美国汽车制造商成为福耀的客户。这场官司的"国际宣传"效果，为福耀开辟了通往欧洲市场的新通道，同时在日本、俄罗斯、澳大利亚的市场份额也迅速增长至7%、10%、30%。

5. 出资百亿创立大学

"义利相济、慈悲为怀"是曹德旺的信仰和从商之道,也促成了福耀集团以"发展自我,兼善天下"为社会责任理念。

2011年,河仁慈善基金会成立,这标志着中国首个以捐赠股票形式创建的慈善基金会的诞生,曹德旺捐赠了3亿股福耀集团股份给该基金会。到了2021年5月,河仁慈善基金会宣布计划投资100亿元建立"福耀科技大学",这所新型公立大学将遵循"高水准、小规模、实用型、国际化、市场化"的办学方针,致力于培养理工科领域的应用型和技术技能型人才,这些人才对中国实体经济和先进制造业的发展至关重要,同时,也关系到国家安全。福耀科技大学旨在汇聚全球一流人才,借鉴欧美、日韩等发达国家的先进办学理念和教学经验,招聘世界前沿技术型院校的师资,培养具有国际化视野、工匠精神和创新管理能力的高素质应用型和技术技能型人才,成为中国新时代工程师的摇篮。

百亿投资创立大学,曹德旺可谓是不遗余力。这是近现代真正意义上的第三所民办公立大学,新中国第一所由企业家创办的公立大学。在中国教育三十人论坛第八届年会上,曹德旺阐述了创办这所大学的初衷:"我办一所大学的目的,不是让中国多一所大学,而是在效仿日本和德国做法的同时,希望能探索到一条适合并推动中国向前发展的路。"福耀科技大学计划率先发展理工学科,包括材料科学、生态环境、电子信息、精密仪器与装备制造等专业。通过先进制造业人才的培养,不仅助力福耀集团迈上新台阶,更将推动国家实体产业的升级发展。

三、董明珠与格力的发展战略

董明珠被誉为"铁娘子",是商界中一位极具影响力的女性领袖。

她目前担任珠海格力电器股份有限公司的董事长。在中国企业家群体中,女性企业家的占比虽不算高,但董明珠无疑是其中的佼佼者。业界同行们谈及董明珠时,常这样描述她:"董姐踏过的地方,草都长不出来。"这反映了她作为"铁娘子"的坚强与魄力。在格力电器,员工们对这位女领导的评价是:"说话铿锵有力,行动迅速果断,即使不化妆,看上去也比实际年龄要年轻。"媒体对她的评价则是:"董女士在36岁之前的生活平淡无奇,但36岁之后,她凭借自己的坚持和毅力,开辟了一条独特的道路。"很少有人像她这样,36岁起步于基层销售岗位,却在短短15年内凭借非凡的能力成为格力集团的CEO。

很多人对董明珠的第一印象是雷厉风行、不好惹,带领格力成为全球空调市场的霸主,素有"铁娘子"的美誉,行事风格十分霸气、果敢,让竞争对手感受到了巨大压力。董明珠坦率地表示,温顺无法解决问题。"有人讲女性可以通过聊天或流泪来博得他人的同情,但我不需要这样,我认为女性需要具备战斗精神。女性要成为出色的领导者,往往比男性更加辛苦。我每天都过得很开心,面对重重困难,都能一一克服。"

(一)大器晚成不失天分

董明珠,1954年出生于江苏省南京市的一个普通家庭,她的教育背景包括安徽芜湖职业技术学院、中南财经政法大学、中国社会科学院经济学系研究生班和中欧国际工商学院。1975年,董明珠在南京的一家化工研究所开始了她的职业生涯,在所内担任行政职务。36岁之后,她以坚韧不拔的毅力,书写了一段令人敬佩的职业传奇(张沉,2012)。1990年,董明珠离开原工作岗位,南下加入格力,从基层业务岗位开始,逐步成为商界的传奇女性。她的个人销售额曾达到3 650万元,不断刷

第七章 案例分析：企业家情绪资本与企业战略价值

新格力的销售纪录。

从1994年起，董明珠在珠海格力电器股份有限公司担任了经营部部长、副总经理及副董事长等职，2012年5月成为格力集团董事长。她连续三届担任全国人大代表，并在多个社会组织中担任要职。2004年，董明珠被《中国经济周刊》评为"中国十大女性经济人物"，并获评"受MBA尊敬的十大创新企业家"和"中国十大营销人物"。2012年，她获得亚洲质量网组织的"石川馨—狩野奖"，成为首位获此殊荣的女性。2014年，董明珠被联合国任命为"城市可持续发展宣传大使"。2016年10月18日，她继续担任格力电器的董事长和总裁。2017年，她被评为"2016十大经济年度人物"。2018年6月，董明珠获得"国家知识产权战略实施工作先进个人"荣誉。2021年，她再次当选为全国人大代表，并被授予"南粤首届优秀女企业家"称号。

（二）董明珠的性格和情绪资本特征

1. 坚韧执着

董明珠在36岁时加入格力，从基层销售人员起步，经过11年的奋斗，最终成为格力电器董事长。1990年，董明珠加入格力，她几乎全身心投入了工作中。起初，她对营销一无所知，缺乏行业经验和社交技巧，也不擅长应酬，使得她在销售岗位上起步艰难。因此，她不得不利用休息时间加紧学习销售技巧，以弥补自己在销售领域的不足。

董明珠将工作视为生命般珍贵，倾尽自己一生的青春与热血奉献其中。在一次跑业务中，她不小心摔成了骨裂，当时正是销售空调的旺季，本就刚刚起步的事业如果就此休息，所有的努力即将白费。深思熟虑后，她强忍着疼痛，硬是满城跑业务，直到疼得直不起腰来，被同事发现才送去医院。正是凭借这股"拼命三娘"的狠劲，在入职半年的时间里她便跑完了300多万元的单子,拿到6万元的年终奖。

除了工作拼命,董明珠讨债也是一流。因前业务员留下了42万元的债务,欠债的老总老奸巨猾一直不给。董明珠接手工作后,每天都会跟着债主,甚至直接坐在门口等债主下班。在她软磨硬泡四十天后欠债的老总终于受不了,才被董明珠讨回了42万元的债务。这令当时的总经理朱江洪瞬间对其刮目相看,她也因此声名大噪。

就这样凭着不服输的、敢拼的劲头,在进入格力前四年,董明珠个人销售额从一开始的几百万元,到三年后几千万元,占整个公司销售额六分之一。她曾被《财富》杂志评选为"全球50名最具影响力的商界女强人"称号。

2. 霸道强硬

2004年2月,随着空调市场的复苏,家电企业正蓄势待发,准备全力以赴迎战新的挑战。当时董明珠正在北京参加全国两会,突然接到报告,国美电器成都分店未经格力许可,私自降低了格力空调的价格。这一行为激怒了董明珠,她迅速且坚决地做出回应:中断对国美的供货。国美一向习惯于主导市场,却意外遭遇了董明珠这个不愿屈服的对手。由此,双方的冲突迅速升级。

同年3月,国美电器宣布全国门店清空格力的库存,这一行动如同火上浇油,使得双方的矛盾迅速激化,关系急转直下。一边是连续九年国内空调销量领先的制造商,另一边是中国最大的家电零售商。这场两大巨头的较量,似乎注定会有一方受损。当时,许多专家认为格力此举无异于自我毁灭,过于意气用事,可能会导致失去大量市场份额。按照常规思维,国美的市场垄断地位已经确立,没有其渠道支持,格力的前景难以想象。然而,董明珠却毫不畏惧。她甚至提出了更为激进的观点:与国美这样的大型家电连锁零售商合作,对许多制造企业来说,

第七章 案例分析：企业家情绪资本与企业战略价值

可能只会加速其衰败。这一决断标志着双方关系的彻底破裂，同时也坚定了董明珠自建营销渠道的决心。事实证明，格力的这一战略取得了成功，形成了以自身渠道为主的"格力模式"。

时隔多年，回忆起那场商业竞争，董明珠态度依旧平和："实际上，我与(国美电器主要负责人)从未有过面对面的交流，当时的冲突仅仅是基于各自公司的利益，这是商业中常见的情况。"在营销领域，董明珠坚持自己的原则，即便面对国美这样的家电连锁巨头，她也没有妥协。既然国美不愿意遵循格力的营销规则，格力也没有必要依赖国美。董明珠果断地将格力产品从国美撤下，转而采用自创的"格力模式"销售空调。这表明董明珠在营销策略上非常坚定，不允许任何人忽视格力的战略方针(吕秋慧 等，2016)。她将营销比作下棋，认为一旦规则确定，就能确保制造商和经销商的利益，所有行动都应遵循这些规则。在市场这个巨大的棋盘上，她乐于将各种变化视为一场永无止境的棋局，而她自己无疑是一位强势且坚定的棋手。

3. 原则性强

原则性极强、直率成为董明珠的标签。她的许多下属对她既敬仰又害怕。她曾向媒体表示："与我共事的人都认为，和我保持一定距离比较好，因为离得太近就容易看到问题。一旦看到问题，我会不分场合、不择时机地直接指出，因此可能觉得我在这方面很强硬，原则性过强。"

在20世纪90年代末，格力电器作为国有企业，内部关系和利益错综复杂。改变管理上的旧习惯的重任，落在了能力强、有决心的董明珠身上。她因业绩突出被提升为经营部负责人，上任后首先严格抓内部纪律。一次，董明珠因肋骨受伤住院，同事们的集体探望让她感动，但出院后第一天，她发现员工在上班时间吃零食，立刻严厉质问并罚款，即使下班铃声随即响起,也丝毫没有影响她的决定。这一事件让所有人意识到董明珠对规章制度的严格执行。尽管有人私下抱怨她不近人情,但正是这种严格的工作纪律使经营部成为格力效率最高的部门。董明珠曾表示,当一个人不再指出你的错误时,他其实是最不关心你的人,因为真正的关心是指出不足并帮助改正。

董明珠坚守原则是出了名的。她曾因秉持原则,与兄长反目成仇,坚决拒绝其兄长成为格力经销商的请求;也因坚持原则与公司高层对抗,甚至公开批评领导的不足。她强调,在原则问题上绝不妥协,这可能让人觉得她强硬,但在非原则问题上,她可以灵活处理。对她来说,企业利益和工作制度是原则问题,任何人都不得违反。无论是对待员工、家人还是自己,董明珠都严格得不留情面。正是这种多年来对原则的坚守和对工作的严格要求,才塑造了格力今天的成就。

4. 自信坚定

"我没有判断错误过,任何项目都不会出错。"在诸多公开场合,董明珠均如此表示。就是这样强大的自信和坚定,促使董明珠从一个名不见经传的基层员工成长为世界十大最具影响力的华裔女企业家之一。

董明珠在格力工作超过三十年,其职业生涯并非一帆风顺,也曾因推动改革而遭受了无数的质疑和攻击,但她从未放弃。其中的坚持与犹豫、决断与忍耐,非亲身经历者,实难完全理解其中不易。格力电器的董事会秘书邓晓博表示,"企业要实现长期健康的发展,就必须有自己的坚持,企业家也需要有独到的见解。在这个过程中,不被理解、面对批评和舆论压力是难免的。"他认为董明珠的内心极为坚强,"如果是我们,内心可能早已动摇。"

董明珠则表示:"我并非天生强大,我只是坚信自己所做的事。"在格力电器的多次重大变革和转型中,董明珠都"挺住"了。方祥建,一位长期负责质量管理、因坚持原则而常与人发生冲突的员工,也得到了董明珠的重用,现已成为格力电器的副总裁。2016年,面对格力电器遭遇的敌意收购危机,董明珠的一句"天塌下来,我先顶着"稳住了团队的士气。在许多格力老员工看来,董明珠最显著的特点就是她坚定不移的意志——一旦决定的事情,她一定会全力以赴地完成。

(三)情绪资本对格力发展战略的影响

1. 专业化和多元化战略

董明珠的坚韧个性表现在其不怕苦、不服输的精神,对于格力公司的发展,她也多次强调对于技术研发、业务经营要有"吃亏精神",坚持下来才会有收获。对于格力多年坚持的专业化路线,到如今的多元化发展,外界议论纷纷,阻力重重。董明珠则坚定地推动格力电器走向多元化,即使面临市场压力和流言蜚语,她依然迎难而上。

董明珠强调,专业化是格力最显著的经营特色,也是格力技术创新、占领市场高地的核心。长期以来,格力电器坚持专业化发展,聚焦于空调领域。自1996年起,格力电器便将空调作为核心业务,致力于空调产品的研发,持续进行产品改良与升级,旨在制造出具有格力特色的高端优质空调。实际上,格力电器的专业化发展道路已经取得了成功,其专注于空调行业的发展战略使其销量始终保持行业领先地位,为企业的持续成长奠定了坚实基础。

2004年,格力电器开始拓展其业务范围,进军小家电市场,生产和销售净水器、加湿器等家用小电器,以增加产品线多样性。董明珠明确指出,尽管格力在推行多元化战略,空调业务仍是公司的核心。她强调,格力之所以能持续发展并在全球领先,是因为专注于单一产品类别并实现了全球销量第一。在中国,格力空调市场份额接近一半,国际市场上也保持领先地位。格力将继续以空调业务为支柱,同时积极拓展新能源、家用电器、工业产品、精密模具、手机和智能设备等新兴领域。2015年,格力正式进入手机市场,并逐步加大对智能家居技术的研发投入。随着智能制造和产业升级计划的推进,格力的多元化战略主要体现在业务范围的拓展,涉足家电制造、智能装备、智能通信等多个行业;品牌线日益丰富,拥有大松、晶弘、凌达等子品牌;以及产品种类的多样化,涉足多种产品的研发与销售,并在新能源、智能装备和电容电机等三大工业领域取得了显著进展。

2. 渠道改革

董明珠曾说过这样一句话,"想成事,要对自己狠一点"。正是她的霸道强悍,才带领了格力历经一次次变革,创下格力电器王国(梁宵和史小兵,2022)。董明珠谈到格力的渠道变革时表示,"渠道变革首先是革自己命"。

第一次渠道变革标志着大客户经销商时代的来临。1995年,随着空调行业需求的增长,个人业务员已无法满足市场扩张的需求,董明珠洞察到这一趋势,引领格力从依赖业务员转向大客户经销商模式。格力电器开始与全国大型经销商合作,建立了以大客户为基础的分级销售体系,并首创"淡季让利"政策,即在淡季期间逐步让利给经销商,鼓励他们提货和年终返利,有效解决了淡季库存问题。

第二次渠道变革的核心是区域股份制销售公司模式。1996年,湖北的4家大经销商之间爆发了价格战和恶性竞争。对此,董明珠迅速做出反应,于1997年成立了中国首家由制造商联合组建的地区性品牌销售企业——"湖北格力空调销售公司"。这一模式以资产联合和品牌核心为基石,甄选主要经销商共同投资,建立了专门经营格力产品的股份制销售公司。格力负责产品研发和品牌推广,而市场开拓、销售、售后服务则由销售公司完成,实现了价格、渠道和服务的统一,使区域经销商形成了利益共同体。

第三次渠道变革涉及专营代理和连锁大卖场的尝试。2001年,格力在湖北成立了"新欣格力公司",取代了原有的湖北格力销售公司,以解决与大区域经销商之间的利益冲突。随着格力的快速发展,董明珠发现有人利用格力品牌进行"体外循环",私下出货牟取暴利。在她的果断指挥下,格力更换了一批人员,自己承担起专营代理的角色,吸收小经销商参股,加大资金投入,削弱地方经销商的大股东地位,并直接派遣管理人员到销售公司,确保总部掌握管理权和话语权。

第四次渠道变革:自建专卖店与股权捆绑。2004年,家电连锁龙头国美开展了"空调大战"计划,搞降价促销。格力的品牌和品质就是格力空调最大的卖点,溢价当然也比别的空调高出一点。而当时,成都的国美店就大幅降价亏本促销格力空调,冲击了格力的价格体系,商场里全是蜂拥而至的老百姓。这不是董明珠想看到的,因为品牌不能自贬身价,定价权必须掌握在格力手里。所以,格力当即决定停止向国美供货。国美也开始在全国所有卖场上清理格力空调库存。董明珠开始了格力的第四次渠道变革,先是自建专卖店渠道,然后一部分股权转让给主要经销商,形成格力跟经销商的交叉股权结构。

从2019年底,格力电器开展了新一轮的销售渠道变革,通过直播开展线上销售,以抵御线下销售遭受的冲击。董明珠在一次次的渠道变革中,展现了身为女性管理者的强硬和敏锐的眼光,格力的品牌形象和品牌溢价也都得到了保障。

3. 制度管理

董明珠一贯坚守原则,倡导法家思想和制度化管理,她坚信制度一旦确定就必须严格执行,对所有人和事都一视同仁。在她的领导下,格力电器获得了"2013年度中国经济年度企业"称号,并连续九年入选《财富》杂志"中国上市公司100强"榜单。这些荣誉和成绩是对董明珠管理方法和格力持续创新精神的认可。三十多年间,格力的快速成长赢得了全球关注,这些成就与董明珠原则性极强的性格和对制度管理的坚持密不可分。

在员工管理方面,董明珠为格力电器建立了一套严格的管理体系,覆盖招聘、任用、培训、留住人才及考核等多个方面,并制定了详细的规章。与一些企业在劳动力短缺时更注重数量而非质量不同,董明珠特别强调对一线员工进行严格的选拔。她要求一线员工要求具备强大的岗位操作技能,高度重视产品质量,完全遵守格力的管理规定,服从公司的安排,并对公司保持忠诚。总的来说,员工的价值观必须与格力的价值观一致,以确保他们能够完全遵循企业的生产全检和不断创新工艺等流程的规定。

在产品管理上,董明珠一直秉承以质量为核心的战略。她坚信,持续稳定且可靠的质量是产品赢得消费者长期青睐、品牌深入人心的关键。为此,格力推出了"总裁十二条禁令""八项方针"等质量管理规定,以确保向市场提供的是顶尖质量的产品。产品质量管理包含两个层面:一方面,全面质量管理、精品战略、"零缺陷"以及ISO9001质量体系认证的实施,使得格力的内部质量标准达到国家标准的三倍;另一方面,格力不惜成本使用最优质的材料,以确保产品的卓越品质和耐用性。这种对质量的执着追求,使格力荣获"国家首批产品质量免检企业""WQO国际之星金奖"和"中国名牌产品"等称号。董明珠还强调在产品售前和售中提供服务,以预防和解决大部分质量问题,她认为"最佳的服务就是无需售后服务"。

4. 自主研发战略

研发和创新一直是格力的使命。在 2020 年中国企业家博鳌论坛上,董明珠展现出了她的自信与决心,她坚信格力能够为家庭带来美好与幸福,制造出最尖端的电器产品是格力的追求和信仰。她曾向《中国经济周刊》表示,"我们的产品旨在为用户带来全新的体验,甚至有可能改变他们的生活方式。"

在科技创新的道路上,董明珠面对挑战从未退缩,她推动格力电器加快自主研发的步伐。2003 年,格力的技术团队经过不懈努力,成功研发出第一台多联机,使格力电器成为国内家用中央空调领域的领先制造商。2005 年,格力推出了首款具有自主知识产权的大型中央空调——离心式冷水机组,以及首款超低温热泵数码多联机组,实现了技术上的重大突破。到了 2010 年,格力正式宣布"掌握核心科技"的品牌口号,决心成为科技领域的"领航者"。截至 2022 年 6 月,格力电器累计申请国内外专利 100 030 件,专利授权量 57 683 件,其中发明专利申请量为 49 963 件,PCT 专利申请量为 2 310 件。

凭借自主研发技术的底气,格力电器在 2005 年领先行业推出了"六年免费保修"的空调服务政策。这种持续不懈的追求,使得格力电器从一家年产量不足 2 万台窗机、净资产不足千万元的小型空调制造商,逐渐发展成为如今年销售额超过 1 800 亿元的国际工业集团。这一成就不仅体现了格力对产品质量的自信,也展示了其对消费者承诺的重视。

四、张瑞敏与海尔的发展战略

张瑞敏作为海尔集团的缔造者,也是全球最具影响力的 50 位管理思想家之一。在超过三十年的创业历程中,他引领海尔从一个濒临破产、资产负债的小型企业,发展成为一个国际知名的家电巨头,并在全球率先建立了生态品牌。他对管理方式的持续革新,赢得了国内外管理学界的广泛认可和赞誉。

2016年6月,在纽约公共图书馆苏世民(Schwarzman)大楼举行的第86届耶鲁CEO峰会上,张瑞敏荣获"传奇领袖奖",成为当年唯一获此殊荣的中国企业领袖。耶鲁大学管理学院领导力项目高级副院长杰弗里·桑尼菲尔德评价说:"张瑞敏是真正的全球商业领袖,他的成就让竞争对手、业界同行以及中国的商业领袖们都对他充满敬意。作为一位变革型领导者,他融合了中西方商业实践的精髓,形成了自己独特的管理模式。"全球顶尖战略家加里·哈默将张瑞敏视为互联网时代CEO的典范;"竞争战略之父"迈克尔·波特则称赞他为"卓越的战略思想家"。

(一)传奇人生路

张瑞敏于1949年出生于山东省莱州市,他出生在一个工人家庭。张瑞敏的妈妈是一个学识非常渊博的人,在母亲的影响下,张瑞敏从小就对学习有非常浓厚的兴趣。在小时候,张瑞敏最喜欢的不是和其他小朋友们一起到处玩,而是喜欢去图书馆读书。尤其是上了高中以后,他经常去青岛市图书馆,他的阅读量也大大提升。正是学生时代对知识的热爱,打开了张瑞敏的眼界,才开辟了一条独属于他的传奇之路(毕夫,2014)。

1968年高中毕业后,张瑞敏加入了国营青岛建筑五金厂,从基层员工做起,逐步晋升至班组长、副厂长。1982年,33岁的他迎来了职业生涯的转折点,被调至青岛市家用电器工业公司担任副经理,并成功使这家濒临破产的公司重焕生机。1984年3月,张瑞敏进一步担任副总经理,成为青岛电冰箱总厂(海尔集团的前身)引进国外生产技术的项目

第七章 案例分析：企业家情绪资本与企业战略价值

负责人。2016年，他主导了海尔集团对美国通用电气家电业务的兼并，因此入选《财富》杂志评选的"中国最具影响力的50位商界领袖"。同年，张瑞敏在第86届耶鲁CEO峰会上荣获"传奇领袖奖"，成为中国唯一获此荣誉的企业领袖。2018年12月，他被党中央、国务院授予改革先锋称号，并颁授改革先锋奖章，以表彰其在企业管理创新方面的卓越贡献。2019年，海尔以"物联网生态"品牌身份首次进入BrandZ全球品牌百强榜单，成为全球首个也是唯一一个获此殊荣的物联网生态品牌，这些成就彰显了张瑞敏在企业管理和创新领域的杰出领导力和深远影响力。

（二）张瑞敏的性格和情绪资本特征

1. 好学善思

高中毕业后，张瑞敏追随父母的脚步，进入工厂工作。尽管他的正规教育就此结束，但他对知识的渴望从未减退，始终坚持"终身学习"的理念。在那个没有全日制教育的年代，他报考了业余大学，白天工作，晚上则不顾路途遥远去学校上课，风雨无阻，他从不畏惧艰辛。他后来回忆道："从社会的最底层做起，这反而成为我今天最宝贵的财富，这种经历可能比单纯的学历更有价值。在那个时代，没有人关注你，被遗忘在角落，所有的机会都需要自己去争取。"在事业稳定后，张瑞敏继续深造，获得了中国科技大学的工商管理硕士学位。他不断提升自己的学历，从中汲取管理智慧。张瑞敏始终坚信，知识是不断更新的，持续学习至关重要，这样才能与时俱进。

张瑞敏的办公室旁边设有一个小型图书室，他保持着每天至少阅读两小时的习惯。在阅读过程中，他偶然间发现了管理学大师彼得·德鲁克的经典著作《卓有成效的管理者》，这本书对他产生了深远的影响,他甚至熬夜研读。张瑞敏后来回忆,德鲁克的观点仿佛是他身边同事的建言,面对同样的现实问题,却能提供他未曾考虑的新视角。在应对市场的不确定性和全球竞争时,德鲁克的书籍为他提供了许多宝贵的启示。张瑞敏经常强调,书籍是他的精神食粮,让他的思想得以扩展,而这种持续的学习和思考习惯,对他后来理解和处理各种事务起到了极大的促进作用。

2. 百折不挠

张瑞敏身上兼具果断的决策力和不屈不挠的毅力。他从接替父亲的工作成为工厂工人开始,逐步通过民主推荐担任班组长、车间主任,最终晋升为厂长,并在35岁时被提拔为青岛市家电公司的副总经理,职业道路一帆风顺。张瑞敏至今记忆犹新的是,在他担任家电公司副总期间,最令他感到自豪的成就是成功从国家部委争取到了青岛电冰箱总厂引进德国"利勃海尔"冰箱投资项目的批准文件。然而,张瑞敏未曾预料到的是,他的职业生涯将与这家企业紧密相连。

青岛电冰箱总厂是由两家小型集体企业合并而成的国营企业,因管理不善,面临高达147万元的巨额亏损。在不到两年的时间里,该厂连续更换了三任厂长,他们或是因困难重重而主动辞职,或是被不满的员工迫使离任。更为糟糕的是,由于企业前景黯淡,员工士气低落,厂区内暴力冲突频发,偷盗行为也屡见不鲜。在这样的背景下,张瑞敏被任命为青岛电冰箱总厂的厂长。他回忆道:"我到青岛电冰箱厂上任时,迎接我的是53份调职申请,工人们8点上班,9点就离开,到了10点,即使在厂区里扔个手榴弹也伤不到人。"

此时的张瑞敏正值年富力强时,坚韧顽强的性格使得他迎难而上,也使得这个濒临倒闭的工厂起死回生。刚上任时,张瑞敏在一次全厂职工大会上宣布了他亲自制定的"13条禁令",其中第10条规定严禁在车间内随意大小便。在这"13不准"的规定约束下,工人们的作风开始发生变化,涣散的人心逐渐凝聚。在接手青岛电冰箱总厂的第二年,张瑞敏通过引进德国知名冰箱利勃海尔的生产线让这家旧厂慢慢焕发出了新机,这一年工厂甚至实现了扭亏为盈。其中,有大刀阔斧的改革,有破釜沉舟的勇气,也有百折不挠的坚韧,张瑞敏的性格情绪和管理风格也开始初见端倪。

3. 自以为非

万物无恒,思想永存。在张瑞敏的传奇人生中,他始终奉行着"自以为非"的理念——以用户为是,以自己为非。在一次公开演讲中,张瑞敏分享了他在2018年底的一次特殊旅程。他特意驾车两个多小时,从希腊雅典前往德尔菲神庙遗址,只为探访那句著名的神谕"认识你自己"。

相传,苏格拉底的一位朋友曾前往德尔菲神庙求取神谕。神谕宣称,苏格拉底是当时世界上最聪明、最有智慧的人。对此,苏格拉底深感诧异,在广泛询问各路智者后,他得出了这样的结论:"我之所以最有智慧,并非因为我知晓一切。我和其他人最大的区别在于,他们不懂却假装懂,而我清楚自己无知,需要不断学习,因此我'自知我无知'。"这句神谕深深触动了张瑞敏,让他深刻体会到,在时代的发展中,我们应保持"自知无知"的态度。这与张瑞敏在企业管理探索中始终坚守的"自以为非"理念不谋而合。

张瑞敏曾经表达过这样的观点:"如果谈论我的贡献,那就是探索,持续不断地探索。海尔至今已经走过了这么多年,我们没有保持一种可以被他人复制、被他人持续认可的状态,而是一直在探索之中。我认为这种探索至关重要,尽管最终的结果可能是双重的,你应当努力成为先锋,而不是烈士。"因此,他以"自以为非"的心态,始终保持着探索的精神，在时代变革的洪流中引领企业进行前瞻性的创新。这不仅是张瑞敏在企业管理上的独特见解，也是海尔能够持续进行组织变革和创新的关键所在。

4. 胸襟宽阔

在中国民族工业扬帆远航的征途上，海尔集团如同一个全球性的"战略高地"，而其创始人张瑞敏则如同一座面向世界的"瞭望塔"。在张瑞敏撰写的著名短文《海尔是海》里，他这样描述："只有大海能够以宽广的胸襟包容众多河流而不排斥涓涓细流，能够容纳污浊并将其转化为清澈的水域。正因为如此，才有长江的汹涌、黄河的激荡、小溪的潺潺，它们不惧千难万险，竞相涌入大海，汇聚成浩瀚无垠、永不枯竭、绝无仅有的壮丽景象。"像"瞭望哨"一样胸襟开阔的张瑞敏与5万多名海尔员工一起，凭借他们对国家的忠诚和对卓越的追求，为中国的民族工业走向国际舞台，描绘了浓重而精彩的一笔。

海尔集团的成就和今日的地位，可以被视作一段"传奇"。这段传奇背后，彰显了张瑞敏坚毅的精神和坚定的信念。张瑞敏至今仍然清晰地记得三十五年前的一幕。当时，他为了引进技术前往德国，恰逢当地节日庆典，德国人在庆祝中似乎轻描淡写地提到："在德国市场上，最受欢迎的中国产品是烟花和鞭炮。"张瑞敏回忆起那一刻，他感到非常心痛。"难道中国人只能依靠古代的四大发明来维持生计吗？"从那时起，张瑞敏的目标不再局限于一种冰箱技术或产品，而是要打造一个民族品牌，一个能够代表中国民族工业走向世界的品牌形象。以最快的速度建立这样一个品牌，为国家赢得荣誉，成了张瑞敏和海尔团队最强大的驱动力（侯隽，2021）。

在全球化浪潮风起云涌的今天，张瑞敏和他所代表的海尔人，用自己不断创新的步履，用"海尔是海"的胸怀，用"海尔—中国造"的气魄，

第七章 案例分析：企业家情绪资本与企业战略价值

用"敬业报国、追求卓越"的企业精神,凭借着一个不断创新的群体、一个不断创新的体系、一个不断创新的机制,抒发了新一代中国民族企业家敢与世界试比高的凛然气概。

(三)情绪资本对海尔发展战略的影响

1. 名牌化战略

张瑞敏的勤学善思使他拥有敏锐的洞察力和高瞻远瞩的眼光,深深影响着海尔的发展方向。除了著名的"13条禁令",海尔还有一件同样广为人知的标志性物品——一把重量级的大铁锤。在海尔的展览馆中,这把象征着质量与品牌故事的大铁锤依旧被陈列在显眼的位置,继续向参观者讲述着那个关于品牌的故事。

1985年,张瑞敏新任领导职位时,对库存的冰箱进行了检查,发现有76台冰箱存在质量问题。在当时,购买一台冰箱对于大多数工人来说是一笔巨大的开销,可以说是一种奢侈品。然而面对一些员工提出的将这些冰箱折价卖给工人的建议,张瑞敏坚决选择了另一种做法:将所有问题冰箱全部砸烂销毁。

要知道,在当时中国工业生产中,产品被分为一等品、二等品、三等品乃至等外品是一种普遍现象,只要产品能够使用,就可以名正言顺地出厂销售,并且肯定有市场需求。因此,销毁76台冰箱在当时无疑是一个大胆且令人震撼的举动。当张瑞敏将大锤交给那些亲手制造了这些冰箱的工人,他们含泪砸毁了自己制造的产品,即便是有决断力的张瑞敏也难免感到心痛,但他的视角超越了这76台冰箱的直接价值。他认为,如果不把这些有缺陷的冰箱毁掉,企业最终将被市场淘汰。在他看来,没有质量就没有品牌,没有质量就没有市场。正是凭借这把大锤,"有缺陷的产品等同于废品"这一全新的质量理念,深刻地烙印在了海尔员工的心中。

砸冰箱的事件不仅树立了海尔对产品质量重视的正面形象,使海尔成为质量意识的代名词,而且成为中国企业重视质量的一个标志性事件,被众多媒体、高校作为"经典案例"进行分析。同时,这一事件也巩固了张瑞敏在海尔的领导地位,让所有海尔员工深感信服。张瑞敏始终强调,在诚信的基础上,产品制造必须将用户需求放在首位,生产出高品质的产品。通过这一事件,海尔开启了其创始阶段的品牌战略。

2. 多元化战略

张瑞敏的"自以为非"思想体现在他将变化视为常态。他认为,市场唯一不变的法则就是变化本身,不创新就意味着消亡。从过去到现在,海尔的成长历程始终贯穿着创新精神和多元化战略。持续不断的创新已成为海尔持续发展和壮大的坚实基础。

在海尔采取横向和纵向一体化战略推进多元化发展的过程中,张瑞敏提出了"吃休克鱼"理论。这个理论指的是挑选那些硬件设施完善,但因管理问题导致市场竞争力下降的企业,通过注入海尔的管理文化来使其重焕生机,实现无形资产对有形资产的激活。利用这一战略,海尔合并了18家企业,成功挽救了包括5.5亿亏损在内的15亿资产,使得这些企业全部实现了盈利。红星电器厂,一个原本生产洗衣机且负债1.33亿元,资产负债率高达143.65%的工厂,在被海尔收购后,仅派遣了三人管理团队,保留了原有员工和设备,第一个月亏损700万,第二个月亏损减少,第五个月就实现了100余万的盈利。这一案例后来被哈佛教授作为研究对象。《海尔文化激活休克鱼》成为中国企业首个进入哈佛案例库的案例,张瑞敏也成为首位在哈佛商学院演讲的中国企业家,这标志着海尔的管理理念开始获得国际认可。

第七章 案例分析：企业家情绪资本与企业战略价值

3. 国际化战略

"向对手学习,与狼共舞师夷长技。"充分体现了张瑞敏如海般宽阔的胸襟。对于海尔的发展道路,他始终保持着不怕输、兼收并蓄的开放心态。

在1998年到2005年间,海尔这样的大型中国企业站在了选择的十字路口:是深入农村市场还是向海外扩张。当时,许多同行业的企业认为,按照"农村包围城市"策略,应该进军农村市场。然而,张瑞敏认为一旦深入农村,可能就无法再回到城市,而且国际品牌进入中国市场时,不会区分城市和农村,它们会全面占领市场。基于这一判断,海尔选择在美国建立工厂、收购意大利的工厂,勇敢地实施国际化战略。"我们当时进入美国市场的战略是与狼共舞。不要害怕,即使失败也没关系,失败也是学习的过程。"

在张瑞敏的领导下,海尔采取了"先难后易"的战略方针,首先在发达国家市场取得了坚实的立足点,随后也将目光投向了发展中国家市场。在印度,海尔成为当地三大冰箱供应商之一;在泰国,海尔的空调实现了当地生产,完成了本土化;在巴基斯坦,海尔推出了"宽体冰箱"。目前,海尔的产品线已经拥有超过9 000个产品,遍布全球110多个国家。为了提高国际市场的品牌识别度,海尔对其品牌名称进行了两次简化:从"琴岛—利勃海尔"简化为"琴岛海尔",再进一步简化为"海尔"。融入国际市场的海尔,通过全方位的国际化布局,构建了一个真正的立体化国际企业。

4. 生态品牌战略

张瑞敏的自我批判精神和宽广胸怀使他始终保持着谨慎和警醒的进取心态,这种心态也形成了海尔集团的开放创新精神文化。正是这种始终如一的谨慎态度,确保了以张瑞敏为首的海尔集团领导层既具有远见卓识,又能够脚踏实地,既深思熟虑,又具备非凡勇气,使得海尔在国际经济一体化的浪潮中始终能够保持竞争优势,稳居不败之地。

企业经营的核心在于满足消费者的需求,那些脱离市场需求、自我封闭的企业很难实现长期发展。张瑞敏深知这一点,在海尔的全球化经营达到一定成熟度时,他顺应时代趋势,引领海尔进入了生态品牌的新阶段。

自2019年进入生态品牌战略阶段后,张瑞敏带领海尔在生态品牌之路上的探索不断提速,围绕用户需求打造了衣、食、住、娱、康、养、医等全场景体验,通过构建高端品牌、场景品牌、生态品牌三级品牌体系,孵化了覆盖智慧家庭、工业互联网、大健康等不同领域的众多新产品。目前,很多研究均将海尔能够持续保持领先地位的关键因素,聚焦于其生态品牌战略的精心布局之上。无论从科技创新成果还是科技创新机制角度来看,海尔一直都走在时代的前沿。

在海尔的发展过程中,张瑞敏的领导才能不断得到提升和完善。他曾表示:"我的领导力主要是从自己的领导实践中学习得来的。"他提出的"人单合一"管理模式受到了全球多家知名企业的关注和模仿。同时,张瑞敏也频繁受邀到海外进行演讲,传授管理经验。例如,哈佛大学就曾邀请他向学生传授管理知识。海尔今天的成就,很大程度上是张瑞敏勤勉工作的结果。2021年,张瑞敏辞去了海尔董事长和CEO的职务,但他的领导理念与精神将继续鼓舞着海尔的每一位员工不断前行,追求卓越。

主要参考文献

Allport, G. W., & Odbert, H. S. (1936), "Trait-names: A psycho-lexical study", *Psychological Monographs*, 47(1), i–171.

Ayranci, E., & Semercioz, F. (2011), "The Relationship Between Spiritual Leadership and Issues of Spirituality and Religiosity: A Study of Top Turkish Managers", *International Journal of Business & Management*, 6(4), 136–149.

Baker, C., & Watson, J. M. (2010), "Faith and Traditional Capital", *Implicit Religion*, 13(1), 7–69.

Boyatzis, R. E. (1982), *The Competent Manager: A Model for Effective Performance*, New York: John Wiley & Sons.

Caliendo, M., & Kritikos, A. (2011), "Searching for the Entrepreneurial Personality: New Evidence and Avenues for Further Research", *Journal of Economic Psychology*, 33(2), 319–324.

Cantillon, R. (1755), *Essai sur la nature du commerce en general*, London: Chez Fletcher Gyles.

Casson, M. C. (1982), *The Entrepreneur: An Economic Theory*, Oxford: Martin Robertson.

Chen, C. Y., & Li, C. I. (2013), "Assessing the Spiritual Leadership Effectiveness", *The Leadership Quarterly*, 24(1), 240–255.

Chu, E. (2007), "Spiritual Capitalism: The Achievement of Flow in Entrepreneurial Enterprises", *Journal of Human Values*, 13(1), 61–77.

Conger, J. A., & Kanungo, R. N. (1988), *Charismatic Leadership: The Elusive Factor in Organizational Effectiveness*, San Francisco: Jossey-Bass Publishers.

Costa, P., & McCrae, R. R. (1992), "Normal Personality Assessment in Clinical Practice: The NEO Personality Inventory", *Psychological Assessment*, 4(1), 5–13.

Crossan, M., Mazutis, D., & Seijts, G. (2013), "In Search of Virtue: The Role of Virtues, Values and Character Strengths in Ethical Decision Making", *Journal of Business Ethics*, 113(4), 567–581.

Drucker, P. F. (1985), *Innovation and Entrepreneurship*, New York: Harper & Row.

Earnest, D. F., Chamian, N. F., & Saat, M. M. (2015), "Assessing the Relationship Between Human Capital and Spiritual Capital on Audit Firm's Performance", *Journal Kemanusiaan*, 24(2), 18–28.

Fernando, M., Beale, F., & Geroy, G. D. (2009), "The Spiritual Dimension in Leadership at Dilmah Tea", *Leadership & Organization Development Journal*, 30(6), 522–539.

Finke, R. (2003), "Spiritual Capital: Definitions, Applications, and New Frontiers", *Prepared for the Spiritual Capital Planning Meeting*.

Fredrickson, B. L. (1998), "What good are positive emotions?", *Review of General Psychology*, 2(3), 300–319.

Freeman, R. E. (1984), *Strategic Management: A Stakeholder Approach*, Boston, MA: Pitman.

Fry, L. W. (2003), "Toward a Theory of Spiritual Leadership", *Leadership Quarterly*, 14(6), 693–727.

Fry, L.W. (2005), "Introduction to the Leadership Quarterly Special Issue: Toward a Paradigm of Spiritual Leadership", *The Leadership Quarterly*, 16(5), 619-622.

Fry, L.W., Hannah, S. T., Noel, M., & Walumbwa, F. O. (2011), Retracted: "Impact of Spiritual Leadership on Unit Performance", *The Leadership Quarterly*, 22(2), 259-270.

Goleman, D., Boyatzis, R., & McKee, A. (2002), *Primal Leadership: Realizing the Power of Emotional Intelligence*, Boston: Harvard Business School Press.

Haji, A. (2020), "The Architecture of Human Capital Systems: Diversity, Externality, and Capital Dynamics", *Journal of Strategic Human Resource Management*, 15(3), 234-256.

Haji, L., Valizadeh, N., & Karimi, H. (2022), "The Effects of Psychological Capital and Empowerment on Entrepreneurial Spirit: The Case of Naghadeh County, Iran", *International Journal of Finance & Economics*, 27(1), 290-300.

Hareli, S., & Rafaeli, A. (2008), "Emotion Cycles: on The Social Influence of Emotion", *Research in Organizational Behavior*, 28, 35-59.

House, R. J. (1977), "A theory of charismatic leadership", in Hunt J. G., & Larsen L. L. (Eds.), *Leadership: The cutting edge*, Carbondale, IL: Southern Illinois University Press.

Jenkins, H. (2006), *Convergence Culture: Where Old and New Media Collide*, New York University Press.

Karadag, E. (2009), "Spiritual Leadership and Organization

Culture: A Study of Structural Equation Modeling", *Educational Sciences: Theory and Practice*, 9(3), 1391–1405.

Karakas, F. (2010), "Exploring Value Compasses of Leaders in Organizations: Introducing Nine Spiritual Anchors", *Journal of Business Ethics*, 93(1), 73–92.

Kinjerski, V., & Skrypnek, B. J. (2006), "Creating Organizational Conditions that Foster Employee Spirit at Work", *Leadership & Organization Development Journal*, 27(4), 280–295.

Kirzner, I. (1973), *Competition and Entrepreneurship*, Chicago: University of Chicago Press.

Kirzner, I. M. (1997), *How Markets Work — Disequilibrium, Entrepreneurship and Discovery*, London: Institute of Economic Affairs.

Knight, F. H. (1921), *Risk, Uncertainty, and Profit*, New York: Houghton Mifflin.

Lee, C., Lee, K., & Pennings, J.M. (2001), "Internal Capabilities, External Networks, and Performance: A Study on Technology-based Ventures", *Strategic Management Journal*, 22(6), 615–640.

Lindblom, A., Lindblom, T., & Wechtler H. (2020), "Dispositional optimism, entrepreneurial success and exit intentions: The mediating effects of life satisfaction", *Journal of Business Research*, 120, 230–240.

Middlebrooks, A., & Noghiu, A. (2010), "Leadership and Spiritual Capital: Exploring the Link between Individual Service Disposition and Organizational Value", *International Journal of Leadership Studies*, 6(1), 84–103.

Montemaggi, F. E. S. (2011), "The Enchanting Dream of 'Spiritual Capital'", *Implicit Religion*, 14(1), 67–86.

Neubert, M. J., Bradley, S. W., Ardianti, R., & Simiyu, E. M. (2017), "The Role of Spiritual Capital in Innovation and Performance: Evidence from Developing Economies", *Entrepreneurship Theory and Practice*, 41(4), 621–640.

Pfeffer, J., & Salancik, G. R. (1978), *The External Control of Organizations: A Resource Dependence Perspective*, New York: Harper & Row.

Plutchik, R. (2003), *Emotions and Life: Perspectives from Psychology, Biology, and Evolution*, American Psychological Association.

Reay, D. (2000), "A Useful Extension of Bourdieu's Conceptual Framework: Emotional Capital as a Way of Understanding Mothers' Involvement in Their Children's Education?", *The Sociological Review*, 48(4), 568–585.

Schumpeter, J.A. (1934), *The Theory of Economic Development*, Cambridge, MA: Harvard University Press.

Segerlind, L. (2009), "Resource Integration and Opportunity Exploitation in Entrepreneurial Teams", *Journal of Business Venturing*, 24(3), 224–237.

Teece, D. J., Pisano, G., & Shuen, A. (1997), "Dynamic Capabilities and Strategic Management", *Strategic Management Journal*, 18(7), 509–533.

Van Dierendonck, D., & Cropanzano, R. (Eds.). (2015), *The Oxford Handbook of Justice in the workplace*, Oxford University Press.

Verter, B. (2003), "Spiritual Capital: Theorizing Religion with Bourdieu Against Bourdieu", *Sociological Theory*, 21(2), 150-174.

毕夫:《张瑞敏:特立独行的"家电教父"》,《中外企业文化》2014年第2期。

蔡程程:《华为公司人力资源管理实践对中央企业的启示》,《今日国土》2024年第6期。

蔡皎洁:《提升情绪修养是企业家成功的必修课》,《当代经理人》2005年第5期。

昌之路:《谋求发展 兼济天下——记福耀玻璃集团创始人、董事长曹德旺》,《商业文化》2020年第7期。

晁罡、林冬萍、刘子成、王磊:《信仰传统文化的企业家对企业社会责任行为影响过程研究——以TW公司为例》,《管理案例研究与评论》2016年第1期。

陈春花:《企业家自律"秘诀"背后的六个新内涵》,《人民论坛》2019年第12期。

陈少华:《情绪心理学》,暨南大学出版社2020年版。

陈维政、忻蓉、王安逸:《企业文化与领导风格的协同性实证研究》,《管理世界》2004年第2期。

陈溪、崔文颖:《管理层权力在公司治理中的地位——以格力电器为例》,《财会通讯》2018年第11期。

陈小燕、唐建荣:《中国企业家行为缺憾的传统文化基因微探》,《当代经济》2015年第3期。

陈永霞、贾良定、李超平、宋继文、张君君:《变革型领导、心理授权与员工的组织承诺:中国情景下的实证研究》,《管理世界》2006年第1期。

〔美〕丹尼尔·戈尔曼：《高情商领导力》，陈佳伶译，湖南文艺出版社2018年版。

〔美〕丹尼尔·戈尔曼、〔美〕理查德·博亚特兹、〔美〕安妮·麦基：《情商4：决定你人生高度的领导情商》，任彦贺等译，中信出版社2018年版。

〔美〕弗雷德·路桑斯、〔美〕卡洛琳·约瑟夫-摩根、〔美〕布鲁斯·阿沃利奥：《心理资本——激发内在竞争优势（第二版）》，王垒等译，中国轻工业出版社2018年版。

高波：《文化、文化资本与企业家精神的区域差异》，《南京大学学报（哲学·人文科学·社会科学版）》2007年第5期。

郭洪业：《中国企业家领导力危机与重塑》，《董事会》2010年第7期。

郭燕青、王洋：《中国企业家精神时空演化及驱动因素分析》，《科技进步与对策》2019年第13期。

郝雪宁：《赖希及其性格结构理论研究》，《青年文献·理论研究》2021年第2期。

何劲：《董明珠——棋行天下》，《北方经济》2000年第9期。

何首乌：《一位真正的全球商业巨人——记杰出的战略思想家张瑞敏》，《商业文化》2021年第25期。

何文剑、苗妙、张红霄：《制度环境、企业家精神配置与企业绩效——来自中国制造业上市公司的经验证据》，《山东大学学报（哲学社会科学版）》2019年第4期。

何洋：《企业家战略思维与企业战略和文化》，《中外企业文化》2008年第11期。

贺小刚、李新春：《企业家能力与企业成长：基于中国经验的实证研究》,《经济研究》2005年第10期。

洪向华:《论企业文化与企业领导的辩证关系》,《理论探讨》2003年第3期。

侯隽:《三十而立！格力与董明珠亮剑再出发》,《中国经济周刊》2021年第12期。

侯军利、王伟光:《创业者机会认知、行为决策与企业家精神——对JBV 1990—2017年的文献分析》,《科技进步与对策》2019年第23期。

胡望斌、张玉利、杨俊:《同质性还是异质性:创业导向对技术创业团队与新企业绩效关系的调节作用研究》,《管理世界》2014年第6期。

黄海艳、张红彬:《新时代企业家精神内涵及培育机制研究》,《国家行政学院学报》2018年第6期。

黄莹莹:《董明珠与格力电器的转折时刻》,《互联网经济》2020年第Z1期。

吉丹俊:《企业家精神、知识溢出与我国经济增长》,《山东财经大学学报》2016年第1期。

季昌仁:《曹德旺:谋求发展,兼济天下》,《商业文化》2021年第19期。

季昌仁:《任正非:最受人尊敬的中国企业家》,《商业文化》2021年第19期。

江梦婷:《福耀玻璃国际化经营分析》,《现代商业》2021年第5期。

[英]凯文·汤姆森:《情绪资本》,崔姜薇、石小亮译,当代中国出版社2004年版。

雷勤风、许诗焱:《文化企业家新论》,《南方文坛》2019年第4期。

李海舰、杜爽、李凌霄:《新时代企业家精神及其作用研究》,《财经智库》2022 年第 1 期。

李瑾：《试论企业创始者和企业家个性对企业文化的影响》，《甘肃农业》2016 年第 3 期。

李倩、邹国庆、郭杰：《转型经济下的公司企业家精神与企业绩效——制度环境与技术型高管的调节作用》，《山东社会科学》2019 第 5 期。

李诗和、徐玖平、刘玉邦：《基于 ISM 模型的企业家精神系统核心内涵分析》，《科技管理研究》2016 年第 23 期。

李树文、罗瑾琏、孙锐：《组织情绪能力：概念、测量、前因与后果》，《外国经济与管理》2019 年第 6 期。

李杏：《企业家精神对中国经济增长的作用研究——基于 SYS-GMM 的实证研究》，《科研管理》2011 年第 1 期。

李杨、黎赔肆：《地域文化特征对企业家精神与创业活动的影响研究——以湖南与河南两省为例》，《南华大学学报（社会科学版）》2011 年第 6 期。

李正卫、夏弯弯、潘晓霞：《企业家人力资本、性格对企业社会网络的影响研究》，《浙江工业大学学报（社会科学版）》2015 年第 3 期。

李政：《新时代企业家精神：内涵、作用与激发保护策略》，《社会科学辑刊》2019 年第 1 期。

梁宵、史小兵：《董明珠逆流而上》，《中国企业家》2022 年第 1 期。

刘刚、程熙镕：《任正非的企业家精神与经营管理思想体系研究》，《中国人力资源开发》2015 年第 12 期。

刘欣：《华为自主品牌产品走向世界市场的国际化战略及实施路径》，《对外经贸实务》2016 年第 8 期。

刘志彪：《竞争优势：基于企业家精神的分析框架》，《中国经济问题》2004 年第 1 期。

刘宗劲:《情商及其在企业管理中的路径依赖——以情绪资本为视角》,《中南财经政法大学学报》2006 年第 7 期。

吕秋慧、项国鹏、黄玮:《以制度为中心的管理风格与思想:以格力电器董明珠为例》,《中国人力资源开发》2016 年第 4 期。

马忠新、陶一桃:《企业家精神对经济增长的影响》,《经济学动态》2019 年第 8 期。

[荷]曼弗雷德·凯茨·德·弗里斯:《性格与领导力反思》,丁丹译,东方出版社 2016 年版。

孟昭兰:《情绪心理学》,北京大学出版社 2005 年版。

盛琼芳、宋宇:《从个人特性到制度环境——企业家行为的影响因素研究》,《中原工学院学报》2006 年第 6 期。

水木然:《中国实业的五大金刚:任正非、董明珠、曹德旺、宗庆后、陶华碧》,《企业研究》2017 年第 1 期。

苏勇、段雅婧:《当西方遇见东方:东方管理理论研究综述》,《外国经济与管理》2019 年第 12 期。

孙冰:《任正非"绝境"突围,不服输》,《中国经济周刊》2020 年第 24 期。

孙红霞:《女性领导力是怎样炼成的——以格力电器董明珠为例》,《商场现代化》2018 年第 13 期。

孙黎、朱蓉、张玉利:《企业家精神:基于制度和历史的比较视角》,《外国经济与管理》2019 年第 9 期。

孙飘:《企业文化、企业家认知与企业战略变革关系的作用机制分析》,《商业时代》2014 年第 25 期。

谭长春:《任正非与张瑞敏:管理殊途,皆成大家》,《企业管理》

2022年第1期。

童泽林、黄静、张欣瑞、朱丽娅、周南：《企业家公德和私德行为的消费者反应：差序格局的文化影响》，《管理世界》2015年第4期。

王德才、赵曙明：《CEO变革型领导行为、战略柔性与公司企业家精神关系——基于中小企业的实证研究》，《科学学与科学技术管理》2014年第6期。

王方华：《立足"人单合一"管理创新，推进中国管理理论探索——访谈海尔集团张瑞敏先生观点内容摘编》，《管理学报》2018年第6期。

王娟、刘伟：《企业家精神的涌现：一个整合框架》，《管理现代化》2019年第4期。

王霞、开燕华、曾铖、郭兵：《企业家精神动态变化评价——来自北京、上海和天津的对比研究》，《经济体制改革》2017年第6期。

吴理门：《地域文化背景下企业家和企业互动成长问题探析》，《中国集体经济(下半月)》2007年第12期。

吴向鹏、高波：《文化、企业家精神与经济增长——文献回顾与经验观察》，《山西财经大学学报》2007年第6期。

吴晓波、徐光国、张武杰：《任正非：学习华为的企业可能成功，但一味模仿而不懂得创新的，必然失败》，《中国军转民》2021年第22期。

辛杰、兰鹏璐、李波：《企业家文化价值观的双元影响效应研究——以企业家精神为中介》，《中央财经大学学报》2017年第4期。

辛杰、吴创：《企业家精神对企业社会责任的影响：领导风格的调节作用》，《财贸研究》2014年第6期。

邢小强、周平录：《中国区域企业家精神的评估与分析》，《技术经济》2018年第7期。

邢源源、陶怡然、李广宇：《威廉·鲍莫尔对企业家精神研究的贡献》,《经济学动态》2017 年第 5 期。

徐超、池仁勇:《企业家个人特质与创业企业绩效——社会资本的中介作用》,《科技与经济》2016 年第 6 期。

徐静、吴慈生:《企业家文化资本:解释企业家资本的新视角》,《学术界》2016 年第 2 期。

杨付、刘军、张丽华:《精神型领导、战略共识与员工职业发展:战略柔性的调节作用》,《管理世界》2014 年第 10 期。

叶志锋、郭丽丽:《企业家会计思维对企业成长的机理与路径——曹德旺会计思维在福耀集团的实践》,《财会通讯》2021 年第 10 期。

余菁:《企业家精神的涌现:40 年的中国实践历程回顾与未来展望》,《经济体制改革》2018 年第 4 期。

喻登科、肖欢、彭静、薄秋实:《性格特质对企业绩效的影响:知识资本的中介与调节作用》,《情报杂志》2017 年第 5 期。

曾铖、郭兵、罗守贵:《企业家精神与经济增长方式转变关系的文献述评》,《上海经济研究》2015 年第 2 期。

曾铖、李元旭:《试论企业家精神驱动经济增长方式转变——基于我国省级面板数据的实证研究》,《上海经济研究》2017 年第 10 期。

曾可昕、张小蒂:《中国企业家精神增进的激励机理——以矫正资本市场的估值扭曲为视角》,《学术月刊》2016 年第 8 期。

张沉:《董明珠:倔强地坚守自我》,《中国市场》2012 年第 10 期。

张金隆:《从"人单合一"模式到"海尔制"——访谈海尔集团张瑞敏先生内容观点摘编》,《管理学报》2018 年第 10 期。

张劲梅:《企业家人格研究的多元文化视角》,《学术探索》2012 年第 8 期。

张铭、胡祖光、谭江涛:《企业家的心理资本开发:E-PCI-S 模型》,

《中国工业经济》2012年第12期。

张锐：《曹德旺：特立独行的"玻璃大王"》，《对外经贸实务》2015年第2期。

张锐：《董明珠：家电王国的"铁娘子"》，《对外经贸实务》2014年第3期。

张瑞敏、房煜、邓攀：《张瑞敏：我一直都自以为非》，《中国企业家》2014年第9期。

张维迎、盛斌：《企业家——经济增长的国王》，上海人民出版社2014年版。

张维迎：《重新理解企业家精神》，海南出版社2022年版。

赵毅、朱晓雯：《组织文化构建过程中的女企业家领导力特征研究——以董明珠的创新型组织文化构建为例》，《中国人力资源开发》2016年第8期。

周春林、邓攀：《曹德旺：低眉行事，怒目经商》，《中国企业家》2021年第12期。

周杰、牟小俐：《领导风格和企业文化结构关系的实证研究》，《统计与决策》2007年第21期。

朱国超、刘凤军：《格力——打造互联网渠道新格局》，《企业管理》2017年第2期。

朱乾、杨勇、陶天龙、达庆利：《企业家精神影响因素的国外研究综述》，《东南大学学报（哲学社会科学版）》2012年第4期。

卓木：《"为中国人做一片属于自己的玻璃"》，《中国市场监管报》2021年第12期。

子瑜：《成功企业家性格拼图》，《现代商业》2013年第2期。

后　　记

　　企业家是影响国家兴盛的高端稀缺资源，是民族发展的坚强脊梁，在中华民族伟大复兴过程中发挥着不可替代的作用。从创业开始，企业家们就自动放弃了安逸无忧的生活，一直站在风口浪尖上，塑造着时代精神和风骨。在中国经济腾飞的进程中，企业家是当之无愧的时代英雄。

　　在企业发展过程中，企业家的性格和情绪资本越来越发挥着重要的作用，甚至成为决定企业经营成败的关键因素。性格和情绪资本决定着人的思维模式，思维模式又决定着人的行为，行为则决定着企业发展的结果。一个企业的发展，归根结底取决于企业家具有战略眼光和心胸的情绪资本。当企业发展到一定阶段之后，企业家自身素质将成为决定企业发展高度最重要的因素。

　　企业家情绪资本的培育和养成依赖于文化环境，只有从丰富的文化底蕴中寻找精神食粮，才能极大地提升企业家综合素养。文化是一个国家最基本、最深沉和最持久的竞争力，优秀的中华文化是企业家情绪资本提升的精神营养。

　　在中华文化的指引下，中国企业家要寻求一条自我成长之路。企业家要有居安思危的精神，时刻不忘危机，生于忧患，死于安乐，有足够的洞察力来对市场方向进行预判，未雨绸缪，未兆易谋。企业家要有

后 记

"不鸣则已一鸣惊人,不飞则已一飞冲天"的豪情,不惧困难和风雨,去引领人类社会的发展方向。企业家可以通过提升情绪资本来完善综合素养,增强掌握商业发展规律的能力和提出有效实施方案的能力。企业家要在商战中去完善自己,不断创造生命和事业,实现健康、快乐、精彩的人生。

本书以独特的视角研究企业家情绪资本对企业发展战略的影响效应,旨在促进学术界对情绪资本的深入探讨,并结合中国企业实践和问题提出有针对性的解决之道。本书的价值在于:(1)探讨企业家情绪资本的特征和规律,丰富关于企业家心理学方面的研究。情绪资本是企业家综合素质的核心决定因素,具有多样性、分散性和外显性,影响着企业家的综合能力。(2)分析企业家情绪资本对企业战略的影响,深化情绪资本对企业战略微观作用机制方面的研究。通过对企业家情绪资本内在规律的探讨,分析企业家情绪资本对企业发展战略的重要性,并揭示其内在机制机理和路径。(3)提出企业家情绪资本提升的具体路径。在中国文化背景之下,分析中国企业家情绪资本提升模式,探索不同于西方的中国企业家情绪资本理论和管理思想,丰富东方企业家理论。

希望本书能够指导企业家的素质提升和事业格局,增强企业家战略掌控能力,以及整合团队资源、发现潜在商业机会、处理外部关系的能力,实现远大的志向和宽广的胸怀,提升战略性思维和格局,帮助企业家打开一条通往更广阔天地的大门,在商场上驰骋逍遥。商道如水,润物而后流,愿每个企业家都成为商界精英,奉献天下。

张祥建

2025 年 4 月 18 日

图书在版编目(CIP)数据

企业家情绪资本：影响效应与战略价值研究 / 张祥建，涂永前，邱远志著. -- 上海：上海社会科学院出版社，2025. -- ISBN 978-7-5520-4759-2

Ⅰ.F279.2

中国国家版本馆 CIP 数据核字第 2025PW2361 号

企业家情绪资本——影响效应与战略价值研究

著　　者：张祥建　涂永前　邱远志
责任编辑：李玥萱
封面设计：杨晨安
出版发行：上海社会科学院出版社
　　　　　上海顺昌路 622 号　邮编 200025
　　　　　电话总机 021-63315947　销售热线 021-53063735
　　　　　https://cbs.sass.org.cn　E-mail：sassp@sassp.cn
排　　版：南京展望文化发展有限公司
印　　刷：上海景条印刷有限公司
开　　本：710 毫米×1000 毫米　1/16
印　　张：19
插　　页：1
字　　数：237 千
版　　次：2025 年 7 月第 1 版　2025 年 7 月第 1 次印刷

ISBN 978-7-5520-4759-2/F·810　　　　　　　定价：88.00 元

版权所有　翻印必究